難民勝訴判決 20選

行政判断と司法判断の比較分析

監修　全国難民弁護団連絡会議
編集代表　渡邉彰悟・杉本大輔
　　　　　Shogo WATANABE　Daisuke SUGIMOTO

信山社
SHINZANSHA

6017

刊行に寄せて

　国連難民高等弁務官事務所（UNHCR）は，国連総会より難民に国際保護を提供し，政府と共に難民問題への解決を模索するという任務を信託されています。UNHCR 事務所規程の第 8 段落は，UNHCR に難民保護のための国際条約の適用を監督する任務を与えていますが，1951 年難民の地位に関する条約と 1967 年難民の地位に関する議定書は，締約国に対し，特に UNHCR が難民条約および議定書の条項の適用を監督する責務の遂行に際し，UNHCR と協力することを義務付けています。

　国際保護は，UNHCR の責務の中核であり，難民やその他 UNHCR の関心対象者の基本的人権を保護し，彼らの人権の尊重を促進する活動と定義づけることができます。国家の同意をみた国際保護における UNHCR の監督的役割には，司法への関与（judicial engagement）が含まれます。「司法への関与」にはさまざまな活動が考えられますが，例えば弁護士や裁判官に専門性の更なる向上に資するための研修を行う，あるいは難民保護を目的とした戦略的訴訟への支援を行う等が含まれます。UNHCR はこれまで特に欧州における「共通欧州庇護制度」の枠組の中で司法への関与を行なってきましたが，近年ではその活動も増してきました。例えば，UNHCR は欧州連合司法裁判所や欧州人権裁判所において法廷助言者（amicus curiae）としての役割を担っています。そのような過程を経て，裁判所の判断をとおして重要な先例が作られてきましたし，司法審査は個々の難民の地位の認定に欠くことのできない法的概念についての理解を，さまざまな司法管轄権内において形成してきたのです。

　日本が 1981 年に難民条約に加入して以来 2014 年末までに 2 万 2 千人以上が難民申請を行い，633 人が難民として認定されました。難民として認定された人々のうち，43 人が司法審査の後に認定されています。これまで日本では司法審査をとおしての判例の集積はみられるようになりましたが，当初の不認定の行政判断が司法の場で取り消された案件を収集し，それを体系的に分析した研究は存在しませんでした。この研究は，そのような案件 20 例を紹介し，行政判断と司法判断の差異について分析を行っているだけでなく，司法が行政判断の取り消しを行うに至った理由，そしてその過程でどのように国際的な難民

刊行に寄せて

保護の基本原則や基準が考慮されたかを明確にしています。これらの例は，難民認定制度の質を高めるためにいかに司法の役割が重要であるかということを示しています。そして分析において，個々の案件を評価するうえでより総合的・全体的なアプローチをとること，そして個々の申請の信憑性を評価する際に最新で関連性のある出身国情報を使用することの重要性が指摘されています。

　UNHCR駐日事務所は，この研究が政府職員，判事，法律家など日本において難民認定手続に携るすべての人々が実務において参照する文献として使われ，日本におけるより公正で効率的な難民認定制度の構築に寄与することを願ってやみません。

　　　　　　　　　　　　　　　　　国連難民高等弁務官（UNHCR）駐日事務所　代表
　　　　　　　　　　　　　　　　　　マイケル・リンデンバウアー

はじめに

1　日本における難民認定行政の現状

　日本における難民の実像をみるときに，まず私たちは統計をみることになる。2013年の集計では難民申請者数は3260名，難民認定は一次と異議申立の手続きを合わせて6名，2014年は難民申請者数が5000人となり，認定者数は11名であった。日本に来て難民申請をする99％以上の人たちが仮装の難民なのか。否である。

　世界に目を向ければ，2014年の各国における難民申請者数は，約140万人（各国の認定機関およびUNHCRへの申請の合計）であり，同年の難民認定者数は約28万人（難民認定数を処理数で割った難民認定率は推計27％）となっている[1]。つまり，日本はこの認定数の約0.004％しか役割を果たしていないということになる。

　世界の動向とかけ離れて，日本には難民として庇護するべき人たちが来ないのか。そんなことはありえない。

2　本書で取り扱っている事例の背景について

　日本は，1981年に難民の地位に関する1951年条約に加入し，翌1982年に1967年同議定書に加入して難民認定制度の運用を開始した。

　当初入国してから原則として60日以内に申請をしなければならなかったこともあって（いわゆる「60日ルール」），1990年代には一次認定が毎年1名という時期もあった。しかも1994年までは異議申出の認容されたケースは存在しなかった。このように「難民鎖国」と評されるような状況が続いていた。

　その後，2005年5月から，①60日ルールの撤廃，②異議申立手続における難民審査参与員制度の導入，③仮滞在許可制度を柱とする難民認定制度の改正がなされた。

---

[1] 国連難民高等弁務官(UNHCR), "UNHCR Global Trends 2014 - World At War", 2015年6月18日。ロシアで庇護を求めているウクライナ出身者（難民認定ではなく一時庇護が与られている）を除くと，2014年の世界の難民認定率は前年（約32％）と同程度の約35％となる。

はじめに

　難民審査参与員は，民間から選任され，異議申立手続に参画し，口頭意見陳述及び審尋（インタビュー）に立会い，法務大臣に意見を提出することになっている。入国管理局職員以外の第三者が決定過程に関与することはそれまでなく，客観性・専門性の向上が期待された。
　しかし，現在までのところ，大きく変革が生じたとは言えない状況である。2005年以後の一次及び異議申立手続の各認定者数は若干の増加傾向が見られたものの，ここ数年は申請者数の増加傾向がありながら，認定者数と認定率は低いレベルにとどまっている。

3　2005年以後司法の場において行政処分が取り消された20事例

　私たちは全国難民弁護団連絡会議に所属する弁護士及び難民問題にかかわっているNGOの方々とともに，2005年の法改正後に難民不認定の行政処分が司法の場において取り消される等した案件をピックアップして20の事例を検討した。何が司法の場においては重視されたのか，裁判所で考慮されながら，行政処分では考慮されなかったものが何なのか分析した。
　出身国情報に関する問題，信憑性判断のあり方，迫害のおそれついての判断の手法に関する様々な問題点等多岐にわたる問題が抽出された。
　もちろん，司法の判断が万全であるということはできない。しかし，司法判断で示された水準とその内容が実践されることによっても，現在の難民認定行政の運用にかなりの変容が遂げられ得ると私たちは考えている。

4　本書の構成

　本書で扱う20事例は，2005年以後2014年に至るまでの間に，司法の場において難民不認定の行政処分が取り消されたものである。ミャンマーが16例，それ以外の国が4例（エチオピア，スリランカ，ウガンダ，アンゴラ各1例）となっている（なお難民不認定処分を取消した判決はこれ以外にも存在する）。事例の順番は裁判の確定した順番である。
　この20の各事例を検討しているのが第2部である。この「事例検討」においては，まず事案に関連する入国，難民申請，行政・裁判の判断日等の基本的な事実関係を一覧し，以下［第1　事案の概要］，［第2　行政と司法の判断の比較］，［第3　分析］を基本として論じている。事案の概要によって申請者の特性を明らかにし，判断の比較では，一次不認定処分と異議棄却の理由をそれぞれ示し，その後に判決を紹介する形で，いかに行政処分段階と司法判断とが

異なっているかを明らかにした。判決はできる限りそのまま引用したかったが，分量との調整もあり，行政処分との対比において必要な引用にとどめていることはご理解をいただきたい。第3の分析には力を注いだ。出身国情報や信憑性，さらには全体的・総合的な考察の有無等を中心に検討をした。

そして，第1部の「全体をとおしての分析」では，各事例検討の分析の結果を踏まえて，全体を俯瞰しての分析を試みた。全体分析を通じて何が行政処分と判決の結論の違いを導いたのかを，できる限り抽出し，その共通の要素を提示した。

本書を読みすすめるにあたっては，第1部の全体を通しての分析からお読みいただいても，司法判断の優れた側面を十分に理解いただけると思う。第1部の論述の中にも第2部の各事例を引用しており，第1部を読みながら第2部を参照することも可能である。もちろん，第2部の事例検討をお読みいただいたうえで，第1部を見直せば第1部の意味をさらにご理解いただけると思う。

5 今後に向けて

本書が，今後の日本における難民認定処分の質的向上と専門性を導くための一助となることを願ってやまない。特に，焦点をあてたのが行政処分であるから，難民認定実務にかかわる入国管理局の職員や難民審査参与員の方々にはぜひとも手に取っていただき，今後の実務において参照されるとともに，この問題に関する議論が活発になされることを願っている。もちろん，私たちは裁判所が今後も果たすべき役割にも期待しており，難民事件にかかわる裁判官にもぜひ今後の判断の参考にしていただければ幸いである。そして今後の日本の難民認定の全体としての質の向上にも貢献したいという願いから，難民事件にかかわる弁護士，そしてロースクール生や難民問題に日々取り組まれているNGOの方々にも届けたい。

本書は，数多くの弁護士と，NGOの方々による検討から始まった。最後の段階では全国難民弁護団連絡会議の世話人である小田川綾音，鈴木雅子，関聡介，難波満，宮内博史の各弁護士とその事務局である杉本大輔が編集を担当した。当初の事例の検討と執筆に携わったのは，石塚明，小川隆太郎，枝川充志，加藤桂子，妹尾圭持，田川瞳，本田麻奈弥，山下優子の各弁護士，さらにはNGOから，宗優美，田多晋，辻井萌子，羽田野真帆の各氏にご協力をいただいた。ここに謝意を表する。

また，掲載にあたっては各事例の担当代理人弁護士にも協力をいただいた。

はじめに

さらに，UNHCR駐日事務所代表から本書刊行にあたり推薦の文書をお寄せいただいた。心から感謝したい。

 2015年9月

編集者を代表して
渡 邉 彰 悟

〈目　次〉

刊行に寄せて　（iii）
はじめに　（v）

　　略語頭字語／用語の説明　（xix）
　　主要文献・サイト情報　（xxi）

◆ 第1部 ◆　全体をとおしての分析 ——————————— 3

はじめに (5)
　　　1　出身国情報の重要性 (5)
　　　2　信憑性判断について (10)
　　　3　難民認定の特殊性に関する理解 (13)
　　　4　迫害のおそれの判断基準について (19)
　　　5　立証の内容・程度に関わる問題点について (24)
　　　6　全体的・総合的考察について (26)
　　　7　「政治的意見」の解釈について (29)
おわりに (31)

◆ 第2部 ◆　事例ごとのまとめ ——————————— 37

◆ 事例1 ◆　**反政府活動に関与したミャンマー出身の夫婦** ……………… 39
　　第1　事案の概要 (40)
　　第2　行政と司法の判断の比較 (40)
　　　1　出身国情報の分析評価 (40)
　　　2　信憑性の判断 (41)
　　　3　主な不認定・棄却理由の考察 (42)
　　　4　事案の全体的・総合的評価の有無 (46)
　　第3　分　析 (46)

目　次

　　　1　不認定・棄却理由と判決理由との違いについて (46)
　　　2　出身国情報の分析 (47)
　　　3　信憑性の評価について (47)
　　　4　全体的・総合的な考察について (48)

◆事例2◆　執筆活動等を通じて反政府活動に関与したミャンマー出身の男性 ……………………………………………………………… 49
　第1　事案の概要 (49)
　第2　行政と司法の判断の比較 (50)
　　　1　出身国情報の分析評価 (50)
　　　2　信憑性の判断 (51)
　　　3　主な不認定・棄却理由の考察 (53)
　　　4　全体的・総合的考察 (56)
　第3　分　析 (57)
　　　1　不認定・棄却理由と判決理由との違いについて (57)
　　　2　供述の信憑性の評価について (58)
　　　3　迫害を受けるおそれの評価のあり方について──個別の把握ということについて (58)
　　　4　迫害を受けるおそれの全体的な考察について (59)

◆事例3◆　政治的意見を帰属させられたミャンマー少数民族チン族の男性 ……………………………………………………………… 60
　第1　事案の概要 (60)
　第2　行政と司法の判断の比較 (61)
　　　1　出身国情報の分析評価 (61)
　　　2　信憑性の判断 (62)
　　　3　主な不認定・棄却理由の考察 (62)
　　　4　事案の全体的・総合的評価の有無 (70)
　　　5　その他特記事項「帰属させられた政治的意見」(70)
　第3　分　析 (71)

1　不認定・棄却理由と判決理由との違いについて *(71)*
　　　2　申請の遅延について *(72)*
　　　3　「政治的意見」の捉え方について *(72)*

◆ **事例4** ◆　来日後に芸能活動等を通じて反政府活動に関与したミャンマー出身の女性 ……………………………………………74
　第1　事案の概要 *(74)*
　第2　行政と司法の判断の比較 *(75)*
　　　1　出身国情報の分析評価 *(75)*
　　　2　信憑性の判断 *(76)*
　　　3　主な不認定・棄却理由の考察 *(78)*
　　　4　事案の全体的・総合的評価の有無 *(84)*
　第3　分　析 *(84)*
　　　1　不認定・棄却理由と判決理由との違いについて *(84)*
　　　2　芸能活動についての評価 *(84)*
　　　3　迫害のおそれの判断について —— いわゆる個別把握に関する問題 *(85)*
　　　4　在外公館における旅券更新等に関する対応の評価 *(85)*
　　　5　全体的・総合的な考察について *(86)*

◆ **事例5** ◆　来日後に音楽バンドのリーダーとして反政府活動に関与したミャンマー出身の男性 ……………………………………87
　第1　事案の概要 *(87)*
　第2　行政と司法の判断の比較 *(88)*
　　　1　出身国情報の分析評価 *(88)*
　　　2　信憑性の判断 *(89)*
　　　3　主な不認定・棄却理由の考察 *(91)*
　　　4　事案の全体的・総合的評価の有無 *(94)*
　第3　分　析 *(94)*
　　　1　出身国情報の分析評価 *(94)*
　　　2　政治的意見の捉え方について *(96)*

目　次

　　　3　全体的・総合的な評価 *(97)*

◆事例6◆　**来日後に音楽バンドの一構成員として反政府活動に関与したミャンマー出身の男性**……………………………………98
　第1　事案の概要 *(98)*
　第2　行政と司法の判断の比較 *(99)*
　　　1　出身国情報の分析評価 *(99)*
　　　2　信憑性の判断 *(99)*
　　　3　主な不認定・棄却理由の考察 *(100)*
　　　4　事案の全体的・総合的評価の有無 *(105)*
　第3　分　析 *(105)*

◆事例7◆　**反政府活動に関与したミャンマー出身の夫婦**……………106
　第1　事案の概要 *(107)*
　第2　行政と司法の判断の比較 *(107)*
　　　1　出身国情報の分析評価 *(107)*
　　　2　信憑性の判断（書証の成立の真正に関する判断を含む） *(108)*
　　　3　主な不認定・棄却理由の考察 *(112)*
　　　4　事案の全体的・総合的評価の有無 *(117)*
　第3　分　析 *(118)*

◆事例8◆　**弁護士として反政府活動に関与したミャンマー出身女性**………119
　第1　事案の概要 *(120)*
　第2　行政と司法の判断の比較 *(121)*
　　　1　出身国情報の分析評価 *(121)*
　　　2　信憑性の判断 *(122)*
　　　3　主な不認定・棄却理由の考察 *(125)*
　　　4　事案の全体的・総合的評価の有無 *(131)*
　第3　分　析 *(131)*
　　　1　不認定・棄却理由と判決理由との違いについて *(131)*

2　「迫害を受けるという十分に理由のある恐怖」について (*132*)

　　　3　全体的・総合的な考察について (*133*)

◆ **事例 9** ◆　**反政府活動に関与したミャンマー出身夫婦** ……………………*134*
　第1　事案の概要 (*135*)
　第2　行政と司法の判断の比較 (*135*)
　　　1　出身国情報の分析評価 (*135*)
　　　2　信憑性の判断 (*136*)
　　　3　主な不認定・棄却理由の考察 (*138*)
　　　4　事案の全体的・総合的評価の有無 (*146*)
　第3　分　析 (*147*)
　　　1　不認定・棄却理由と判決理由との違いについて (*147*)
　　　2　信憑性の判断について (*147*)
　　　3　全体的考察について ―― 「迫害を受けるという十分に理由のある恐怖」の評価 (*147*)

◆ **事例10** ◆　**ミャンマー少数民族カチン族の男性** ……………………*149*
　第1　事案の概要 (*149*)
　第2　行政と司法の判断の比較 (*150*)
　　　1　出身国情報の分析評価 (*150*)
　　　2　信憑性の判断 (*152*)
　　　3　主な不認定・棄却理由の考察 (*154*)
　　　4　事案の全体的・総合的評価の有無 (*159*)
　第3　分　析 (*160*)
　　　1　不認定・棄却理由と判決理由との違いについて (*160*)
　　　2　信憑性の判断について (*160*)
　　　3　「迫害を受けるという十分に理由のある恐怖」について (*160*)

◆ **事例11** ◆　**反政府活動に関与したエチオピア出身の女性** ……………*163*
　第1　事案の概要 (*163*)

目　次

第2　行政と司法の判断の比較 (164)
　　1　出身国情報の分析評価 (164)
　　2　信憑性の判断 (165)
　　3　主な不認定・棄却理由の考察 (168)
　　4　事案の全体的・総合的評価の有無 (171)
　　5　特記事項 (171)

第3　分　析 (173)
　　1　不認定・棄却理由と判決理由との違いについて (173)
　　2　客観的証拠の評価について (173)
　　3　供述の信憑性の評価について (174)
　　4　迫害を受けるおそれについて (175)

◆事例12◆　ミャンマー少数民族チン族の女性 …………………………… 177
　第1　事案の概要 (177)
　第2　行政と司法の判断の比較 (178)
　　1　出身国情報の分析評価 (178)
　　2　信憑性の判断 (179)
　　3　主な不認定・棄却理由の考察 (181)
　　4　事案の全体的・総合的評価の有無 (184)
　　5　特記事項──テロ組織の取締と「迫害」について (185)

　第3　分　析 (185)
　　1　不認定・棄却理由と判決理由との違いについて (185)
　　2　出身国情報に関する分析の有無について (185)
　　3　信憑性の判断について (186)
　　4　不合理な内容の供述に対する扱いについて (186)
　　5　迫害を受けるおそれの評価について (187)

◆事例13◆　研修生として来日後に本邦で反政府活動に関与したミャンマー出身の男性 ………………………………………………… 188
　第1　事案の概要 (188)

第2　行政と司法の判断の比較 (189)
　　　　1　出身国情報の分析評価 (189)
　　　　2　信憑性の判断 (190)
　　　　3　主な不認定・棄却理由の考察 (191)
　　　　4　事案の全体的・総合的評価の有無 (195)
　　第3　分　析 (196)
　　　　1　不認定・棄却理由と判決理由の違いについて (196)
　　　　2　LDBにおける原告の活動内容に関する事実認定 (196)
　　　　3　インターネットでの反政府活動に関する経験則 (197)
　　　　4　「十分に理由のある恐怖」についての判断方法 (197)

◆事例14◆　ヤンゴン出身のミャンマー・ロヒンギャ族男性 ……………199
　　第1　事案の概要 (199)
　　第2　行政と司法の判断の比較 (200)
　　　　1　出身国情報の分析評価 (200)
　　　　2　信憑性の判断 (201)
　　　　3　主な不認定・棄却理由の考察 (204)
　　　　4　事案の全体的・総合的評価の有無 (207)
　　第3　分　析 (208)
　　　　1　不認定・棄却理由と判決理由の違いについて (208)
　　　　2　供述調書等の信用性について (208)
　　　　3　信憑性の評価について (209)
　　　　4　迫害を受けるおそれの評価の全体的考察について (209)

◆事例15◆　スリランカ北部からコロンボ周辺に移住したタミル人男性……211
　　第1　事案の概要 (211)
　　第2　行政と司法の判断の比較 (212)
　　　　1　出身国情報の分析評価 (212)
　　　　2　信憑性の判断 (213)
　　　　3　主な不認定・棄却理由の考察 (214)

目　次

　　　　4　事案の全体的・総合的評価の有無 *(217)*
　　　　5　特 記 事 項 *(217)*

　　第 3　分　　析 *(218)*
　　　　1　不認定・棄却理由と判決理由の違いについて *(218)*
　　　　2　信憑性の評価について *(218)*
　　　　3　出身国情報の分析について *(219)*
　　　　4　全体的考察について *(220)*

◆ **事例16** ◆ アラカン州からヤンゴンに移住したミャンマー・ロヒンギャ族男性 ……………………………………………………………… *221*
　　第 1　事案の概要 *(221)*
　　第 2　行政と司法の判断の比較 *(222)*
　　　　1　出身国情報の分析評価 *(222)*
　　　　2　信憑性の判断 *(223)*
　　　　3　主な不認定・棄却理由の考察 *(227)*
　　　　4　事案の全体的・総合的評価の有無 *(228)*
　　第 3　分　　析 *(229)*
　　　　1　不認定・棄却理由と判決理由の違いについて *(229)*
　　　　2　供述調書等の信用性について *(230)*
　　　　3　信憑性の判断について *(230)*
　　　　4　全体的考察について *(230)*

◆ **事例17** ◆ ミャンマー少数民族チン族出身のキリスト教聖職者 ……… *232*
　　第 1　事案の概要 *(232)*
　　第 2　行政と司法の判断の比較 *(233)*
　　　　1　出身国情報の分析評価 *(233)*
　　　　2　信憑性の判断 *(235)*
　　　　3　主な不認定・棄却理由の考察 *(237)*
　　　　4　事案の全体的・総合的評価の有無 *(239)*

目 次

第3 分　析 *(241)*
　　1　不認定・棄却理由と判決の違いについて *(241)*
　　2　出身国情報について *(241)*
　　3　客観的証拠等の問題について *(242)*
　　4　全体的・総合的な考察について *(242)*

◆**事例18**◆　**ミャンマー少数民族チン族出身の女性** ……………………244
　第1　事案の概要 *(244)*
　第2　行政と司法の判断の比較 *(245)*
　　1　出身国情報の分析評価 *(245)*
　　2　信憑性の判断 *(247)*
　　3　主な不認定・棄却理由の考察 *(250)*
　　4　事案の全体的・総合的評価の有無 *(256)*
　　5　特記事項──「テロ組織」の取締と迫害について *(257)*
　第3　分　析 *(258)*
　　1　不認定・棄却理由と判決理由の違いについて *(258)*
　　2　出身国情報の分析・評価 *(258)*
　　3　信憑性の判断 *(258)*
　　4　迫害のおそれの判断 *(259)*
　　5　立証上の評価 *(260)*
　　6　全体的考察について *(262)*
　　7　特 記 事 項 *(262)*

◆**事例19**◆　**本国で反政府活動に関与したウガンダ出身の男性** ………………264
　第1　事案の概要 *(264)*
　第2　行政と司法の判断の比較 *(265)*
　　1　出身国情報の分析評価 *(265)*
　　2　信憑性の判断 *(268)*
　　3　主な不認定・棄却理由の考察 *(272)*
　　4　事案の全体的・総合的評価の有無 *(277)*

xvii

目 次

　　第3　分　析 (278)
　　　　1　不認定・棄却理由と判決の違いについて (278)
　　　　2　出身国情報の分析 (278)
　　　　3　信憑性の評価について (279)
　　　　4　全体的な考察について (280)

◆**事例20**◆　**本国で反政府活動に関与したアンゴラ出身の男性** ……………281
　　第1　事案の概要 (281)
　　第2　行政と司法の判断の比較 (282)
　　　　1　出身国情報の分析評価 (282)
　　　　2　信憑性の判断 (283)
　　　　3　主な不認定・棄却理由の考察 (287)
　　　　4　事案の全体的・総合的評価の有無 (289)
　　第3　分　析 (290)
　　　　1　不認定・棄却理由と判決理由との違いについて (290)
　　　　2　出身国情報の分析・評価について (290)
　　　　3　供述の信憑性の評価について (291)
　　　　4　迫害を受けるおそれの評価について (292)

　　索　引 (巻末)

略語頭字語／用語の説明

■ 共　通
入管法	出入国管理及び難民認定法
難民条約	1951年の難民の地位に関する条約および1967年の同議定書
UNHCR	国際連合難民高等弁務官 (United Nations High Commissioner for Refugees)

■ ミャンマー関連
アカタ	基礎学級学生連盟。1988年の民主化運動において，全国の中学校や高等学校レベルで組織された学生組織。
ABSDF	全ビルマ学生民主戦線 (All Bumra Students' Democratic Front)。1988年に学生らにより結成されたミャンマー国境地帯で活動するミャンマーの反政府武装組織。
ABFSU	全ビルマ学生連盟 (All Burma Federation of Student Unions)。ミャンマーの学生組織の連合体。
AUN-Japan／AUN	在日ビルマ連邦少数民族協議会 (Association of United Nationalities in Japan)。2004年に結成された在日ミャンマー少数民族の組織。
BSPP	ビルマ社会主義計画党 (Burma Socialist Programme Party)。1962年の軍事クーデター成功から1988年までのネウィン将軍による支配体制の基盤となった国軍を母体にした政党。1990年に解党。
BWU	ビルマ女性連盟 (Burmese Women's Union)。1995年に在外ミャンマー人らにより結成された女性の権利と民主化のために活動する組織。本部はタイ・バンコクに所在し，日本支部がある。
CNA	チン民族軍 (Chin National Army)。CNF (チン民族戦線) の軍事部門。
CNC-Japan／CNC	在日チン族協会 (Chin National Community - Japan)。在日ミャンマー少数民族チン民族の組織。
CNF	チン民族戦線 (Chin National Front)。1988年に結成されたミャンマー少数民族チン族の組織。2010年以前に政府軍と停戦協定を結ばなかった非停戦組織2組織の内の一つ。
CWO-Japan	在日チン女性機構。在日ミャンマー少数民族チン民族女性の組織。
DFB	ビルマ民主連合 (Democratic Federation of Burma)。1989年に設立されたミャンマーの民主主義と人権の尊重を目的とする政治組織。1990年にミャンマー政府から非合法組織とされた。日本支部がある。
DKN	在日カチン民族民主連盟 (Democracy for Kachin National)。在日ミャンマー少数民族カチン民族の組織。
FWUBC	在日ビルマ市民労働組合 (Federation of Workers' Unions of the Burmese Citizens in Japan)。在日ミャンマー人の労働団体。同団体は，労働問題を扱いながら，ミャンマーの民主化獲得を目指した政治活動への援助を目的の1つとしている。
KIA	カチン独立軍 (Kachin Independent Army)。ミャンマー少数民族カ

略語表／用語の説明

	チン族の組織であるカチン独立機構（KIO / Kachin Independent Organisation）の軍事部門。
KNU	カレン民族連盟（Karen National Union）。ミャンマー少数民族カレン民族の組織。
MI	軍情報部。ミャンマー国軍の情報部門。
NLD	国民民主連盟（National League for Democracy）。ミャンマーの反政府政治組織。
NLD-LA	国民民主連盟－解放区（National League for Democacy-Liberated Area）。在外ミャンマー人の反政府政治組織。日本支部がある。
LDB	ビルマ民主化同盟（League for Democracy in Burma）。在日ミャンマー人の反政府政治組織で，名古屋支部がある。
SLORC	国家法秩序回復評議会（State Law and Order Restoratin Council）。ミャンマーで1988年9月の軍事クーデター後に設立された権力機関。
SPDC	国家平和開発評議会（State Peace and Development Coucil）。ミャンマーで1997年のSLORCが改組された権力機関。

■ エチオピア関連

AEUP	全エチオピア統一党（All Ethiopian Unity Party）。エチオピアの野党であり，CUD加盟団体の一つ。
CUD	統一民主連合（Coalition for Unity and Democracy）。エチオピアの野党連合で，AEUP等から構成される。
ERPDF	エチオピア人民革命民主戦線（Ethiopian People's Democratic Revolutionary Front）。エチオピアの与党連合。

■ ウガンダ関連

FDC	民主改革フォーラム（Forum for Democratic Change）。ウガンダの野党で，キザ・ベシジェが率いる。
RA	リフォーム・アジェンダ（Reform Agenda）。FDCの前身団体。

■ アンゴラ関連

FLEC	カビンダ解放戦線（Front for the Liberation of the Enclave of Cabinda）。カビンダ州の分離独立を目的とするアンゴラの反政府武装組織。
MPLA	アンゴラ解放人民運動（Movimento Popular de Libertação de Angola）。アンゴラの与党。
UNITA	アンゴラ全面独立民族同盟（União Nacional para a Independência Total de Angola）。アンゴラの野党。

・ 注：混乱を避けるため，本文中の不認定・棄却理由や判決の引用では，上記略語・頭字語に変換して用語を統一している。なお，直接引用せずに変換した箇所は，〔　〕書きで表示している。

主要文献・サイト情報

【主要文献】
(難民法解釈・実務)

阿部浩己『国際法の人権化』信山社, 2014年。

児玉晃一編『難民判例集』現代人文社, 2004年。

ジェームス・C・ハサウェイ著, 平野祐二・鈴木雅子訳『難民の地位に関する法』現代人文社, 2008年 (1991年)。

ジェームス・C・ハサウェイ著, 佐藤安信・山本哲史訳『難民の権利』日本評論社, 2014年 (2005年)。

日本弁護士連合会人権擁護委員会編『難民認定実務マニュアル』現代人文社, 2006年。

本間浩『国際難民法の理論とその国内的適用』現代人文社, 2005年。

山本哲史・有馬みき『難民保護を知る一問一答100──難民認定・信憑性評価篇』「人間の安全保障」フォーラム, 2012年9月。

山本哲史編『難民保護の理論と実践』Human Security 文庫, 2014年。

山脇康嗣『入管法判例分析』日本加除出版, 2013年。

国連難民高等弁務官事務所 (UNHCR)『難民認定基準ハンドブック──難民の地位の認定の基準及び手続に関する手引き (改訂版)』2015年7月。

―――.『UNHCR 研修テキストシリーズ2 難民認定研修テキスト』2007年3月。

―――.『UNHCR 研修テキストシリーズ3 難民の面接における通訳』2011年12月。

―――.『研修マニュアル RLD 4 難民申請者を面接する』1995年。

渡邉彰悟・大橋毅・関聡介・児玉晃一編『日本における難民訴訟の発展と現在』現代人文社, 2010年。

Austrian Centre for Country of Origin & Asylum Research and Documentation (ACCORD), Austrian Red Cross 著, 山本哲史, 有馬みき訳『出身国情報の調査 研修マニュアル 2013年版』2013年。

Arakaki, Osamu. *Refugee Law and Practice in Japan*, Ashgate, Alfershot, 2008.

Goodwin-Gill, Guy S. and McAdam, Jane. *The Refugee in International Law, Third Edition*., Oxford University Press, Oxford, 2007.

(法令関係)

児玉晃一・関聡介・難波満編『コンメンタール 出入国管理及び難民認定法2012』現代人文社, 2012年。

坂中英徳・斉藤利男著『出入国管理及び難民認定法逐条解説 改訂第四版』日本加除出版, 2012年。

出入国管理法令研究会編『注解・判例 出入国管理実務六法 平成27年版』日本加除

出版，2014年。

【文書・論文等】
（論文等）

阿部浩己「『国際的保護』の境界（特集『国際的保護』をめぐる新たな潮流：難民，無国籍者，補完的保護）」『法律時報』86巻11号，2014年10月，4〜9頁。

―――．「遍在化する境界と越境する人間たち ―― 監視統治の深まりと難民認定手続きの地平」『難民研究ジャーナル』2号，2012年，37〜50頁。

新垣修「難民条約第1条における『条約上の理由』の解釈」『志学館法学』5号，2004年1月，123〜145頁。

―――．「難民条約における『迫害』の解釈 ―― 国際社会と日本」『志学館法学』3号，2002年2月，163〜200頁。

―――．（ZMH事件での東京地裁への意見書）「意見書第一部：難民認定における証明と信憑性」1999年11月6日。

―――．（ZMH事件での東京地裁への意見書）「意見書第二部：難民の定義」1999年11月8日。

―――．「難民認定における証拠とその信憑性評価 ―― ニュージーランド難民の地位控訴局」『明治学院論叢』635号，1999年9月，253〜283頁。

―――．「異文化コミュニケーションとアサイラム ―― 政治・社会・文化に関する国家間の差異を背景として」『比較文化研究』39号，1998年，61〜69頁。

―――．「難民認定における物理的・心理的障害について」『比較文化研究』41号，1998年，32〜41頁。

有馬みき「難民認定における出身国情報」『難民研究ジャーナル』3号，2013年。

岩田陽子「我が国の難民認定制度の現状と論点」国立国会図書館『調査と情報』710号，2011年5月12日。

杉本大輔「日本における難民訴訟の成果と課題」『難民研究ジャーナル』2号，2012年，51〜60頁。

関聡介「続・日本の難民認定制度の現状と課題」『難民研究ジャーナル』2号，2012年，2〜23頁。

渡邉彰悟「日本の難民認定手続の実際（特集『国際的保護』をめぐる新たな潮流：難民，無国籍者，補完的保護）」『法律時報』86巻11号，2014年10月，10〜15頁。

Mackey, Allan and Barnes, John 著，UNHCR駐日事務所訳「難民申請及び補完的保護申請の信憑性評価 ―― 裁判上の判断基準及び適用基準」難民法裁判官国際協会（IARLJ），2013年。

Kälin, Walter. "Supervising the 1951 Convention Relating to the Status of Refugees: Article 35 and beyond", Cambridge University Press, June 2003。

―――. "Troubled communication: cross cultural misunderstandings in the asylum hearing", *International Migration Review*, vol. 20, no. 2, 1988, pp. 230–241.

Pfeiffer, Neal P. "Credibility Findings in INS Asylum Adjudications: A Realistic Assessment", *Texas International Law Journal*, vol. 23, no. 1, pp. 143–145.

Ruppel, Joanna. "The Need for a Benefit of the Doubt Standard in Credibility Evaluation of Asylum Applicants", *Columbia Human Rights Law Review*, vol. 23, no. 1, 1991–1992.

(行政文書開示請求で開示された主な文書)

法務省入国管理局「難民異議申立取扱要領」2014 年 3 月 11 日版（開示請求日：2014 年 7 月 11 日）。

―――.「難民認定事務取扱要領」2013 年 2 月 19 日版（開示請求日：2014 年 7 月 11 日）。

―――.「難民認定審査資料（難民定義編）」2011 年 12 月版（開示請求日：2011 年 12 月 12 日）。

―――.「難民審査資料（トルコ編）」2011 年 12 月版（開示請求日：2011 年 12 月 12 日）。

―――.「難民審査資料（ミャンマー編）」2011 年 12 月版（開示請求日：2011 年 12 月 12 日）。

―――.「判決にみる難民性評価ブロック（ミャンマー，トルコ，スリランカ，ネパール）2011 年 9 月版（開示請求日：2011 年 12 月 12 日）。

東京法務局訟務部「難民訴訟の判決動向について ―― 敗訴事例の分析を中心に」2012 年 9 月 5 日（平成 24 年度難民審査参与員第 1 回協議会資料）

宮崎公立大学人文学部教授「難民に関する外国の裁判例についての調査報告（法務省委託研究）」2011 年 8 月（平成 23 年度難民審査参与員協議会資料）。

【上記以外の UNHCR 関連及び諸外国の主な文書】

国連難民高等弁務官事務所（UNHCR）

―――.「組織的ギャングの被害者にまつわる難民申請についてのガイダンスノート」2010 年 3 月 31 日

―――.「女性性器切除に関する難民申請のガイダンスノート」2009 年 5 月。

―――.「血讐に関与した家族又は氏族（クラン）の構成員であることによる迫害の恐怖に基づく難民の地位に関する 1951 年条約下の難民申請に関する UNHCR の見解」2006 年 3 月 17 日。

―――.「強制的な家族計画に関する法律又は政策に関連した難民申請に関する UNHCR ノート」2005 年 8 月。

―――.「1951 年難民の地位に関する条約第一条の解釈」2001 年 4 月。

主要文献・サイト情報

———.「迫害の主体−UNHCR の見解」1995 年 3 月 14 日。
———.「難民申請における立証責任と立証基準について」1998 年 12 月 16 日
———.「UNHCR 難民認定基準『ハンドブック』国際保護に関する『ガイドライン』その他条約解釈・運用についての UNHCR の指針の位置づけについての各国判例・裁判例抜粋」(作成日不詳)。
———.「UNHCR 執行委員会　難民の国際保護に関する結論集（選集）」。

(UNHCR 国際保護に関するガイドライン)

———.「国際保護に関するガイドライン 1：難民の地位に関する 1951 年条約第 1 条 A（2）におけるジェンダー関連の迫害」2002 年 5 月 7 日。
———.「国際保護に関するガイドライン 2：難民の地位に関する 1951 年条約第 1 条 A（2）における『特定の社会的集団の構成員』」2002 年 5 月 7 日。
———.「国際保護に関するガイドライン 3：難民の地位に関する 1951 年条約第 1 条 C（5）および（6）下での難民地位の終止について」2003 年 2 月 10 日。
———.「国際保護に関するガイドライン 4：1951 年の難民の地位に関する条約第 1 条 A（2）および／または 1967 年の難民の地位に関する議定書における『国内避難または移住の選択可能性』」2003 年 7 月 23 日。
———.「国際保護に関するガイドライン 5：除外条項の適用：難民の地位に関する 1951 年条約第 1 条 F 項」2003 年 9 月 4 日。
———.「国際保護に関するガイドライン 6：1951 年難民の地位に関する条約第 1 条 A（2）および／または 1967 年難民の地位に関する議定書における宗教に基づく難民申請」2004 年 4 月 28 日。
———.「国際保護に関するガイドライン 7：人身取引被害者および人身取引の対象とされるおそれがある者に対する難民の地位に関する 1951 年条約第 1 条 A（2）および／または 1967 年議定書の適用」2006 年 4 月 7 日。
———.「国際保護に関するガイドライン 8 号　難民の地位に関する 1951 年条約第 1 条（A）2 及び第 1 条（F）並びに／又は 1967 年議定書に基づく子どもの庇護申請」2009 年 12 月 22 日。
———.「国際保護に関するガイドライン 9 号　性的指向および／またはジェンダー・アイデンティティを理由とする難民申請」2012 年 10 月 23 日
———.「国際保護に関するガイドライン 10：1951 年の難民の地位に関する条約第 1 条 A（2）および／または 1967 年の難民の地位に関する議定書の文脈における兵役に関連した難民申請」2013 年 12 月 3 日。

UNHCR 駐日事務所「「第二東京弁護士会からの UNHCR の立場に関する照会への回答書：難民認定における立証基準（1．迫害を受ける恐怖の理由の十分性の評価におけるもの，2．信憑性の判断におけるもの），子どもの庇護希望者の待遇，不法入国および不法滞在に基づく子どもの庇護希望者の拘禁について」2012 年 1 月 18 日。

———.「難民条約上の理由と迫害の危険との因果関係に関するUNHCRによる東京弁護士会に対する助言的意見」2006年3月1日。

———.「難民の定義の解釈に関する東京弁護士会に対する国際連合難民高等弁務官事務所の助言的意見」2004年12月22日。

———.「性的指向に基づく難民申請に関する東京弁護士会に対する国連難民高等弁務官事務所の助言的意見」2004年9月3日。

欧州議会・欧州理事会「国際的保護の付与・撤回のための共通手続きに関する2013年6月26日付けの欧州議会・理事会指令 2013／32／EU」2013年6月26日（UNHCR駐日事務所訳）。

———.「国際的保護の申請者の処遇のための基準を定める2013年6月26日付けの欧州議会及び理事会指令2013／33EU」2013年6月26日（UNHCR駐日事務所訳）。

———.「第三国国民又は無国籍者の国際的保護の受益者としての資格，難民または補完的保護を受ける資格のある者の統一した地位，および付与される保護内容についての基準に関する2011年12月13日付の欧州議会・理事会指令2011／95／EU」2011年12月13日（UNHCR駐日事務所訳）。

Immigration and Refugee Board of Canada. "Interpretation of the Convention Refugee Definition in the Case law", 31 December 2010.

———. "Assessment of Credibility in the Context of CRDD Hearings", October 1999.

【サイト情報】

(日本語サイト)

全国難民弁護団連絡会議（全難連）〈http://www.jlnr.jp/〉

UNHCR駐日事務所「難民保護関連資料」（難民認定基準ハンドブック，国際保護ガイドライン，執行委員会結論などの資料を集めたUNHCR駐日事務所のウェブサイト）〈http://www.unhcr.or.jp/html/protection_material.html〉

裁判所ウェブ（一部の裁判例を検索できる裁判所のウェブサイト）〈http://www.courts.go.jp/app/hanrei_jp/search1〉

法務省入国管理局「難民関係公表資料」（英国国境庁の出身国情報報告や米国国務省の年次報告書の一部について日本語訳を掲載）〈http://www.moj.go.jp/nyuukokukanri/kouhou/nyuukokukanri01_00010.html〉

アムネスティ・インターナショナル日本〈http://www.amnesty.or.jp/〉

ヒューマン・ライツ・ウォッチ（日本語ページ）〈https://www.hrw.org/ja〉

(日本語以外)

国連難民高等弁務官事務所(UNHCR)(UNHCRのホームページ)〈http://www.unhcr.org/cgi-bin/texis/vtx/home〉

主要文献・サイト情報

国連人権高等弁務官事務所（OHCHR）（国連条約機関の文書を検索できる）〈http://tb.ohchr.org/default.aspx〉

国際難民法裁判官協会（IARLJ）（IARLJ のホームページ）〈http://www.iarlj.org/general/〉

レフワールド（Refworld）（出身国情報や判例等を検索できる）〈http://www.refworld.org/〉

欧州出身国情報ネットワーク（European Country of Origin Information / ecoi）（出身国情報やニュースを検索できる ACCORD のサイト）〈http://www.ecoi.net/〉

Relief Web（紛争や災害等の人道危機関連の情報を発信している国連人道問題調整事務所（OHCA）のサイト）〈http://reliefweb.int/〉

統合地域情報ネットワーク（Integrated Regional Information Network / IRIN）（紛争や災害等の人道危機関連の情報を発信するサイト）〈http://www.irinnews.org/〉

レフロー（RefLAW）（難民関連のニュースや法令を閲覧できるミシガン大学ロースクールのサイト）

米国国務省（国別の人権状況や信仰の自由に関する年次報告をみることができる）

人権報告〈http://www.state.gov/j/drl/rls/hrrpt/〉

宗教報告〈http://www.state.gov/j/drl/rls/irf/〉

韓国最高裁判所ライブラリー（韓国行政裁判所の判決等を検索できる）〈https://library.scourt.go.kr/main.jsp〉

イギリス省庁合同ウェブ（イギリス内務省作成の出身国情報やガイダンスをみることができる）〈https://www.gov.uk/government/collections/country-information-and-guidance〉

イギリス司法（Courts and Tribunal Judiciary）（英国上級審判所移民難民部門のカントリーガイダンス決定等をみることができる）〈https://www.judiciary.gov.uk/〉

カナダ移民難民局（Immigration and Refugee Board of Canada / IRBC）（出身国情報の国別資料集（National Documentation Packages / NDPs）やクエリーをみることができる。）〈http://www.irb-cisr.gc.ca/Eng/ResRec/Pages/index.aspx〉

CanLII（カナダ難民移民局の決定や連邦裁判所の判決を検索できる）NP〈http://www.canlii.org/en/ca/irb/index.html〉

デンマーク移民局・デンマーク労働市場局（デンマーク移民局の報告書等を英語で検索できる）〈http://www.nyidanmark.dk/en-US/〉

AUSTLII（オーストラリア難民再審査審判所の決定や連邦裁判所の判決を検索できる）〈http://www.austlii.edu.au/au/cases/cth/aat/〉

ニュージーランド司法省（ニュージーランド移民保護審判所（旧難民異議申立局）の決定を検索できる）〈http : //www.justice.govt.nz/tribunals/immigration-protection-tribunal/decisions〉

NZLII（ニュージーランド移民保護審判所（旧難民異議申立局）の決定を検索できる）〈http : //www.nzlii.org/〉

European Database of Asylum Law（EDAL）（チェコ，スロバキア，フィンランド，オーストリア，フランス，ドイツ，アイルランド，ポーランド，スロベニアやスウェーデンおよび欧州人権裁判所の難民法判例を検索できる）〈http : //asylumlawdatabase.eu/〉

難民勝訴判決20選

第1部

◆ 全体をとおしての分析 ◆

はじめに

　難民認定審査とは国際難民法の中核である1951年の難民条約および1967年の議定書をいかに解釈し，国内的に適用するかということである。そこでは，「それぞれの国が外国人の人権保障，とりわけ難民という特殊な状況下にある外国人の人権保障についてどのような姿勢をとるか，という点を映し出す鏡…」[1]である。条約の解釈，適用については，条約法に関するウィーン条約が「条約は，文脈によりかつその趣旨及び目的に照らして与えられる用語の通常の意味に従い，誠実に解釈するものとする。」（第31条第1項）と謳っている。国際難民法の趣旨及び目的に照らして誠実に解釈するとどのような結果が出るのか。その問いへの答えは本書に掲載した裁判例20例が如実に物語っている。

　全体を通じて，行政段階の判断と裁判所の判断の結果が異なったのは，実質的な認定判断の違い，その前提となっている出身国情報の分析，信憑性判断のあり方，そして，全体的総合的に考察し分析しているかどうか等であり，こうした点が実は難民法の趣旨及び目的に照らして誠実に解釈するということの具体的な要素であるということが改めて認識された。以下7項目について全体の分析の結果を示す。

1　出身国情報の重要性

(1)　出身国情報の意義

　「出身国情報」については以下のように包括的に定義されている（「出身国情報の調査　研修マニュアル2013年版」日本語版，以下「ACCORDマニュアル」という）[2]。

　「出身国情報（COI）とは，難民の地位またはその他の国際的保護の形態に関する申立てを評価するための手続において，利用される情報である。

---

[1] 本間浩『国際難民法の理論とその国内的適用』現代人文社，2005年，9頁。
[2] Austrian Centre for Country of Origin & Asylum Research and Documentation (ACCORD), Austrian Red Cross／山本哲史・有馬みき訳『出身国情報の調査　研修マニュアル　2013年版』2013年，12頁。また，このACCORDマニュアルも含めて出身国情報全般については，「難民認定における出身国情報」（難民研究フォーラム「難民研究ジャーナル」第3号，有馬みき）を参照されたい。

◆第1部◆ 全体をとおしての分析

　COIは，国際的保護に関する法的支援者および決定権者が，申請者の出身国（無国籍者の場合には常居所を有していた国）または経由国における，以下の点について評価する際に助けとなるものである。
－ 人権および治安状況
－ 政治状況および法制度
－ 文化的側面および社会の態度
－ 出来事および事件
－ 地理
　COIとして成立するためには，情報源が，国際的保護に関する個別の申請結果に何ら利害関係を有していないことが不可欠である」

　出身国情報の正確な分析，事実に即した収集分析評価は難民認定の様々な局面に影響を与えるものとして極めて重要であることが今回のまとめを通じて理解できた。
　この問題を認識する上での前提として，以下の考慮が重要である。
　即ち，「申請を提出する者に立証責任があるのが一般の法原則である。しかしながら，申請人は書類やその他の証拠によって自らの陳述を補強することができないことが少なくなく，むしろ，その陳述のすべてについて証拠を提出できる場合の方が例外に属するであろう。大抵の場合，迫害から逃走してくる者はごく最小の必需品のみを所持して到着するものであって身分に関する書類すら所持しない例も多い」[3]という実態が，「関連するすべての事実を確認し評価する義務は申請人と審査官の間で分かち合うこと」になり，「審査官が利用し得るすべての手段により申請を裏付けるのに必要な証拠を拠出することになることもある」という認識が示されることになる[4]。かかる認識のないままに難民調査にあたることがいかに「保護」から遠ざかるのか，今回の分析からも明らかである。
　第1に，出身国情報は，信憑性判断をする上で，申請者の供述の背景事情を基礎付け，その信用性の評価を客観的なものとする。
　ACCORDマニュアルでも「申請者の信憑性を評価するためには，申請者の提出する証拠について，十分に詳細かつ具体的であるか，内的一貫性及び外的

---

(3) UNHCR『難民認定基準ハンドブック──難民の地位の認定の基準及び手続に関する手引（改訂版）』2008年12月，196項・54頁。
(4) 同上，196項・54頁。

一貫性があるか，入手可能なCOIと一貫性があるか，主張の全体的なもっともらしさがあるかについて分析が必要である。庇護希望者の信憑性評価のために依頼されるCOIは，申請者の主張に含まれる特定の出来事，人物または状況に関連する場合がある。あるいは地理，地勢，文化，歴史等，申請者の出身国や出身地域に関する特定の側面に関連し，申請者の主張の真偽を確認するために利用される場合もある」等として広範な利用可能性を示唆している[5]。

第2に迫害の理由（人種・宗教・国籍・政治的意見・特定の社会的集団の構成員の5つ）の該当性の判断にあたっても出身国情報は極めて有意義である。特に，子ども，性的志向やジェンダーに関する様々な迫害を難民保護の枠組みの中でとらえて保護するという解釈（特に「特定の社会的集団の構成員」）が浸透してきているが[6]，これらの事実を認識し把握するためにCOIの存在は不可欠である。

第3に，申請者の経験事実をもとにして，迫害のおそれを判断する上でも出身国情報はその判断の内容を充実かつ実質化する。まさに，出身国情報の的確な評価・分析がより一層庇護の必要性を明確にすることに繋がる。ACCORDマニュアルでも出身国情報は「難民条約が列挙する5つの理由のうち1以上の迫害を受けるという申請者の恐怖，または補完的保護の申立の根拠となる人権侵害に関する」もので，「申請者が出身国に帰国した場合に直面する危険について評価するために有益な情報」として位置づけられている[7]。

(2) 今回の検討をとおして

以上のように重要な出身国情報であるが，検討したほとんどの事案において，行政段階では出身国情報の分析が十分になされていないことを推測させる結果となった。申請者にとって出身国情報のどこと自分の申請とが整合していないか等がまったく理解ができないもので，難民保護の理由付けとして合理的かつ説得的なものとは考えられない。

もちろん，行政処分において出身国情報を分析していないことはあり得ない

---

[5] ACCORD・前掲注(2)25頁。

[6] UNHCRガイドライン第8号「難民の地位に関する1951年条約第1条（A）2及び第1条（F）並びに／又は1967年議定書に基づく子どもの庇護申請」（2009年12月22日），UNHCRガイドライン第9号「性的指向および／またはジェンダー・アイデンティティを理由とする難民申請」（2012年10月23日）等。

[7] ACCORD・前掲注(2)25頁。

が，その内容と質は行政処分に示された理由からはうかがい知ることができない。これでは，申請者にとってどんな出身国情報が検討され，何が自分にとってのマイナスとなった出身国情報であったかも理解できない。事例によってはこれまでの判決を引用する形で出身国情報を論じているに過ぎないものが認められ（【事例17】），一次情報へのアクセスが十分に行われていないのではないかということが疑われた。

また他国における不認定処分の理由をみると，その判断の基礎となった出身国情報を明示することが通例となっている。それは，詳細な理由の明示そのものが適正手続き上の要請であって，その明示のない状況では申請者は出身国情報に関する重要な防御の機会を奪われかねないことにも留意されるべきである。

特に出身国情報の分析が決定的な役割を果たしたと思料される案件はこの【事例17】も含めていくつか散見される。

【事例15】

ここでは，スリランカの北部出身のタミル人が対象となっている。このようなタミル人の難民性を考察する上で，UNHCRが発表していた様々な指針は決定的な情報を提供していた。

① 2006年12月「スリランカ出身の庇護要請者への国際的保護の必要性に対するUNHCRの見解
② 2009年4月「スリランカ出身の庇護希望者の国際的保護ニーズの評価に関わるUNHCR指針」
③ 2009年7月「2009年スリランカ指針の妥当性に関する注記」

このような連続したUNHCRによる出身国情報が示され，判決も③を引用し，「UNHCRが考慮してきた出身国情報は，スリランカ北部出身のタミル人は，人種（民族性），または（有しているとみなされる）政治的意見によりその地域（およびそれ以外のスリランカ内の領土）において深刻な人権侵害を受ける大きなリスクに直面していることを示している。北部のタミル人は依然として，指針で述べているような治安対策，反テロ対策で最重要の標的とされている。北部のタミル人の広範にわたる拘留，監禁は依然として，深刻な懸念である。政府側の民兵組織分子も，依然として，なんら訴追されることなく，北部でタミル人を標的とした軍事行動を展開している。ある特定の経歴（2009年4月指針に列挙しているような経歴）をもっているタミル人は相対的にリスクが高いが，タミル人は，年齢，属性や経歴に関わりなく，（2009年4月の指針が強調してい

るように)影響を受けている」と明示している。

これに対して，異議棄却理由では「あなた自身は，特段の政治活動を行ったこともない，単に比較的恵まれたタミル人に過ぎないのであって，あなたが執拗にLTTEにつけねらわれるというのは，客観的に見て，いささか不自然」との見解を記し，さらには「関係資料からは，少なくともスリランカ政府がLTTEの人権侵害を放置ないし助長しているとまで認めるに足る証拠はなく」と出身国情報と相矛盾する認定をしており，出身国情報の分析評価が十分ではなかったことを如実に示している。上記のUNHCRの指針に基づく分析があったら，このような認定はあり得なかった。もちろん，この理由づけにある「関係資料」については出所も判明せず，どのような内容のものであるのかがわからないのであるから，まさに申請者にとってみれば不利益証拠に対する反論や釈明の機会も保障されておらず，適正手続き上の問題点も指摘できるところである。

【事例17】
　ここではヒューマンライツウォッチ(HRW)の「忘れられた民の如く」という報告が，チン州における類似事案(宗教活動家や村長への迫害の報告)を詳細に取り上げており，事案の理解にとって不可欠のものとなった。被告が提出した米国国務省レポートからも同様の事実を認定した。裁判所は，ほとんど本人の供述しか存在しない中で，出身国情報に依拠して申請者の供述の信憑性を認め，迫害の恐れを認定した。

ほかにも，【事例5】及び【事例6】にみられるような判決における重層的(本国の人権状況，政府の諜報能力，芸能活動に対する政府の姿勢，海外民主化運動への政府の姿勢と海外組織に対する政府による評価等)で十分な出身国情報の分析も，申請者の難民性を判断する上で基礎となっていることは明白である。

行政段階において，出身国情報に関する分析評価が不十分であることについて，改めて認識されるべきであろう。

(3) 今後の留意点
COIに関連して，以下の点が今後留意されるべきである。
第1に，「COIは情報である。COIは決定の指針ではない」[8]との表現が端的

---

(8) ACCORD・前掲注(2)12頁

に示すように,「COIは,申請について決定するための必要条件でも十分条件でもない」[9]。難民の申請に対して,認定の指針に基づいて「結論を導き出し,将来の予測に関して評価することは難民認定実務家の行うこと」[10]という点である。出身国情報を生かすには,適正な難民認定基準の確立が決定的かつ重要だということである。

どんなに質の高い出身国情報が収集されても,その判断評価の指針のハードルが高ければ,出身国情報は「宝の持ち腐れ」となることを肝に銘じなければならない。

第2に,判断理由の中に,どの出身国情報をもとにどのような評価がなされたかについて根拠を明確に示すことが求められる。これは確立した難民認定制度を有している他国では通例となっており,難民認定に透明性をもたらす上で非常に大切なことである。更に,この点は,上記のスリランカケース(**事例15**)でも指摘した点と関連するが,「情報へのアクセスに関する武器の対等」という出身国情報にかんする原則と密接に関連してくる。

即ち,「COIは,国際的保護を求める人のための認定手続に関わる,すべての決定機関および申請者の法的支援者に対して平等に提供されるべきである。申請者は,決定の根拠となった情報について反論や釈明ができるよう,情報へのアクセスを有するべきである」[11]ということである。

この武器の対等は,「裁判所および審判所における公正な裁判を受ける権利の一部をなすもの」と位置付けられており,難民認定の公正さを確保する上でなくてはならない要素の一つであるということが言えるであろう[12]。

2　信憑性判断について

信憑性判断は難民該当性判断の生命線の一つといってよい。

その信憑性判断について,難民法の分野で論じられているのは概略以下のようなものである。

---

(9)　ACCORD・前掲注(2)13頁

(10)　ACCORD・前掲注(2)27頁

(11)　ACCORD・前掲注(2)37頁。釈明の機会については,「国際的保護の付与・撤回のための共通手続きに関する2013年6月26日付けの欧州議会・理事会指令 2013/32/EU」の16条も参照。

(12)　ACCORD・前掲注(2)37頁

難民法裁判官国際協会（IARLJ＝International Association of Refugee Law Judges）の「難民申請及び補完的保護申請の信憑性評価－裁判上の判断基準及び適用基準－」[13]の第2部「難民認定申請及び補完的保護申請における判断プロセスに対する構造化アプローチ」によると，

『裁判官・審判官は，国際法に従って国が受け入れた「保護の義務」に留意し，また国際　保護を必要とする申請者が直面する可能性のある苦境の重大性を認識して，申請者個人を人として全面的に尊重する見地からすべての申請にアプローチするとともに，そこで遂行される課題の重大性を認識していなければならない。』[14]

このような姿勢をもって信憑性判断に臨むということが必要であることをまず指摘しておきたい。

そしてこのような姿勢に立つとき，どのような信憑性の判断のあり方が必要となるのかかを以下明らかにしたい。

(1) 顕微鏡的な細かさでの審査がなされるべきではないこと

ハサウェイ教授は出身国情報との関係で「難民申請者の出身国内の客観的状況の分析の適切な出発点は，当該国の一般的な人権の実績である」として，カナダ連邦裁判所の以下の判断を紹介している。

「私は，申請者の証言における矛盾の例を見つける委員会の熱意に言及してきた。委員会の仕事は困難なものではあるが，当該被告のように，通訳を通じて証言し，その客観的真実を信じるに足る理由がある恐怖について話す者の証拠を，過度に警戒して顕微鏡的な細かさで審査するべきではない。」[15]

この指摘は日本の行政判断にも当てはまるものである。特に行政判断において，周辺事実における矛盾を理由に信憑性がないとの判断を下す案件が散見されることに鑑みても，申請者が述べる事実の中でどの供述が中核でどの供述が周辺事実であるかの識別が信憑性判断においては必須であることは言うまでもなかろう。この識別がないと，難民事由の中核を議論する前に申請者が申し立てる難民事由に直接関わらない事実における矛盾のみを理由として不認定にす

---

[13] 難民法裁判官国際協会（IARLJ）「難民申請及び補完的保護申請の信憑性評価──裁判上の判断基準及び適用基準」2013年。

[14] 同上，29頁。

[15] ジェームス・C・ハサウェイ著，平野祐二・鈴木雅子訳『難民の地位に関する法』現代人文社，2008年，99頁。

るという事態を引き起こすことにつながりかねない。これに比べて裁判所の信憑性に関する判断は，中核部分を中心になされており，申請者の申し立ての中核部分について具体的に議論しているという意味において，一定の水準に到達していると考えられる。

(2) 申請者の供述の重みについて

ここでもハサウェイ教授の以下の見解が参考になろう。

「難民であると主張する者の供述が確からしく，信憑性があり，疑う余地のないものであるかぎり，その大部分が伝聞証拠からなる場合にも，難民の地位の肯定的認定を裏づけるために必要な客観的危険の証拠のすべてであってもよい」[16]

そして最も重要なルールとして以下の点を指摘する。

「申請者がある主張の真実性を誓うとき，その真実性を疑う理由がない限りは，当該主張は真実であると推定される」[17]。

続けて，ハサウェイ教授は次の2点に注意を払うとしている。

第1に，「多くの難民は出身国において，当局の人間を信用しなくなる，もっともだと考えられるような経験を経ているという事実に敏感でなければならない。そうして，難民は庇護国到着後まもない間はとくに，移民局その他の当局の職員に対して率直でないかもしれない」[18]。

第2に，「申請者の信憑性は，単に周辺事情の詳細を詳述するにあたって曖昧であることや首尾一貫していないことから疑われてはならない。記憶の障害は迫害の対象であった多くの人によって経験されているからである」。……「申請者が，ずっと以前に起きた出来事の詳細や日時について写真のように鮮明な記憶を有することを求めない」[19]。

第1で述べられている事情は入国管理局が難民認定実務を行っている日本ではことのほか意識される必要がある。例えば偽造旅券で入国してきて難民申請をした者が，難民調査官の前で自分の身分事項をその偽造旅券のままに供述する例があり，その者が異議において弁護士に依頼をして実際には身分事項が

---

(16) ハサウェイ・前掲注(15)103頁。
(17) ハサウェイ・前掲注(15)103頁。
(18) ハサウェイ・前掲注(15)104頁。
(19) ハサウェイ・前掲注(15)104〜105頁。

まったく異なるという事態が起こる。そのことを明らかにして異議申立手続きに臨んだとき，難民審査参与員の質問の中には，なぜ，一次審査で異議申立と異なることを述べたのかを質問される。そのこと自体は当然としても，なぜ嘘をつくのか理解できないと率直に質問されることもある。しかし，申請者としてみれば，退去強制の権限を有する入管の職員の前では，やはり「素直でない」心理状態になってしまうことが理解されて然るべきであろう。つまり，真実の身分を証明するものがない状態の中では，旅券と異なることを言えば不法入国ということになり，事態はますます不利になると考えてしまうのである（さらに言えば，実際，多くの申請者に聞くと，何が退去強制の手続きで何が難民の手続きであったかが本人の認識として判然としていない場合も見受けられる）。

この点についてもいくつかの判決理由で論じられているが，身分事項を違えた事例として【事例19】を挙げることができ，判決は以下のとおり判断している。【事例19】の事案では，申請者は難民不認定処分を受けるまで自己の姓と生年を旅券の記載通りに述べていたが，その後自己の真実の姓と生年を述べるに至った。これについて，地方裁判所は，下記のように判断している。

> 「本件難民認定申請に対し，原告を難民と認めない本件不認定処分がされ，また，本件在特不許可処分や本件裁決，本件退令処分がされて，原告が国籍国であるウガンダに送還されそうになったため，これを阻止しようとして行った行動とも推測されるところ，前記（イ）で検討したとおり，原告がウガンダにおいて受けた迫害状況は客観的裏付けも存し，基本的に信用できるものと解される以上，上記のような原告の態度は難民特有の心理状態によるものと理解できなくもなく，この点をもって直ちに原告供述の全体について信用できないと評価するのは妥当ではない」

このように地方裁判所がとったような，難民申請者の心理状態への配慮は常に必要である。

3　難民認定の特殊性に関する理解

今回の検討の中で，さらに根本的な問題として難民認定業務が持つ特殊性に対する理解という問題が横たわっているということも痛感した。この特殊性については部分的には信憑性の判断とも重複するが，内容が重要であると考えて，ここで独立して論じておく。

◆第1部◆ 全体をとおしての分析

(1) IARLJによる指摘

　IARLJ作成の「難民申請及び補完的保護申請の信憑性評価──裁判上の判断基準及び適用基準」の中には次のテーマが掲げられ論じられている。「A. 難民認定申請その他の国際保護の申請に関する判断の独特の性格」というものである。

> 「1．<u>難民法及び補完的保護に関する法，並びに，地位の認定に関する関連の判断行為は，各法域の弁護士及び裁判官・審判官にとって馴染み深い各国国内法のほとんどすべての他の分野と著しく異なっている。</u>この法分野は，今でこそ広範囲に及び，かつ専門化されているものの，そのかなりの部分はこの25年間で発展してきたに過ぎないので，弁護士及び裁判官・審判官の多くはこの分野に関する正式な訓練をほとんど又はまったく受けていないであろうし，そのためまずは国内行政法の諸原則に依拠しようとするのも無理からぬところである。
> 　2．したがって，難民法・国際保護法が有する違い及び特有の性格について説明しておくことが重要である。これらの点について，またそのいくつかが組み合わさることで生ずる効果について理解しておかなければ，瑕疵のある判断が行われる危険性が著しく高くなる」[20]。

　このことは，難民法の解釈・適用は，なじみのある法の適用とは異なっているということの警鐘である。続いてこの文書では，このような差異を生じさせる11の要素が挙げられている[21]。

> 『このうち3つはすべての事件に当てはまる自明の要素だが，他の8つは（後述する）説明が必要な重要な性格である。
> (i) 一方の当事者が外国人である個人の申請者であり，他方の当事者が国である。

---

[20] IARLJ・前掲注(13)，17～18頁。この該当箇所には以下のような脚注が付されている（下線は引用者）。「ウェリントン（ニュージーランド）で2002年に開催されたIARLJの会議で発表された，元イングランド・ウェールズ控訴院裁判官・審判官のステファン・セドリー卿(Sir Stephen Sedley)による論文「庇護：司法は独立を維持できるか？(Asylum: Can the Judiciary Maintain its Independence?)」(p.6のIARLJ刊行物3参照)…<u>『確定した事実について法的なリトマス試験を実施するという，昔ながらの法律家の作業ではない。それは，特定の文化的，社会的，政治的及び法的環境における個人の過去及び将来の状況を総合的に評価し，法律上及び言語上の限界はあるものの広く人道的な目的を有する基準によってこれを判断することなのである』」。

[21] IARLJ・前掲注(13)，17頁。

(ii) すべての主張の実体的事実について検証するのは困難であるため，他国の国別情報を参照することが必要になろう。
(iii) 事件で焦点となるのはかなりの部分が将来についてであり，過去についてではない。

説明を要する要素は次の通りである。
(iv) 難民条約，OAU条約，カルタヘナ宣言及びECHRのような中核的条約は生きた文書（living instruments）である。
(v) 判断は国際法上の権利を基礎として行われるのであり，国内法上の恩恵を基礎として行われるのではない。
(vi) 代理保護（surrogate protECtion）の原則は国際条約上の義務から生じるものである。
(vii) 難民としての地位及び補完的保護を受けられる地位は宣言的なものであり，創設的なものではない。
(viii) 司法の独立及び公正は，反難民／移民の圧力又は社会的圧力によって圧迫される可能性がある。
(ix) 多くの申請者はその状況に固有の脆弱性を有していると思われることから，申請者に影響を与える心理的側面及びトラウマの側面を考慮しなければならない。
(x) 申請者は補強証拠をなかなか提示できないことが多く，ウェブから得た資料を含む「裏付け」文書の利用及び濫用については特有の注意が必要となろう。
(xi) 異文化に関する意識が必要となり，異文化をめぐる課題が生じ，また通訳を通じて作業を進めなければならないのは普通のことである。』

ここで特に指摘しておきたいのは，最後の11番目の「異文化」という問題である。

IARLJの当該文書は続いて「難民認定及び補完的保護を受ける資格の認定では，そのそもの性質上，ほとんどすべての事例で異文化及び言語に関する通訳及び翻訳が必要となる。さらには，<u>文化，ジェンダー，振舞い及び言語に関わる微妙な問題について理解する必要も，しばしば生じる</u>ことになろう」と指摘する[22]。

(2) ジェームス・ハサウェイ教授による指摘

また，ハサウェイ教授は出身国情報の評価のあり方の文脈においてではある

---
[22] IARLJ・前掲注[13]，24頁。

が，以下のように指摘している。

> 「単に特定の状況が決定国の見地から理解しがたいからといって，関連情報を無視してよいということにはならない」として「平和的手段によって秩序が維持されている民主的社会に住んでいるわれわれにとって，当局が，直接にまたは家族を通じて，単にその者が当局がひどく嫌う名前であるからといって，その者を苦しめるとは信じがたい。しかし，私たちは，個人的意見は内にとどめ，その代わりに適切な文脈に当該状況を位置づけるようにしなければならない」と論じている[23]。

(3) 新垣修教授による指摘

さらに，新垣修教授も，「異文化コミュニケーションとアサイラム —— 政治・社会・文化に関する国家間の差異を背景として」[24]の論文において下記の点を指摘している。この指摘は難民認定手続きにおける異文化問題を包括的に論じており，現在の日本の難民認定手続きにおいて重みをもって参照されるべき内容を有していると考えられるので，以下詳細に紹介する。

> 「難民認定という空間におけるコミュニケーション・プロセスで，特殊でありかつ問題となるのが，申請者と審査官との間，そして『話し手』と『聞き手』の間に横たわる文化的要素の差異である。一般に，有効かつ円滑なコミュニケーションの達成を阻む物理的，生理的，心理的障害—本稿ではこれを『ノイズ』と称することとする—は多様であるが，難民認定の場においてコミュニケーションを行う主体が背負っている文化の相違に帰するノイズは，時において取り返しのつかない悲劇を生みかねない。なぜなら，異文化コミュニケーションの効果や主体の能力を狭めるノイズにより，『メッセージ』が主体相互間で適切に受信，解釈，評価されず，その結果，両者間で誤解が生じてしまい，最終的に審査官が『申請者の証言やその主張の根拠に信憑性が欠ける』という誤認に基づいた審判を下す危険性は決して低くはないからである。このような誤解による不認定の結果，申請者が本国へ送還された場合，彼女／彼を待ち受けているのは基本的人権の否定—迫害—なのである。」

まず，異文化間の物理的，生理的，心理的障害な「ノイズ」によって取り返しのつかない悲劇が起こった場合には送還によって重大な人権の侵害がおこる

---

[23] ハサウェイ・前掲注(15)，100〜101頁。
[24] 新垣修「異文化コミュニケーションとアサイラム —— 政治・社会・文化に関する国家間の差異を背景として」『比較文化研究』No. 39，1998年7月号。

のだという基本的な認識をもつことの必要性を強調している。次に具体的な齟齬の内容を下記の通り検討する。

『言語と文化の不可分性は度々指摘されるところであり，ある単語・表現の意義や概念，それに表象されている理念が，その文化体系独自のものであっても不思議ではない。故に，ある表現に対する特定の文化圏出身者の理解は，必ずしも別の文化圏出身者の理解に適合するわけではない。要するに，ある定義や概念についての審査官の解釈が，申請者のそれに常に合致しているという推論は難民認定の現場においては成り立たないのである。このような言語に係わる文化の相対性を，難民認定を実施する政府や関係機関の職員，とりわけ審査官自身が意識していない場合，ノイズは審査官と申請者の間に誤解を生じさせることとなり，この誤解に基づいた結論―難民の地位の不認定―を招く重大な原因にもなりかねない。つまり，特定の用語の定義や概念の相対性により，申立人の証拠に矛盾点や不整合な部分があると認定者側が誤って判断することがある。』

『より重大な事態は，この種のノイズの存在を審査官が意識していないか，あるいはそれに特に注意を払わないような時である。そのような場合，申請者の供述する物語の内容を取り違える危険性が一層高くなる。』

『審査官が考える「常識」が必ずしも普遍性を有していないのは当然であり，一定の文化的枠組みの生活規範に従って醸成，受容されてきた「常識」が他の文化領域で通用しないことも少なくない。』[25]

このように，新垣教授は，異文化のノイズの中で，審査官の考えている常識による判断がときに危険な結果を導くことを指摘する。この点もまさに一部の異議申立の手続きの中で起こっていたことである。

『申請者の出身国からの出国ないし脱出の方法，迫害者からの避難の方法，そして迫害の手段等の表現についても，受け入れ国の文化を柱石として発展している政治システムや社会構造の文脈から抽出された尺度では計りし得ないことは多く，言葉の概念に差異が生じるのも希ではない』という紹介もある[26]。

今回の検討の中で，例えば【事例12】の「弁護士を雇い裁判を受けているのであれば，判決書など関係書類等の具体的かつ客観的な資料は容易に入手できると考えられるにもかかわらず，あなたの逮捕・収監等を裏付ける客観的な資料は何ら提出されていません」という指摘は，ミャンマーにおける少数民族

◆第1部◆　全体をとおしての分析

地域における司法制度の機能と裁判所へのアクセスの難易度も前提にしないままに日本同様の水準において捉えており，本件の裁判が反政府的な行動そのものへの判断であったことを考えれば，その問題について再度アクセスをすること等考えないということは容易に想像できることである。異なる社会構造に対する理解という上記の指摘がこのようなところにも表れている。また，**【事例18】**において，ディペイン事件について「その内容はすでに海外メディアによってミャンマー国内で公になっている報道を基にしており，あなた自身による政治的意見・思想を表現するものではありません」という理由付けも，ミャンマーにおける報道統制を前提にしないものであって，"海外メディアでの報道がミャンマー国内において公になっている"との認識の誤りを導いている。

以上のように，難民の国籍国の状況等に対する認識をするときに，日本における法システムや社会環境や文化的背景を物差しにして，それを所与のものとして分析をすればときに判断を誤る。難民認定という法分野では，異文化の問題も含めてこれまでの認識と異なることを要求されているかを理解する必要が

---

⑳　新垣教授はここで具体例として2例を挙げている。①ある先進国の難民認定機関が示した不認定理由の例では，インドに留まっている申請者の娘から申請者のもとに届いた手紙の信憑性について偽造の疑いが残るとした。この判例で申請者は証拠としてこの手紙を提出したのだが，その結びの表現に関して「よろしく」の意を伝える"kind regards from all of us"という訳が付されていた。この点について審査官は，12才の少女が実父に対してこのような文言を私信の中で使うのは「…通常では考えられないことである…」("...which we think is an extraordinary way...")と結論づけている。ところが，証拠評価の過程で審査官が当然行うべき検証――審査官の考える「常識」と申請者出身国のそれとの比較と翻訳の妥当性の検討がまったくなされなかった。②イスラム系の申請者が証拠として提出した手紙―申請者の従兄弟から当該申請者へ郵送された私信―について，それが「ナジムへ」("Dear Nasim,")という書き出しになっていることから「従兄弟を姓で標記することは通常では考えられない」という理由で信憑性なしという結論を導きだしている。しかしながら，イスラム文化圏における手紙等の通信では，たとえ従姉妹／従兄弟同士であっても互いを姓で標記するのは特段不自然ではないと言われるし，特に親しい間柄でなければその傾向はさらに強まろう。

㉖　豪州の例として『難民申請を行ったある女性は，出身国での関係当局による尋問の間，「肉体的に拷問を受けたことはなかった」（…not physically tortured…）ことを示す証書を提出していた。他方，難民認定における聴聞の過程で，「尋問中，幾度か平手打ちを食らった」と彼女が証言したことから，担当審査官は「拷問」の存否について証拠間の矛盾を指摘したのである。しかしながら，暴力を伴った詰問を常とするような政治行政環境の文化圏から来た申請者にしてみれば，「拷問」という文言はさらに劣悪な状況を描写するために使われることもあろう』と紹介している。新垣・前掲注㉜。

18

ある。

4 迫害のおそれの判断基準について

迫害のおそれについてどう判断するか，これは信憑性の判断に並んで重要な点である。現在の日本の難民認定における最大の問題はこの部分であると言っても過言ではない。この点も，今回の分析を通じて認識するところである。

(1) 行政段階におけるいわゆる個別把握について

行政段階での不認定処分の理由として表現されているのは以下のフレーズである。以下では異議段階における棄却の理由を中心に挙げる。

【事例1】
「既に14年が経過しているのであって，現在も依然として政府があなたに関心を寄せるとは考えられません」「本邦において，民主化団体に加入しながらデモに参加した旨主張していますが，その活動は特段目立つものではありません。」

【事例2】
「せいぜい民主化運動の一参加者にすぎません。…本国を出国した当時において，本国政府から反政府活動家として注視されるような存在であったとは認められません」「本国政府の関心を引くほどに目立つものとはいえないことが明らかです。」

【事例3】
「あなた自身の活動内容を見ても，特段目立ったものは見当たらないのであって，あなたが反政府活動家として本国政府に関心を寄せられるとは考えられません」

【事例4】
「本国政府があなたを反政府活動家として注視していたとは考えられず」
「本国政府が殊更反政府活動家として関心を寄せるとは考えられず」
「継続して主導的な立場にあるとは認められません」
「反政府活動全体に影響を及ぼして活性化させる恐れのある活動家であれば格別，そうでないあなたのような者にまで，ミャンマー政府が殊更警戒して迫害を企図するとは考えられません」

【事例5】
「多数の参加者のうちの一人として参加したにすぎず」
「あなたが，自身の政治的意見によって同組織の運営に影響を与え得るなど目立った存在であるとは認めがたく…ミャンマー政府が殊更警戒して迫害を企図す

【事例6】
　「ミャンマー政府があなたに対して反政府活動家として特に関心を寄せるとは考えられません」
　「自身の政治的意見によって同組織の運営に影響を与え得るなど目立った存在であるとは認めがたく…ミャンマー政府が殊更警戒して迫害を企図するとは考えられません」
【事例7】
　「出国した当時，あなたが本国政府から反政府活動家として注視されていたとは認められません」
　「あなたの活動歴も短く，特に政府が警戒するほど目立ったものは見当たりません。これら事情に照らせば，あなたが本国政府から反政府活動家として注視されるとは考えられません」
【事例8】
　「ミャンマー政府があなたを反政府活動家として殊更警戒していたとは考えられず」
　「海外での多数のミャンマー人が政治活動を行っている実態を踏まえれば，反政府活動全体に影響を及ぼして活発化させるおそれのある活動家であれば格別そうでないあなたのような者にまで，ミャンマー政府が殊更警戒して迫害を企図するとは考えられません」
【事例9】
　「あなたが本国政府から反政府活動家として殊更注視されていたとは認められない」
　「本邦における活動を見ても，デモへの参加や講演会・会合の準備など一般メンバーとして活動しているにすぎず，」
【事例10】
　「NLDメンバーとして特段目立つような活動をしていたとは認められず，デモへの参加も1日だけであったというのであって」
　「いずれも特段本国政府から関心を寄せられるようなものとは認められず」
【事例11】
　「AEUPでの活動内容は多数の中の一人としてデモ等に参加した程度にすぎないこと」

■ 4 ■ 迫害のおそれの判断基準について

【事例12】
　「本国政府から，CNAなる組織に関与していることを理由に反政府活動家として把握され，その動向を注視されていたものとは認められません」
　「出国した時点においても，本国政府が殊更あなたを警戒していたものとは認められません」

【事例13】
　「本国政府が殊更に関心を寄せているものと認めることはできません」
　「本国政府が殊更に注視しているものと認めることはできません」

【事例14】
　「あなたの活動たるや，1000人いる組織の一員として，主としてビラ配りやメンバー勧誘に従事していたに過ぎない」

【事例15】
　「協力しなかったということであなたが攻撃の対象にされるという危険性は見いだしがたい」

【事例16】
　「あなたはデモに1回参加したにすぎず，それも他の参加者のあとをついていくだけであったという」

【事例17】
　「あなたをミャンマー政府が反政府活動家として関心を寄せているものとも認められません」
　「あなたが当局から注目される存在とはみとめられません」

【事例18】
　「その態様からすれば，本国政府があなたを反政府活動家として把握した上，逮捕・拘束等を行う程のものとは認められません」
　「本国を出国した当時において，本国政府から殊更警戒されていたものとは考えられません」

【事例20】
　「本国政府から反政府活動家として殊更注視されていたと認めることは困難です」

　行政段階での認定のハードルが「注視」「関心」「警戒」「把握」であり，場合によっては「殊更」という修飾が付されて，一層の加重要件が課されることになる（本書ではこの加重要件を「個別把握」とした）。【事例18】において特に

21

論じたように，難民条約の定める難民該当性の要件にない加重要件として「殊更」な注視・関心や警戒を挙げている結果となっている。出身国情報の十分な検討もなく，厳しい信憑性の判断，さらには次に述べる客観的証拠の要求などと相俟って，難民として認定されるのは極めてハイプロファイルの活動家に限定するに等しい結果となる。この個別把握という加重な要件が，日本の難民保護の厳しい結果を惹起している。

(2) 迫害のおそれの判断のあり方について

UNHCRも含めて各国の認定判断の中では「個別把握」という表現は出てこない。

UNHCRハンドブックは，「その出身国での居住を継続すれば定義にあるような理由で申請人が耐え難いような状況になったであろうこと又は出身国に戻るならば同一の理由により耐え難くなるであろうことを申請人が合理的な程度 (to a reasonable degree) に立証す」る場合に，申請者の迫害の恐怖には十分に理由があると認められるべきであると述べている[27]。また，『十分な理由の立証にあたって適用すべき立証基準については，英米法諸国で多くの裁判例が蓄積されてきている。その見解の大半は，十分な理由とは，疑いの余地のない (beyond doubt) 確信的な証明を求めるものではなく，また，迫害の蓋然性が優越 (more probable than not) する証明すら求めるものではない，というものである。「十分な理由」を示すには，迫害の合理的な可能性 (reasonably possible) を証明しなければならない。一般的な定立としては「申請者の出身国における関連する迫害の合理的な可能性または見込みがあることを示す客観的な証拠があるかぎり，申立ては十分に理由がある」と判断される』[28]とされている。この判断に個別把握という要素は必要とされず，かえって，「難民の地位の申立の具体的基礎は，申請者と同様の状況に置かれている者が出身国において危険に直面しているという状況的証拠によって立証され」うるとされ，危険についての最も優れた状況的指標は，「出身国において当該申請者に最も近いと当局によって認識される者の経験である」とされている[29][30]。

実際，本国政府等が誰を抑圧・監視対象としているかを外部から正確に認識することは極めて困難であり，そのことを提示するのは事実上不可能であって，

---

[27] UNHCR・前掲注(3)，42項・13頁。

[28] UNHCR「難民申請における立証責任と立証基準について」(1998年12月16日)，18項・5頁。

これを求めれば申請者に重い立証を課す結果となる。しかも当局が「逮捕・迫害の対象とするのは、ある組織の指導者及び著名な構成員であるはずだと思われやすいが、評判の悪化および政治的波及効果を回避するため、指導的立場にある者は放っておかれ、権利が侵害されやすい一般構成員に迫害の矛先が向かうこともしばしばある」[31]のが現実の政治状況であり、これらのことが失念されてはならない。

(3) 裁判所の判断の現状

裁判所の判断も、行政の個別把握の考え方を基準としては踏襲しているものが見られる。ただ、裁判所は出身国情報の分析と信憑性の判断において行政よりも難民保護の趣旨に沿うものとなっているため、実際の個別把握という同一の基準に依拠しつつも結論が異なっているようにみえることもある。同じ基準に依拠しつつ結論を異にしていると思われるのが【事例13】である。

ただ、各事例を厳密に分析していくと裁判所の判断基準は行政の基準とする個別把握とは完全に一致しているとみることもできない。例えば【事例1】では「ミャンマー政府によって十分把握することが可能な状況にあった」という判断をしており、「把握されていた」との判断ではなく「把握することの可能な状況」を認定しているのである。

さらに、個別把握という基準に依拠することなく、端的に上記の(2)で論じた内容に準じているのは、【事例10】である。

『仮に本国政府が極めて冷静で賢い政府であれば、最小限の労力で最大の委縮効果が得られるように、迫害することが困難な著名な反政府団体の指導者等ではなく、「その他大勢の活動家」のうちの一人に過ぎない者を、ランダムに迫害するものとも考えられる。』

【事例10】以外でも、実質的には(2)に示した国際的な基準に沿った判断をしているとも言い得るが、いくつかの事例で論じているとおり、今後は、裁判所

---

[29] ハサウェイ・前掲注(15), 108〜109頁。
[30] この個別把握という考え方に対しては、「戦争や武力紛争の状況下であっても、条約上の理由による迫害を受ける十分なおそれから逃げることを余儀なくされることがありうること」を覆い隠してしまうという問題点も指摘されている（UNHCR「1951年難民の地位に関する条約第一条の解釈」(2001年4月)）。
[31] ハサウェイ・前掲注(15), 180頁。

において，個別的に把握されているかどうかではなく，(2)の中で示した迫害のおそれの基準に従って，判断することが求められる。

5　立証の内容・程度に関わる問題点について[32]

上記4で述べたように，日本の行政判断は個別把握されていなければ難民として認定しないという考え方を採用していることがその判断理由からも明らかであるが，同時に申請者に求める立証の基準も高く設定されていることはよく指摘されているところである。これは，特に2つの点において顕著である。すなわち，一つが客観的証拠の要求であり，難民法以外の一般的な法分野で適用される証拠法則の適用，例えば伝聞証拠の排除などである。

(1)　客観的証拠の要求

客観的証拠を要求するという行政側の姿勢は以下の判断理由からも明らかである。すなわち，

【事例4】
「2002年…，在京ミャンマー大使館において旅券延長手続きを申し出たところ，反政府活動家であることが看破された旨申し立てているところ，これを証する客観的証拠はなく」

【事例10】
「NLD入会事実に関しては，客観的証拠の提出もない」

【事例12】
「弁護士を雇い裁判を受けているのであれば，判決書など関係書類等の具体的かつ客観的な資料は容易に入手できると考えられるにもかかわらず，あなたの逮捕・収監等を裏付ける客観的な資料は何ら提出されていません」

「あなたは，軍兵士があなたの居所を捜しに来た際，母親が暴行を受けた旨述べますが，主張を裏付ける具体的かつ客観的な資料はなく」

【事例14】
「2006年3月に〔A〕大学を休学処分になった後，諜報機関から逮捕状が発付さ

---

[32]　立証責任や立証基準に関する基本的な考え方については，UNHCR・前掲注(28)を参照。またこの内容については，難波満弁護士の「事実の立証に関する国際難民法の解釈適用に関する一考察」（『日本における難民訴訟の発展と現在』現代人文社，2010年，222～243頁）を参照されたい。

れている旨主張していますが，これを証明する客観証拠は存在せず，あなたの主張はいずれも親族からの伝聞に基づくもの」

【事例17】
「あなたが2005年12月にCNFのキャンプに赴いたことが原因でミャンマー軍に追われるようになったという申立てについては，その理由として自宅に軍の兵士があなたを逮捕するために来たこと，父と地元の村の議長が国軍の兵士に逮捕され，議長はその後拷問を受け死亡したこと等述べていますが，これらについては客観的証拠がないことに加え，人づてに聞いた伝聞に過ぎない」

【事例18】
「ディペイン事件に係る告発文を自らの署名入りで作成，配布したこと及び同文書が政府当局に把握されたことについては，これらを認めるに足りる客観的な資料は提出されておらず」

これに比べ，裁判所の姿勢は難民認定の特殊性をきちんと考慮したものとなっている。たとえば，【事例14】において以下のように裁判所は判示している。

「真に難民として本国政府から迫害を受ける危険のある者に対して，難民該当性に関する十分な証拠を持って本国を出国することを要求することは極めて酷であり，他方で，難民該当性についての誤った認定判断が，その者の生命，身体等に対して極めて深刻な結果をもたらすおそれがあることを考慮する」

【事例18】においても明確に以下の点が論じられている。

「難民認定においては，申請者の国籍国と本邦との政治体制，文化，言語の各相違があり，また，申請者においては証拠収集の困難性を伴うのが通常であるから，申請者の供述の信用性を評価するにあたっては，慎重な検討がなされるべきである。そして，まず難民申請をする者は，多くの場合，自分が難民であることを示す客観的な証拠を持たずに本国から逃げてくるものであるから，難民に自身の供述を裏付ける客観的証拠を求めることは，過大な負担を強いる場合もある」

このように裁判所は難民の認定の場面においては，彼らの置かれた状況を考慮すると，客観的証拠を求めることはできないということをまず認識していることが指摘できよう。さらに，客観的証拠が不在の状況においては，申請者の供述と出身国情報によって事実認定をせざるを得ないことを正面から認めているということも特記すべきであろう。こうした理解は難民認定が一般の法分野

とは性格を異にするものであることを熟知せずには導かれないものであり，その点で今後の司法判断にも例外なく踏襲されるべき点である。

(2) 伝 聞

自らの身に危険が迫っているなどの情報を他人から得たという供述を「伝聞」にすぎないとして排斥する考え方については，【事例3】・【事例14】・【事例17】・【事例18】等の中で指摘してきたハサウェイ教授の次の指摘がすべてである。

> 「難民であると主張している者の供述が確からしく，信憑性があり，疑う余地のないものであるかぎり，その大部分が伝聞証拠からなる場合にも，難民の地位の肯定的認定を裏づけるために必要な客観的危険の証拠」となる[33]。

客観的証拠を要求しない上記の裁判所の判断と同様，いわゆる民事刑事の証拠法則をそのまま難民法の分野にあてはめることは一個人の生命を危険におとしめる可能性があるということを肝に銘じて難民認定審査に当たる必要がある（前記3「難民認定の特殊性に関する理解」も参照）。

6 全体的・総合的考察について

全体的・総合的な考察の必要性は，今回の分析を通じて非常に重要だと考えられた。

もちろん，全体的考察によって検討されるのは3で検討した迫害のおそれである。行政段階での不認定判断の特徴として，個々の事実をばらばらに論じ，全体として統一的に考察する姿勢に欠けているということがしばしばみられたのは既に論じたとおりである。

UNHCRも「1951年難民の地位に関する条約第一条の解釈」において，「全体的（holistic）かつ総合的分析」ということを指摘し，その中で「8. 個別の庇護手続きにおいて第一条の基準を適用しようとするとき，意思決定者はそのケースのすべての関連状況を考慮しなければならない。意思決定者は庇護希望者の人格，背景及び個人的経験をも，出身国のすべての客観的な関連状況の分析と最新の知識に加えて，把握しなければならない」[34]と指摘している。

---

[33] ハサウェイ・前掲注(15)，103頁。
[34] UNHCR「1951年難民の地位に関する条約第一条の解釈」2001年4月，8項・2頁。

6　全体的・総合的考察について

　また，IARLJ の文書の中でも『審査及び最終的な判断は常に，「証拠を全体として考慮して」（on the totality of the evidence），すなわち「あらゆる角度から」（in the round）行われるべきである。』とされている[35]。
　この趣旨は，以下の 3 つの観点から捉えることができる。
　第 1 は，庇護を求める者に対する回答として，その要請の全体をみるのは当然の事理ともいうべきことだということである。
　UNHCR や IARLJ による上記の指摘を待つまでもなく，庇護の必要性を考え，かつその申請者の庇護を求める合理的理由を判断する上で，その経験事実を分断的にとらえるのではなく，時系列に従って，文脈において捉えて全体として評価することは，事実の認定それ自体と事実に基づく評価にあたって自明の理である。
　例えば【事例17】である。この申請者にとって 2004 年の身柄拘束と，2005 年 12 月の自分が反政府組織に接触したことで父親と村長とが拘束された事実とは前後に関連する事実として捉えるべきであるし，そのような捉え方がなければ申請者の抱く迫害のおそれを客観的に分析することができないはずである。しかしながら，行政段階ではかかる 2 つの事実が完全に分断されて捉えられ，結果的に不認定に繋がっている。
　第 2 に，全体的考察は迫害のおそれの内実を正確に分析評価するために必要だということである。【事例17】もしかりであるが，それ以外にも多数の事例が認められる。
　例えば【事例 2】である。裁判所は行政処分の判断の手法に明確な批判を下している。

「被告は，原告の活動を個々にとらえて，それら個々の活動それ自体は本国政府が迫害の対象とするほどのものではなく，それだけでは原告がミャンマー政府から積極的な反政府活動家として関心を寄せられていたとは考え難い旨主張するが，…ミャンマーにおいて 2 度にわたり身柄を拘束されて反政府活動を行う人物であると把握されていた原告が，我が国においてもなお反政府活動をし，c にミャンマー政府…を批判する記事を掲載していたなどという一連の事情を全体的にみれば，原告はミャンマー政府から迫害を受けるおそれがあるという十分に理由のある恐怖を有していたものと認める」

---

[35]　IARLJ・前掲注[13], 35 項・24 頁。

◆第1部◆ 全体をとおしての分析

【事例9】も同様に以下のように論じている。

「(国の)主張は,原告母の活動を個々にとらえて,それらの個々の活動はミャンマー政府が関心を抱くほどのものではない旨主張するものとも理解し得るが」…「ミャンマー軍事政権は,多くの国民,とりわけ政治的に活動的な人物の移動及び活動を綿密に監視しているとされており,また,ミャンマー政府は,日本に限らずおよそミャンマー国外で民主化運動や反政府活動に参加した者について,その氏名や活動内容の実態について,かなり正確に把握しているものと言われている」との前提にたって「<u>一連の活動を全体的に見て,迫害のおそれがあるか否かを検討すべきである</u>」と明確に行政段階の判断の手法を否定している。

さらに,【事例18】はここでも参考になる。

ここでは,学生時代の活動を論じ,「その上で」としてチン州［A］でのNLD支部の活動と取調べを論じ,「ことに加え」として「これらの事情」をもとに申請者の迫害の恐れを認定した。

以上のように,個別の経験事実を各々に分析評価する行政判断にみられる手法は,保護の必要性を全体として総合的に検討し分析するという難民認定において真髄ともいえる原則への理解が不十分なものと評さざるを得ない。

第3に,各事例の分析の中では現れていなかったところではあるが,この全体的な分析という姿勢は「迫害」そのものの認定にとっても重要であると考えられるので,ここで論じておきたい。

日本では,迫害概念が狭くとらえられているが（そのこと自体の問題性については後述8を参照）,UNHCRも含めて国際的には,累積的な人権侵害,或いは,持続的かつ組織的な人権侵害の態様として捉えられている。

このような迫害の捉え方からすると,累積,持続,組織的のいずれの内容においても,その検討の際に人権侵害の各事実を区々に見るのではなく,全体的・総合的に観察することがどうしても必要となる。日本では迫害の概念が狭いこともあって,ここで論じたような観点から全体的な考察による迫害認定が問題となったことはこれまでないものの,実際には累積,持続,組織的な迫害を主張している案件はこれまでも存在しており（例えばロヒンギャのケースなど）,彼らをいかに日本が保護していくかということを考えるうえでも,議論の確立が急がれなければならない分野の一つである。

7 「政治的意見」の解釈について

　条約上の迫害の理由日本の難民認定において，過去に認定された案件が条約上の5つの理由のうち政治的意見を理由としたものに集中していることもよく指摘されていることである。しかし，今回の分析で「政治的意見」についても行政段階では適用の範囲が狭いことがよく理解された。

(1) 政治的意見の解釈

　【事例3】において，行政段階では十分に顧慮されなかった「［C］病院に…遺体を搬入した目的，方法，態様，遺体の数等は国内外に知られたくない機密事項」や，【事例4】・【事例5】・【事例6】等の芸術・芸能活動等はことさら当該申請者の難民事由の中核には関わらないように見えるかもしれない。しかし，既に述べてきたとおり，難民条約において問題は迫害の主体によって迫害を受ける側がどのように見られているかが問題である。実は，当該申請者が国家の機密事項を握っていると政権からみなされていたということ，あるいは芸術，芸能活動が当該申請者の政治的意見の表現の一環として行われていたということなどを，条約の趣旨に従って解釈がすることがここでは求められる。

　この趣旨に沿って解釈すれば，「基本的には，政府の権威への挑戦であるとみなされるいかなる行動も政治的意見の表明であると捉えるのが適当である」[36]。

　その帰結として，「難民として認定される理由の「政治的意見」の概念は，国家，政府，社会の体制が関連する問題についてのいかなる意見をも含むものとして広く解釈されるべきである。この場合政治的意見は，特定の政党や認知されたイデオロギーへの帰属に限られること無く，たとえばジェンダー役割に関する意見などが含まれるであろう。政府と異なる政治的意見を有する事実は，それだけでは難民該当性の主張の理由とはならない。主要な問題は，政府やコミュニティによって許容されていない意見を申請者が有しているか，または有していると考えられているか，およびこの理由により迫害を受けるおそれがあるという十分に理由のある恐怖を有しているかどうかである」[37]ということになる。

---

[36] ハサウェイ・前掲注(15)，108頁。
[37] UNHCR『UNHCR研修テキストシリーズ2・日本語版難民認定研修テキスト』2007年3月，23頁。

行政段階では必ずしもこうした考え方が理解されず，政治意見の表明は政府への直接の抗議行動などに限定されているということも今回の検討によって明らかになったことである。

(2) 帰属された政治的意見

上記のような文脈において政治的意見の上記観念から通じるものであるが，「帰属された政治的意見」という概念も存在する。まさに迫害のおそれは，政府からどのように評価されるかという問題だということである。

> 「帰属された又は認知された根拠，又は単なる政治的中立も，難民としての主張の基礎を成しうることは一般的に認められている。例えば，実際には何ら政治的意見を持っておらず，いかなる特定の宗教も支持していないかもしれない人が，迫害の主体により，政治的意見を持ち，あるいは特定の宗教に属していると認識されうる。そのような場合には，その人の迫害の危険性を高める帰属又は認知が同様に，条約上の理由の要求を十分満たす。なぜならこの点において決定力をもつのは迫害主体の視点であるからである。」[38]。

このような解釈についても，判決では「帰属された政治的意見」という表現は用いられていないものの，【事例3】で実質的に認定されている[39]。すなわち，当該申請者が看護師として勤務していたという事実は通常はそれ自体は政治的活動に直接つながるものではない。しかしながら，彼が勤務中に遺体の搬入の目的，方法，遺体の数などを知る立場に置かれていたことをもって，後に彼が軍情報部に身柄を拘束され，尋問，拷問の対象となったということは，彼が当局によっては反体制側に通ずるものとして帰属された政治的意見を持っていると見なされていたということを示している。政治的意見の表明がどのようになされるかは多種多様であり，どのような表現あるいは表明が当局側の関心を引くものとなるかについては慎重かつ綿密な考察が必需である。

---

(38) UNHCR・前掲注(34), 25項・7頁。

(39) 日本の難民認定事務取扱要領にも以下のとおりの記述がある。「(注) 申請者が本国政府に敵対する意図がなくても，その行動が本国政府から敵対しているとみなされる場合も含む」（法務省入国管理局「難民認定事務取扱要領」2013年2月19日改正版, 16頁）。しかし，この要領は実務に生かされていないようである。

おわりに

(1) 司法の到達点について

　本書の基本的目的は行政処分における難民認定の現状を分析し評価することにあり，この考察により，司法における逆転事例の数々は，行政処分の水準に比して多くの優れた面を有していることが理解できた。

　しかしながら，裁判所の現在の水準が国際的に通用している難民認定基準の履行そのものであると考えるのはやや早急であるといわざるを得ない。事例の検討の中でも指摘したように，裁判所も現在の行政の示している基準に沿う形での判断を示しているときもあり，まだまだ乗り越えなければならない課題は多い。

　そこで，最後に司法判断の中に見られる基本的な問題点として，UNHCR の『難民認定基準ハンドブック』・国際保護に関するガイドライン等の法的な位置づけについて論じておきたい。

　私たち弁護士が難民認定をする際に依拠する基準は，基本的に UNHCR ハンドブック[40]やガイドライン[41]等である。

　一例を挙げれば，「迫害」の定義である。UNHCR ハンドブックによれば「生命又は自由に対する脅威…その他の人権の重大な侵害」[42]とされている。日本の裁判所では，これまで基本的に「通常人において受忍し得ない苦痛をもたらす攻撃ないし圧迫であって，主として生命又は身体の自由の侵害又は抑圧」(【事例1】)を意味するものとされている。

　つまり日本の裁判所は「生命又は身体の自由」に限定され，「その他の人権の重大な侵害」が含まれていない。

　この違いは，政治的意見のケースの場合には多くは実益を有しないが，様々

---

[40] UNHCR の『難民認定基準ハンドブック』は，難民条約締約国で構成される UNHCR 計画執行委員会から「政府の指針とするために，難民の地位を認定するための手続及び基準に関する手引きを発行する可能性を検討するよう」要請を受け，1979 年に発行された (UNHCR・前掲注(3),「はじめに」)。

[41] UNHCR の国際保護に関するガイドラインは，UNHCR 計画執行委員会により『UNHCR 難民認定基準ハンドブック』を補足するものと位置づけられており，現在までに 1 号から 10 号までが公表されている。これらガイドラインの日本語訳は，UNHCR 駐日事務所のホームページに掲載されている (http://www.unhcr.or.jp/html/protection_material.html)。

[42] UNHCR・前掲注(3), 51 項・16 頁。

な迫害の態様が存在する中で意味をもつ。ハンドブックは続けて第53項で「申請人は，それ自体としては迫害といえないような様々な措置（例えば様々な形態の差別）に服していたり，またいくつかの事案においてはその他の要因（例えば出身国における一般的な不安定な雰囲気）とからまっていたりする。こうした状況のもとでは，関連する様々な要素を一緒に併せて考えるならば，申請人の内心に『累積された根拠』（cumulative grounds）により迫害を受けるおそれがあるという十分な理由のある恐怖を有したという主張を十分に正当化できる」場合を論じ，「これは必然的に，特定の地理上，歴史上，及び民族上の文脈を含んだすべての事情による」としている。

前述したが，UNHCRハンドブックのこのような基準からみて，行政判断はもとより，日本の裁判所の解釈も全体的，総合的な評価は行っているものの，累積的迫害を真正面から論じた判決がこれまでほとんどなく，いまだにこの概念を積極的に採用するに至っていない。

(2) 日本の裁判所におけるUNHCRハンドブック等の法的な位置づけ

確かに，これらの文書には厳密な意味での法的拘束力は認められていない。

大阪高裁平成16年2月10日付判決においても，UNHCRハンドブックにいう灰色の利益が申請者に与えられるべきであるというのが国際原則である旨の主張に対し，「難民条約及び難民議定書には，難民認定に関する立証責任や立証の程度に関する規定はなく，各締結国の立法政策に委ねられていると解される。そして，UNHCR難民認定基準ハンドブックは，各国政府に指針を与えることを目的とするものであって，それ自体に法的拘束力を認めることはできず，これを理由に，難民認定の立証責任や立証の程度に関して申請者に灰色の利益を与えるべきであると解することはできない」と論じている。

日本の裁判所がこのハンドブック等を論じるときは，UNHCRの文書に法的拘束力がないことを指摘するのみで，さらに踏み込んで議論をすることがない。しかし，実際にはその法的拘束力がないという認識に立った後の話が重要である。

(3) 各国判例や裁判例におけるUNHCRハンドブック等の法的な位置づけ

UNHCRの条約解釈指針等の位置づけについて，「UNHCR難民認定基準「ハンドブック」，国際保護に関する「ガイドライン」，その他条約解釈・運用についてのUNHCRの指針の位置づけについての各国判例・裁判例抜粋」[43]からいくつかの各国で示された見解を紹介する。

おわりに

・R (Adan) 対内務省長官事件判決 (2000年) の中で英国最高裁にあたる貴族院のスティン裁判官

「1951年難民条約第35条, 36条, そして1967年議定書第2条のもと, UNHCRは難民条約の運用において重大な役割を果たす。これは同時に, 1950年12月14日の国連総会決議428 (v) という形で出されたUNHCR事務所規程の第8段落に則っており, 締約国はUNHCRと協力することが義務付けられている。したがって, UNHCRハンドブックが国家に対する拘束力を持っていないにも関わらず, 十分な説得力と権威を持ち, 国内裁判所・審判所の判決の基礎とされているのも驚くべきことではない」Aust, Modern Treaty Law and Practice (2000), p 191」

・貴族院 (最高裁) のハットン裁判官が (2000年) ウォルフ裁判官の控訴院での所見を以下のように引用している。

「(訳注：UNHCR) ハンドブックそれ自体が法源であるわけでは無論ないが…多くの締約国は, UNHCRがこれらの各国に代わって発行するよう求められた条約解釈の指針を受け入れており, このような状況のもとでは, 当該指針は, 当裁判所の判断において条約法に関するウィーン条約31条3項 (b) における国際的な慣行を示す十分な証拠となる。」

・ニュージーランド難民不服審判所はRefugee Appeal No. 1/92事件 (1992年) で, 1951年難民条約第35条1項を引き合いに出したうえで,

「UNHCR執行委員会の結論は当審査局への拘束力はないが, かなりの説得性を伴う権威を持つ」。

同様の指摘は, カナダ連邦最高裁判所の中でも論じられている。中でも著名な「チャン対カナダ政府 (雇用移民省) 判決 ([1995] 3SCR593) チャン事件は次のように述べている。

「難民認定基準ハンドブックは, カナダを含む締約各国を正式に拘束する力はないものの, 締約各国における難民認定手続基準についての累積知識を基に形成されたものである。頻繁に引用されており, カナダ政府代表を含むUNHCR執行委員会により支持され, 締約各国の裁判所によって判定基準として依拠されている。よってUNHCR難民認定基準ハンドブックは, 難民認定実務において極めて正当

---

(43) UNHCR「UNHCR難民認定基準「ハンドブック」国際保護に関する「ガイドライン」その他条約解釈・運用についてのUNHCRの指針の位置づけについての各国判例・裁判例抜粋」(作成日不詳)。

な拠り所として扱われなければならない。これは当然，難民委員会のみでなく再審理を行う裁判所にも適用される。」

近時，難民行政において進展のみられる韓国において，2013年10月10日にソウル行政裁判所で以下のような判決が下されている。

「難民ハンドブックは，国際連合難民高等弁務官（UNHCR）が発行しているものだが，難民認定手続きに関する実務的な手引きであり，同書の「はじめに」で述べられているとおり，締約国の政府の職員が利用するためのものである。難民の地位に関する条約（以下「難民条約」とする。）の前文に従って，UNHCRが締約国の適用の監督する任務を有していること，および，この任務の遂行に関して，締約国はUNHCRと協力すべきこと（難民条約35条(1)）を考慮すると，当該ハンドブックに拘束力がないとはいえ，締約国が難民条約の解釈および適用において難民ハンドブックを尊重することが適当である。」

さらに，この点に関連して，2013年に国連の国際法委員会が条約法に関するウィーン条約の第31条（b）の「条約の適用につき後に生じた慣行であつて，条約の解釈についての当事国の合意を確立するもの」とは具体的に何を指すのか，という点について議論した際に，その例としてUNHCRのハンドブックが言及されていることは興味深い。すなわち，

(15) 世界レベルでの国際機関の文書は，ある特定の分野における国家実務についての説明を提供するマンデートに基づき作成されるが，（条約の適用につきのちに生じた慣行についての）（筆者挿入）国家実務を評価する際において，相当な権威を有するかもしれない。例えば，難民の地位に関する1951年条約及び1967年議定書の基づく難民の地位の認定に関する手続及び基準に関するUNHCRのハンドブック（以下「ハンドブック」という。）は，国家実務を反映しており，かつ，それ故に指針を提供する重要なものである。…〔省略〕…[44]

国際条約をいかに解釈，適用するべきかについては，条約法に関するウィーン条約がその第31条第1項において指針を提供しており，すなわち，「条約は，文脈によりかつその趣旨及び目的に照らして与えられる用語の通常の意味に従い，誠実に解釈するものとする。」と謳っているわけだが，この中でUNHCR

---

[44] 国連総会68会期公式記録・別添10号（A／68／10）「国際法委員会報告」2013年，45頁。

のハンドブックが各国に指針を提供するという本来の目的のみならず，その記載事項はすでに国家の実務を反映していると言及されていることは，特筆に値する。

こうした近年の国際的な議論を踏まえても，UNHCRの文書に法的拘束力があるかないかという議論はすでに解決を見ているし，各国に共通の理解がある。法的拘束力がないにもかかわらず，確立した難民認定制度を有している他国は，難民条約35条や慣行を理由として「十分な説得力と権威」を認め「極めて正当な拠り所」として「尊重」している。それが故に，行政判断であれ司法裁判であれ，UNHCRの文書は必ずといってよいほど判断の基礎として参照されており，それを発展させた議論が展開し，国際法の斬新的発達に貢献している。日本においては，いまだに議論の焦点は拘束力の有無というレベルにとどまっており，それゆえ，他国に比べて国際的な法的議論への寄与がないままに終わっている。このことを考えると，日本において次のステップとして求められることは，万が一，難民認定審査の判断がUNHCRの指針と異なるものであれば，その根拠を明確に示すことから始めるべきだということができよう[45]。

(4) 司法に求められること

以上のような，ハンドブックやガイドライン等に対する姿勢の違いが，難民認定における基準の違いともなって表れている。

上記の諸外国にみられる基本的な姿勢に基づけば，迫害の概念や様々な難民認定上の解釈について，ハンドブックやガイドライン等に依拠しつつ，規範を明確にすることで基準をうちたて，その基準に当てはめることによって難民の判断をすることが可能となる。もちろん，「個別把握」というような観念はハンドブックやガイドライン等にはみられないのであって，"個別把握"をあたかも要件の如く考慮するという考え方は生まれない。

裁判所においても，このような規範・基準の確立は十分ではないと言わざる

---

[45] たとえば，難民法の権威として知られているWalter Kälin博士は，彼の論文の中で，「UNHCR執行委員会の結論，ハンドブック，ガイドライン，そしてその他（難民）法に関するUNHCRの文書を…「考慮する」ということは，こうした文書が法的拘束力を有するということを意味するものではない。むしろ，これらは関連性がないといって排除されてはならないということであり，権威ある文書としてみなされ，無視するのであればそれを正当化することを求められる性格のものであるということをさす。」と述べている（Walter Kälin, "Supervising the 1951 Convention Relating to the Status of Refugees: Article 35 and beyond", Cambridge University Press, 2003, pp.625-627）。

を得ない。難民法の領域の特殊性は既述3のとおりであるが,「迫害の定義」, 5つの「理由」に関する解釈,「迫害のおそれ」の判断基準, 立証責任と立証基準, 信憑性に関する判断の手法, 信憑性に関連しての灰色の利益, 適正手続保障のあり方, 等々, 裁判所がこれらの規範を示すことで認定基準を確立し, もって難民認定の質的向上を一層強化するための役割を果たすことが求められる[46]。

　ニュージーランドでは, 1980年代に当時の難民認定行政を批判的にとらえて難民条約の趣旨に従った制度のあり方が問われて大きな制度改革につながったという経験がある。現在の同国の難民認定制度の転換を司法が促したのである。

　IARLJは裁判官を中心とした国際的ネットワークであり, 上記でも紹介したとおり, 各国における判断をより適正で質の高い調和的なものとするためにUNHCRとも協力しながら難民認定のあり方を示している。残念ながら日本の裁判官はこの組織に所属していない。IARLJとの連携も含め今後の司法の難民法領域における積極的な役割を期待したい。

---

[46] なお, これらの各論点についての内容については,『日本における難民訴訟の発展と現在』(現代人文社, 2008年) を参照されたい。

第2部

◆ 事例ごとのまとめ ◆

事例 1

反政府活動に関与したミャンマー出身の夫婦

事例	出身国	民族・宗教	性別	年齢（認定時）*
申請者1A	ミャンマー	モン／ビルマ	男性	37歳
入国日	入国の状況	経由国［滞在期間］		
1996年4月○日	他人名義の船員手帳で不法入国	ミャンマー／陸路／タイ［半年］／マレーシア［3年半］／シンガポール［数ヶ月］／海路／日本		
難民申請日	申請の場所	不認定日（処分）	不認定日（告知）	
2004年6月24日	東京	2005年2月21日	2005年3月3日	
異議審尋日	審尋の曜日・場所	異議棄却日（処分）	異議棄却（告知）	
2005年10月25日	火・東京	2006年1月30日	2006年2月6日	
提訴				
2006年8月4日（難民不認定取消・退令取消・裁決取消・在特不許可取消）				
地裁判決（申請者の勝訴：確定）				
裁判所：東京地方裁判所　民事第3部 事件番号：平成18年（行ウ）409, 415 判決日：2008年1月16日 裁判官：定塚誠，中山雅之，新藤壮一				
判例時報1998号20頁；LEX/DB				
訴訟後の状況				
2008年2月18日難民認定（同年3月4日告知）				
その他の特記事項				
夫（1A）が主要な申請者。妻（1B）は，夫が難民であることから，家族統合の原則により難民認定。 異議申立手続では，難民審査参与員1名が，申請者らが難民に該当する旨の意見を出していた。				

事例	出身国	民族・宗教	性別	年齢（認定時）
申請者1B	ミャンマー	ビルマ	女性	41歳
入国日	入国の状況	経由国［滞在期間］		
1996年12月○日	偽造旅券で不法入国	ミャンマー／空路／タイ／空路／日本		
（難民手続に係る基礎データは，1Aと同じ）				

*　難民認定を告知された時点の年齢

◆ 第2部 ◆ 事例ごとのまとめ

◆ 第1　事案の概要

　本件は，ミャンマー国籍の夫婦の事案であり，主たる申請者は夫（申請者1A）（以下，「申請者夫」という。）である。

　申請者夫は，1988年，当時高校生であった時に，アカタ（基礎学級学生連盟）のリーダーの1人としてデモに参加していた。その後，1989年2月に行われたデモに参加した翌日に，自宅に来たMI（軍情報部）に逮捕され，厳しい尋問を受けた。申請者夫は，7日間尋問を受け，1989年5月末まで刑務所で拘束された。

　1989年12月，申請者夫はNLD（国民民主連盟）の青年部に入党し，広報活動等を手伝った。1991年11月，申請者夫が，SLORC（国家法秩序回復評議会）を批判する内容のビラを配布していたところ，向かってきた私服の男性3人の中に，以前申請者夫を連行した［人名A］軍曹がおり，申請者夫のことに気付いたようであったので，その場からそのまま逃亡し，陸路ミャンマーを離れた。

　申請者夫は，タイに入国し，6カ月間をバンコクで過ごした後，1992年8月には，マレーシアに，1996年1月には，シンガポールにそれぞれ移動した。

　申請者夫は，1998年に来日した後，2004年には，申請者夫は妻と共に，NLD-LA（国民民主連盟－解放区）日本支部に入会し，在日ミャンマー大使館前のデモに参加する等の活動を行った。父親が軍情報部に2004年3月に呼び出され，申請者夫の活動を辞めさせるよう求められたことを電話で知った申請者夫は，2004年6月24日に難民認定申請を行った。

◆ 第2　行政と司法の判断の比較

◆ 1　出身国情報の分析評価

一次	言及なし
異議	難民審査参与員の多数意見には出身国情報の分析といいうるものは認められない。但し，少数意見として次のような記述がある。

■ 事例1 ■ 反政府活動に関与したミャンマー出身の夫婦

・「近年のミャンマー本国の情報を併せて考慮すれば，異議申立人が現在のミャンマーに帰国したならば，本国出国前及び現在の活発な反政府活動ゆえに迫害を受ける蓋然性は極めて高いと言わざるをえない。」

≪裁判所の判断≫

・「ミャンマーでの一般情勢について検討するに，証拠及び弁論の全趣旨によれば，ミャンマーでは，…以来，軍政府当局によるNLD関係者など民主化活動家に対する逮捕，投獄などが続いていること，軍事政権下のミャンマーでは，…特に政治囚に対する拷問，虐待がしばしば行われており，これらの実例が，米国国務省レポートやアムネスティ・インターナショナル報告書などによって報告されていることがそれぞれ認められる。」

・本件は，出国後いったん活動を停止し，その後本邦において活動を再開するのであるが，原告の家族との関係や本国の情勢の変化を丁寧に認定し，「政治的活動を一時休止し，またそれを再開したと解することは十分に首肯しうる」とした。

・NLD-LAについて「ミャンマー政府は，NLD-LA及びそのメンバーは，ミャンマーの国の内外から単独又は集団で国家や国民に対するテロ行為を行うテロリストであるとみなし，敵対視している」と認定した。

◆ 2 信憑性の判断

一次	言及なし
異議	（難民審査参与員の多数意見） ・「…申立人が難民認定制度を知った時期等に関する供述に一貫性がないことからすれば，供述全体の信ぴょう性に疑問もある。特に懸念されるのは，申立人の難民認定申請に係る活動や証拠資料が，弁護士との接触後に急速に展開，作成されていることである。申立人の活動や証拠資料は，難民性を誇張するための証拠作りや環境作りだったのではないかという疑いさえ残る。以上から，申立人は難民とは認めがたい。」

≪裁判所の判断≫

■ 出国の経緯について

・「本国から出国した経緯について…それらの供述は，詳細かつ具体的である上，細部に至るまでほぼ一貫して同じ内容である…供述の内容は，前記認定のミャンマーにおける政治状況と十分に符合する自然なものであって，原告夫の上記供述は，出国の経緯に関する説明として合理性を有すると評

41

価できる。さらに，…の写真は，必ずしも鮮明ではないものの，原告夫が歩いてタイに入国した直後の写真であることに特に疑いを差し挟む事実は見出しがたい。そして，他に，原告夫の上記供述の信用性を否定すべき事情は認めがたいことからするならば，原告夫のミャンマー出国に関する上記供述は，十分に信用することができるというべきである。」

■ ミャンマーとタイとの間の国境を越えて不法に出入国（それ相応の重篤な背景事情が存在すると評価）

・「このような原告夫の供述は，…添付の地図を含めて具体的かつ詳細なものである上，ほぼ一貫して同じ内容を述べており，<u>公務員夫妻の子供である原告夫が，深夜に歩いてミャンマーから国境を越えてタイに不法に入国するに至るという異常な事態</u>を説明する理由としても十分に首肯しうるものである上に，上記認定の<u>ミャンマーにおける政治状況</u>ともよく符合するものであって，特にこれらの供述の信用性を否定すべき事情も認めがたいことからするならば，これらの供述は，信用することができるというべきである。」

◆ 3　主な不認定・棄却理由の考察

(1) 申請の遅延

一次	・「あなたは本邦入国から約8年間という長期間にわたり，特に合理的な理由なくして難民認定申請に及んでいないこと 等からすると，申立てを裏付けるに足りる十分な証拠があるとは認め難く，〔難民条約〕が規定する難民とは認められません。」 ・「…あなたの難民認定申請は，〔入管法〕所定の期間[47]を経過してなされたものであり，かつ，同項ただし書の規定を適用すべき事情も認められません。」
異議	・「…あなたは，本国を出国した後，本邦に入国するまでにタイ等複数の第三国に滞在していますが，その間いずれの国においても庇護を求めていないばかりか，本邦に入国した後も8年以上にわたり，何ら合理的理由もないまま難民認定申請せず…あなたが迫害を恐れて本国を出国した者とは認められません。」 （難民審査参与員の多数意見）

[47]　2004年入管法改正以前のいわゆる60日ルール（入国してから原則として60日以内に申請をしなければならないとされていたこと）についての言及であり，現在は当該ルールは撤廃されている。

■ 事例 1 ■ 反政府活動に関与したミャンマー出身の夫婦

	・「本邦入国後 8 年以上も難民認定申請することなく，入国直後から就労を開始し，一部を本国に送金していることも考えれば，申立人に難民該当性は認められない。」 ・「…本国を出国した後，14 年にわたり，本邦を含め，滞在先のいずれにおいても庇護を求めることなく…本邦での就労が目的だったのではないかとの感を深くする。」 ・「…来日後も 2003 年 6 月頃までは政治活動をせず，就労して本国の家族に送金していたことが認められる。難民認定申請を行ったのも，2004 年…になってからである。このことから来日の目的は就労であったと解することもできる。」

≪裁判所の判断≫

・「〔証拠〕によれば，原告らについて通常人が当該人の立場に置かれた場合に迫害の恐怖を抱くような客観的事情が生じたのは，原告夫が，…ミャンマー政府がテロリスト集団とみなす NLD-LA の日本支部に入党申し込みをして活動を再開をしたときであると認められるから，原告らは上記「本邦にある間に難民となる事由が生じた者」に該当すると解するのが相当であるところ，原告らは上記日から 60 日以内である…に難民認定申請をしたのであるから…申請期間経過後のものであるとはいえず，いわゆる 60 日条項に違反するとの被告の主張は採用できない。」

(2) 難民該当事由発生時点からの期間経過

一次	言及なし
異議	・「…仮にあなたの供述が事実であったとしても，あなたが本国を出国して既に 14 年が経過しているのであって，現在も依然として政府があなたに関心を寄せるとは考えられません。」 （難民審査参与員の多数意見） ・「申立人の供述が事実であれば，申立人が本国を出国した当時，迫害を受けるおそれがあったと言えなくはないが，出国後既に 14 年が経過していること…などの事情を考えれば，出国時における迫害の危険性は既に消失している。」

≪裁判所の判断≫

・言及なし

(3) 就労目的

一次	言及なし
異議	・「…本邦に入国した後も8年以上にわたり，何ら合理的理由もないまま難民認定申請せず，かえって本邦入国直後から就労を繰り返し，本国家族に対して繰り返し多額の送金をしていたものであって，あなたが迫害を恐れて本国を出国したものとは認められません。」 （難民審査参与員の多数意見） ・「本邦入国後8年以上も難民認定申請することなく，入国直後から就労を開始し，一部を本国に送金していることも考えれば，申立人に難民該当性は認められない。」 少数意見は来日の目的を就労と認めつつ，以下のように指摘した。 ・「…来日の目的がそのようなものであったとしても，…ディペイン事件後…からは極めて活発な反政府運動を行っており，これらの活動により在京ミャンマー大使館当局に把握されている可能性が非常に高い。…迫害を受ける蓋然性は極めて高いと言わざるをえない。」

≪裁判所の判断≫
・「…相当期間，政治活動を控えており，その間不法就労に従事していたからといって，原告夫は難民とは認めがたいという結論を導くことにはならず…」
・「…原告夫の両親は，いずれも本国の公務員であって，原告夫は，本国を出国するまで両親の下で経済的に不自由のない生活を営んでいたことが認められ…正規の旅券で出国をせず，他人名義の旅券で本邦に不法入国するに至ったことについては，何らかの差し迫った異常な背景事情が存在したと考えられる…」

(4) 本国の家族の状況
言及なし

(5) 個別把握

一次	言及なし
異議	・「あなたは，本邦において，民主化団体に加入しながらデモに参加した旨主張していますが，<u>その活動は特段目立つものではありません。</u>」 （難民審査参与員の多数意見） ・「…申立人の当時の活動は手足としての活動にすぎず，<u>組織の主要なポス</u>

■ 事例1 ■ 反政府活動に関与したミャンマー出身の夫婦

> トにあったわけではなかったこと…などの事情を考えれば，出国時における迫害の危険性は既に消失している。申立人の本邦における活動は，デモに参加する程度のものであって，積極的にデモを組織したものではなく，民主化団体においても，加入から比較的間がなく，多くの運営委員の一人にすぎず，中心的なメンバーとは言えない。」

≪裁判所の判断≫

・「…原告夫は，高校生のときに既に基礎学級学生連盟という全国的組織の地域リーダーの一人として反政府活動を行い，平成元年（1989年）2月には，高校生であるにもかかわらず身柄拘束をされて7日間厳しい尋問を受け，その後3か月半にわたって刑務所での生活をさせられ，今後，政治的活動をしない旨の書面に署名させられているのであって，高校生のころから，反政府活動を行う活動家として当局から把握されていた存在であり，その後，原告夫は，政治的活動をしない旨署名したことに反して，NLD青年部に入党して政治的活動を行っており，政権批判のビラを配布していたときに当局関係者に見つかり，身柄拘束を逃れるために，深夜歩いて国境を越えてタイに逃亡しているのであって，原告夫は，本国における活動によっても，ミャンマー政府から敵対視される存在であったことが推認される。そして，原告夫は，我が国において，平成16年から政治的活動を再開し，ミャンマー政府がテロリスト集団であるとして敵対視するNLD-LAの日本支部に入り，執行委員ないし運営委員として情報部門等で活動し，本件難民不認定処分より後ではあるが，平成18年○月○日に原告夫が原告妻と共に逮捕されると，それがBBCのミャンマー語放送でニュースとして流されるなど相当注目されていた存在であり，また，このBBCの放送がされた後，原告夫の両親が本国当局に身柄拘束をされて虐待され，原告夫の父が同月○日に死亡するに至っているのであって，我が国における原告夫は，その活動がミャンマー政府によって把握され，敵対視されていたものと推認される。そして，上記〔略〕で認定したとおり，ミャンマーにおいては，NLD関係者など民主化活動家に対する身柄拘束や政治囚への虐待等が続いていることを考えるならば，原告夫については，本国に帰れば，政治的活動を理由として，通常人がその立場に置かれた場合にも，身体の自由の侵害又は抑圧という迫害を受けるという恐怖を抱くに十分な客観的事情が存在していたというべきであって，原告夫は難民であると認められる。」

(6) 過去の迫害体験

一次	言及なし
異議	・「あなたは，…1989年に反政府デモを行ったため，軍情報部に拘束され，刑務所に収監され…1991年に逮捕されそうになったことから逃亡した旨主張しています。しかしながら，仮にあなたの供述が事実であったとしても，あなたが本国を出国して既に14年が経過しているのであって，現在も依然として政府があなたに関心を寄せるとは考えられません。」

≪裁判所の判断≫

・「…2月のデモの翌日に身柄を拘束され，7日間，厳しい尋問を受けた後，4カ月近く刑務所に入れられ…このような原告夫の供述は，〔証拠〕添付の地図を含めて具体的かつ詳細なものである上，ほぼ一貫して同じ内容を述べており…特にこれらの供述の信用性を否定すべき事情も認めがたいことからするならば，これらの供述は，信用することができるというべきである。」

(7) 適法な旅券発給・更新
言及なし

4 事案の全体的・総合的評価の有無

言及なし

　　※　ただし，判決では，全体的・総合的な評価についての直接的な言及はないものの，判断における総合的評価が見受けられる。裁判所の判断に関する分析は，後記第3の4「全体的・総合的な考察について」を参照。

第3 分 析

1 不認定・棄却理由と判決理由との違いについて

本件は，本国で政治活動をしていた人物が，その後活動を停止し，再び本邦において活動を再開したという特徴を有する。

そのため，時の経過，申請の遅延，また，再開後の活動についてもをどう評

価するかが問題となったが，これらの評価の前提ともなる出身国情報に関する分析，及び信憑性判断において，不認定・棄却理由と判決理由には大きな違いが見られる。

◆2　出身国情報の分析

裁判所は，一般的な本国において置かれていたNLDへの弾圧の状況を前提に，申請者夫の供述の分析を行い，その供述に不合理な点はないとしている。また，本国において申請者が活動を再開したことについても，本国の政治情勢の変化や原告が日本で活動を再開した際に参加した政治団体に対するミャンマー政府による位置付けを丁寧に認定しながら，その組織に所属しての申請者の行動とこれに関連する事態を明確に迫害の恐れと結びつけている。他方，行政判断の中にはこのような出身国情報を分析しながら本人の行動と供述を分析しようとする視点・姿勢が見られない。

◆3　信憑性の評価について

そもそも難民申請者の供述の信憑性の判断について，難民となる事情の中核的な部分について判断するという基本的な考え方は判例においても確立してきている。

本件でも，判決は，出身国情報の分析を踏まえつつ，申請者の本国での活動と出国の経緯について，「ほぼ一貫して同じ内容を述べており」，…「異常な事態を説明する理由としても十分に首肯しうるものである上に，上記認定のミャンマーにおける政府状況ともよく符合するものであって」として供述の信憑性を認めている。

これに対して，行政判断では，「申立人が難民認定制度を知った時期等に関する供述」という難民となる事情の非中核部分についての信憑性の懸念から「供述全体の信憑性に疑問がある」とし，上記基本的考え方に反した判断を行っている。さらには，「特に懸念されるのは，申立人の難民認定申請に係る活動や証拠資料が，弁護士との接触後に急速に展開，作成されていることである。申立人の活動や証拠資料は，難民性を誇張するための証拠作りや環境作りだったのではないかという疑いさえ残る」とまで述べ，自らの事情を整理して提示できない難民申請者の置かれている弱い立場とそれを補完する代理人活動に対する無理解や偏見を露呈しており，客観的に信憑性判断を行っているとは言い難い。

◆ 4　全体的・総合的な考察について

　本件判決中に特に「全体的に考察して」という類の表現があったり全体的考察の項目があるわけではないが，信憑性の判断および迫害の恐れの判断において，判決は本国での活動（NLD）の内容，そしてNLDでの活動の故に国から逃亡せざるを得なくなった事情，その後諸国を転々として，1998年に来日し，活動を控えていたものの，2003年5月のディペイン事件を契機に活動を再開し，日本でもNLD-LAに参加したこと等を論じており，その行動の意味を的確に論じ，その中で全体としての申請者夫に対する迫害の恐れを論じている。

　そして，判決は「ミャンマーにおいては，NLD関係者など民主化活動家に対する身柄拘束や政治囚への虐待等が続いていることを考えるならば，原告夫については，本国に帰れば，政治的活動を理由として，通常人がその立場に置かれた場合にも，身体の自由の侵害又は抑圧という迫害を受けるという恐怖を抱くに十分な客観的事情が存在していたというべきであって，原告夫は難民であると認められる」と判断した。この「NLD関係者」という表現には当然のことながら，本国NLD及び日本でのNLD-LAをも含めていることは文脈上明らかである。申請者夫のこの総体としての活動をとらえることにより，判決は彼の難民性を全体として的確に認定している。

事例2

執筆活動等を通じて反政府活動に関与したミャンマー出身の男性

事例	出身国	民族・宗教	性別	年齢（認定時）
申請者2	ミャンマー	ビルマ	男性	40歳
入国日	入国の状況	経由国［滞在期間］		
1998年3月○日	船員として上陸	ミャンマー／空路／タイ［数ヶ月］／海路／日本		
難民申請日	申請の場所	不認定日（処分）	不認定日（告知）	
2005年3月2日	東京（収容中）	2005年7月19日	2005年7月28日	
異議審尋日	審尋の曜日・場所	異議棄却日（処分）	異議棄却（告知）	
2005年12月9日	金・東京	2006年3月15日	2006年3月24日	
提訴				
2007年6月5日提訴（難民不認定取消・退令取消・裁決取消・在特不許可取消／無効確認）				
地裁判決		高裁判決（原審維持：確定）		
裁判所：東京地方裁判所　民事第38部 事件番号：平成18年（行ウ）491 判決日：2008年2月8日 裁判官：杉浦則彦，松下貴彦，島田尚人		裁判所：東京高等裁判所　第22民事部 事件番号：平成20年（行コ）107 判決日：2008年8月27日 裁判官：石川善則，菊池洋一，徳増誠一		
裁判所Web；LEX/DB		裁判所Web		
訴訟後の状況				
2009年3月26日難民認定（同年4月6日告知）				
その他の特記事項				

◆ 第1　事案の概要

　本件は，ミャンマー国籍の男性の事案である。
　申請者は，1987年学生の時，廃貨令が出されたことに抗議して，デモに参加したり，演説をした。同年，デモに参加したことを理由に同学校を退学させられた。1988年ヤンゴン大学の周辺でデモに参加したところ，その翌日に警察署に連行されて，取り調べを受けたが，一日拘束された後，政治活動をしない旨の書面に署名をして釈放された。1989年，他の学生らと集まっていたと

ころ，他の学生らと共に警察官に逮捕され，それから約1年間，ラカイン州のシットゥエ刑務所等に収容された。釈放された際，二度と政治活動に関わらない旨の書面に署名した。

申請者は，1991年，外国で働いて家族へ送金しようと考え，旅券の申請をし，数か月後に正規の旅券を取得した。その際，外国において政治活動は行わない旨の書面に署名した。同年末，ミャンマーを出国し，タイに入国，稼働した。1997年，ミャンマーの景気回復を聞き，ミャンマーでの稼働を決意し，帰国した。しかし，ミャンマーで仕事がなかったため，再出国を決意し，同年旅券を取得し，ミャンマーを出国しタイに入国した。1998年韓国の貨物船の船員として働き始めた。1998年同月，船は日本に入港した。その際，ミャンマーにこのまま帰国しても仕事がないため，日本において稼働しようと考え，在留をつづけた。

申請者は，日本においては，当初反政府活動はしていなかったが，2003年から［団体名A］と称する団体かかわりを持つようになり，同年5月のディペイン事件をきっかけに，［A］が発行する雑誌（［雑誌名B］）の発行に積極的に関与するようになり，2004年8月，9月，11月，12月付けの［B］に，ペンネームもしくは本名で，ミャンマーの軍事政権やタンシュエに対する批判的内容の記事を掲載した。（［B］はインターネットで閲覧が可能。）2005年からは［B］の広報責任者として申請者のペンネームが［B］に掲載されている。また，2005年からは，ミャンマー大使館前にてデモに参加している。2005年から2006年までは，FWUBC（在日ビルマ市民労働組合）に参加し，オーガナイザーとして組織への加入の勧誘をする役職も務めていた。

※ 申請者が［A］に参加する前にすでに6人のミャンマー人が参加していたが，6人は全て難民認定を受けていた。

◆ 第2 行政と司法の判断の比較

◆ 1 出身国情報の分析評価

| 一次 | 言及なし |

■ 事例2 ■ 執筆活動等を通じて反政府活動に関与したミャンマー出身の男性

| 異議 | ・「…関係資料によれば，1988年のいわゆる民主化運動は，全国に波及して何百万ものミャンマー人が蜂起し，デモ行動には何十万の国民，公務員，警察官，陸海空軍の兵士たちも参加したとされています。」 |

≪裁判所の判断－地裁≫

・ミャンマーの一般的な政治・人権状況が分析され，特に本件に関連しては2003年5月のディペイン事件に触れ，「ミャンマー政府は，言論，出版，集会，移動，政治活動及び結社の自由を制限しているほか，労働者の権利も制限し，労働組合を非合法化し，国民を強制労働に使用している」ほか，「ミャンマー政府は，政治活動家に対する嫌がらせ，脅迫，逮捕，拘禁及び身体的虐待によって政治活動家に対する管理を強化している。政治活動を抑圧するために，監視の手段として，電話の盗聴，郵便物の検閲，尾行等のし意的な干渉を行うことがある」などの指摘がなされている。

≪裁判所の判断－高裁≫

・第一審判決を引用

◆ 2　信憑性の判断

| 一次 | 言及なし。 |
| 異議 | ・「…あなたは，一次審査において，前記政治的活動を理由に1989年から2年以上収監された旨主張しています。しかしながら，あなたは，口頭意見陳述・審尋期日において改めて問われた際，収監期間は1年間であった旨述べ，そのように<u>供述を変遷させる理由を問われた際，「収容中で精神的に不安定であった」などと述べるにとどまり，合理的な説明がなされていません</u>。あなたが別途証拠として提出した船員手帳には，あなたが収監されていたとする時期に2隻の外航船舶に乗船している旨の記載が確認されることも併せて考えれば，あなたが本国での政治活動を理由に収監されたことがある旨の主張は信用することができません。」 |

≪裁判所の判断≫

■ 中核部分・周辺部分の区別；供述に変遷がある場合の合理的説明の有無と合理的説明とは何かについての判断：一貫性，時間的・心理的要因

・「（イ）…このように，ほぼ一貫して，ミャンマーにおいて2回にわたり身柄を拘束され，その1回目は警察署に連行された1日間拘束されたものである旨供述していたのであるから，その後，1回目に身柄を拘束された時期についての供述を「1988年3月」と変遷させたとしても，2回にわた

51

り身柄を拘束され，その1回目は1日間拘束されたものであるという主要な点において一致しているのであるから，20年近く前の事実に係る供述等であり，記憶に多少の混乱があったとしても無理からぬことであることを併せ考慮すると，原告の上記供述を信用できないとまでいうことはできない。」

■ 中核部分・周辺部分の区別；本人供述の詳細さ，具体性の重視
・「（ウ）　しかし，その一方で，前示のとおり，原告の供述は，ミャンマーにおいて2回にわたり身柄を拘束され，その2回目は平成元年から長期間にわたるものであるという主要な点において一致していること，原告の供述録取書〔証拠〕及び原告本人尋問において，原告が身柄を拘束されていたというシットウェ刑務所の様子について，詳細かつ具体的に述べていることからすると，原告が同刑務所に収容されていたこと自体は認められるというべきである。そして，同刑務所に収容された期間を2年間から1年間に供述を変更するということは，難民であると主張している原告にとっては，いわば不利益に供述を変更するものであることを考慮すると，原告は平成元年2月ことから1年間にわたり刑務所に収容されていたものと認めるのが相当である。」

■ 供述に変遷がある場合の合理的説明の有無
・「（エ）　…この点につき，原告は，乗船歴がある方が就職に有利であるとして，同船員手帳を偽造して架空の乗船歴を記載した旨具体的に供述しており，原告の当該供述内容には一応の合理性が認められるから，前記（ウ）で述べたところと併せ考慮すると，同船員手帳の記載をもって，直ちに原告の供述が信用できないとまでいうことは困難である。」

■ 中核部分・周辺部分の区別
・「（オ）　また，被告は，収容されていた場所についても原告の供述に変遷がある旨主張するが，シットウェ刑務所において長期間収容されていたという点において一貫しているから，このことをもって原告の供述が信用できないとまではいうことはできない。」

信憑性についての結論：「原告の供述には，被告が主張するような変遷があるものの，これをもって，直ちに原告の供述が信用できないとまではいえない」

■ 事例2 ■ 執筆活動等を通じて反政府活動に関与したミャンマー出身の男性

◆ 3 主な不認定・棄却理由の考察

(1) 申請の遅延

一次	・「あなたは，本邦入国後，約7年間にわたり，特に合理的な理由なくして難民認定申請に及んでいないこと… 等からすると，申立てを裏付けるに足りる十分な証拠があるとは認め難く，〔難民条約〕に規定する難民とは認められません。」
異議	・「あなたの出国の動機を見ても，あなたは，本邦入国後，約7年間にわたって難民認定申請せず，警察に逮捕されて初めて難民認定申請に及んだものであって，…あなたが迫害への恐怖から本国を出国したものとは認められません。」

≪裁判所の判断－地裁≫

■ 申請に遅延がある際の合理的な理由の有無

・「原告は，ミャンマー出国後相当長期間にわたり，保護を求めたり難民認定申請をしなかったことにつき，親族に迷惑をかけると思ったから政治活動をしなかった旨，及び［A］に参加するなどするようになって危険を感じるようになった旨主張しているところ，その理由には首肯できる点がある…」

≪裁判所の判断－高裁≫

・第一審判決を引用

(2) 難民該当事由発生時点からの期間経過

言及なし

(3) 就労目的

一次	言及なし
異議	・「あなたの出国の動機を見ても，…あなた自身，口頭意見陳述・審尋期日において，本邦入国の動機はよりよい収入を得るためである旨供述していることを併せ考えれば，あなたが迫害への恐怖から本国を出国したものとは認められません。」

≪裁判所の判断－地裁≫

・「原告のミャンマー本国及び我が国における反政府活動を全体的に見て難民該当性が認められる本件においては，…不法就労目的で本邦に入国した

53

ことをもって，直ちに難民該当性を否定することは相当ではないというべきである。」

≪裁判所の判断－高裁≫
・第一審判決を引用

(4) 本国の家族の状況
言及なし

(5) 個別把握

一次	・「…あなたの本国における活動は，多数の学生の中の一人として民主化運動に加わったというものであって，あなた自身，2003 年 6 月以前において難民性はないと自認していること …あなたの主張する雑誌「[B]」への関与は，記事の執筆も数回程度で相当期間継続的に行っていたものではなく，その内容も，本国政府を直截的に批判・中傷するものとはいえず，<u>反政府活動家として認識される内容とは認められないこと</u> …その他の本邦におけるあなたの活動は，雑誌の広報の営業や数回のデモ参加程度であって，<u>積極的かつ活発な活動状況にあるとは認められないこと</u> 等からすると，申立てを裏付けるに足りる十分な証拠があるとは認め難く，〔難民条約〕に規定する難民とは認められません。」
異議	・「…あなたの活動状況を見るに，あなたは，ヤンゴン大学の学生でもなく，学生リーダーでもなかった旨自認しているところであって，その供述を前提としても，せいぜい民主化運動の一参加者にすぎません。あなた自身，本国での活動によって迫害を受けるおそれはない旨自認しているところであって，あなたは，1991 年に自己名義旅券の発給を受け，当該旅券を用いて出国手続を受けていること，1997 年にはいったん本国に帰国し，改めて自己名義旅券の発給を受け，当該旅券を用いて出国手続を受けていることなども併せ考えれば，少なくともあなたが本国を出国した当時において，本国政府から<u>反政府活動家として注視されるような存在であったとは認められません。</u>」 ・「…あなたは，本邦入国後，約 5 年にわたって何ら政治的活動に参加していなかったものであって，2003 年以降政治的活動に及んだというものの，その内容は，デモについては 2003 年に 1 回，2004 年に 2 回参加したにすぎず，2005 年は一次審査の時点で一度もデモに参加していません。また，雑誌「[B]」における活動に関しても，口頭意見陳述・審尋期日における

■ 事例２ ■ 執筆活動等を通じて反政府活動に関与したミャンマー出身の男性

あなたの供述によれば、上記活動に充てるのは月に２日程度にすぎないというのであって、いずれも本国政府の関心を引くほどに目立つものとはいえないことが明らかです。」

≪裁判所の判断－地裁≫

・「このように原告は、ミャンマーを出国する以前から、デモに参加するなどの反政府活動をし、そのため２度にわたり身柄を拘束され、しかも、２度目には約１年間という長期にわたって刑務所に収容され、政治活動にかかわらない旨の書面に署名して釈放され、さらに、旅券を取得する際にも外国において政治活動は行わない旨の書面に署名しているのであるから、反政府活動を行う人物であるとしてミャンマー政府に個別に把握されていたことが認められる。さらに、原告は、本邦上陸後もミャンマー大使館におけるデモに参加したり、FWUBCのオーガナイザーとして組織への加入を勧誘する役職を務めていたほか、[A]の広報責任者として活動したり、[B]と題する雑誌にミャンマーの軍事政権やタンシュエに対する批判的内容の記事を掲載し、これら記事はインターネットを通じて閲覧することができたというのであるから、このような事情は、ミャンマー政府において十分把握することが可能な状況にあったということができる。（前示のとおり、上記記事の中には「[ペンネームC]のペンネームが記載されているものがあるが、原告の氏名が「[D]」であり、「[C]」と類似していることや、[B]の中には原告の本名が記載されている部分があることなど事情を考慮すると、この「[C]」と原告が同一人物であると認識することは、それほど困難ではないというべきである。）」

・「被告は、原告の活動を個々にとらえて、それら個々の活動それ自体は本国政府が迫害の対象とするほどのものではなく、それだけでは原告がミャンマー政府から積極的な反政府活動として関心を寄せられていたとは考え難い旨主張するが、前示のとおり、ミャンマーにおいて２度にわたり身柄を拘束されて反政府活動を行う人物であると把握されていた原告が、我が国においてもなお反政府活動をし、[B]にミャンマー政府やタンシュエを批判する記事を掲載していたなどという一連の事情を全体的にみれば、原告はミャンマー政府から迫害を受けるおそれがあるという十分に理由のある恐怖を有していたものを認めるのが相当である。」

≪裁判所の判断－高裁≫

・第一審判決を引用

(6) 過去の迫害体験
言及なし

(7) 適法な旅券発給・更新

一次	・「あなたの本国における活動の後，あなたに対して二度にわたり旅券が発給され，正規に出国手続がなされていること… 等からすると，申立てを裏付けるに足りる十分な証拠があるとは認め難く，〔難民条約〕に規定する難民とは認められません。」
異議	・「…あなたは，1991年に自己名義旅券の発給を受け，当該旅券を用いて出国手続を受けていること，1997年にはいったん本国に帰国し，改めて自己名義旅券の発給を受け，当該旅券を用いて出国手続を受けていることなども併せ考えれば，少なくともあなたが本国を出国した当時において，本国政府から反政府活動家として注視されるような存在であったとは認められません。」

≪裁判所の判断－地裁≫
・「原告のミャンマー本国及び我が国における反政府活動を全体的に見て難民該当性が認められる本件においては，<u>正規の手続で自己名義の旅券を取得して正規に出国が許可されたことや不法就労目的で本邦に入国したこと</u>をもって，<u>直ちに難民該当性を否定することは相当ではないというべきである。</u>」

≪裁判所の判断－高裁≫
・第一審判決を引用

◆ 4　全体的・総合的考察

一次	言及なし
異議	言及なし

≪裁判所の判断－地裁≫
・「被告は，原告の活動を個々にとらえて，それら個々の活動それ自体は本国政府が迫害の対象とするほどのものではなく，それだけでは原告がミャンマー政府から積極的な反政府活動家として関心を寄せられていたとは考え難い旨主張するが，…ミャンマーにおいて2度にわたり身柄を拘束されて反政府活動を行う人物であると把握されていた原告が，我が国においてもなお反政府活動をし，[B]にミャンマー政府…を批判する記事を掲載

■ 事例2 ■ 執筆活動等を通じて反政府活動に関与したミャンマー出身の男性

していたなどという一連の事情を全体的にみれば，原告はミャンマー政府から迫害を受けるおそれがあるという十分に理由のある恐怖を有していたものと認めるのが相当である。」（前記3（5）「個別把握」を参照）
≪裁判所の判断－高裁≫
・第一審判決を引用

◆ 第3 分 析

◆ 1 不認定・棄却理由と判決理由との違いについて

不認定・棄却理由と判決理由相違点は，大きく言って以下の4点である。

第1に，出身国情報に関する分析である。本件では1988年以後の民主化運動の動きとともに，2003年5月のディペイン事件の分析は欠かせないが，行政段階ではその分析はない。

第2に，本人の供述の信憑性の評価である。棄却理由では，刑務所に収容されていた旨の本人の供述について，その期間に係る供述に変遷があるなどとして信憑性を否定したが，判決理由は，主要な点において一致しているなどとして，信憑性を認めた。

第3に，迫害を受けるおそれの評価のあり方である。不認定・棄却理由では，本人の活動を個々にとらえて，個々の活動それ自体では本国政府が迫害の対象とするほどのものではないなどとしたが，判決理由では，本国における活動と本邦上陸後の活動を一連の事情として評価し，「ミャンマー政府において十分把握することが可能な状況にあった」と判断して，迫害を受けるおそれがあるという十分に理由のある恐怖を有していたと認定した。

第4に，第3とも関連するが，迫害を受けるおそれの評価に当たって，事実の全体を考察評価しようとする姿勢についてである。行政段階では本国における経験事実と，本邦における活動とがバラバラに評価されており，本邦上陸から申請までの期間の経過，正規の旅券の取得，不法就労目的での入国といった事情が消極的に考慮されたが，判決理由では，本国及び日本における活動を全体的に見て難民該当性が認められた。以下では第2以下について詳論する。

2　供述の信憑性の評価について

　異議棄却理由は，一次審査では政治的活動を理由に1989年から2年以上収監された旨主張されていたにもかかわらず，口頭意見陳述・審尋期日では1年間であったと供述を変遷させており，また，本人が提出した船員手帳には収監されていたとする時期に2隻の外航船舶に乗船している旨の記載が確認されるとして，供述の信憑性を否定している。

　これに対し，判決理由は，本人の供述が，ミャンマーにおいて2回にわたり身柄を拘束され，その2回目は1989年から長期間にわたるものであるという主要な点において一致しているなどとして，本人が1989年2月ころから1年間にわたり刑務所に収容されていたという原告の供述の信用性を認めた。

　また，船員手帳の記載については，乗船歴がある方が就職に有利であるとして，船員手帳を偽造して架空の乗員歴を記載した旨の本人の供述内容には一応の合理性が認められるとして，直ちに本人の供述が信用できないとまでいうことは困難であるとしている。

　このような判決理由の指摘は，供述の信憑性の評価に当たっては，中核部分と周辺部分を区別した上，周辺部分の変遷をもって供述の信憑性を否定すべきでないことをあらためて明らかにしている。また，一見供述と矛盾する客観的証拠があったとしても，本人に釈明の機会を与えることが重要であって，合理的な説明がされた場合には供述の信憑性は否定されないことを示している点においても，意義があるものといえる。

3　迫害を受けるおそれの評価のあり方について
── 個別の把握ということについて

　不認定・棄却理由は，本人の本国における活動や本邦上陸後の活動を個々にとらえて，それらの個々の活動それ自体は本国政府が迫害の対象とするほどのものではないとした上，それだけでは本人がミャンマー政府から積極的な反政府活動家として関心を寄せられていたとは考え難いとして，本人が帰国した場合に迫害を受けるという客観的危険性を認めることはできないとしている。

　これに対し，判決理由は，申請者の本国での2度の拘束や，その釈放の際に政治活動にかかわらない旨の書面に署名したことや，さらに，旅券取得の際にも外国において政治活動は行わない旨の書面に署名している等の事情から，「反政府活動を行う人物であるとしてミャンマー政府に個別に把握されていたこと

が認められる」とし，さらに，本邦上陸後も，ミャンマー大使館前におけるデモへの参加，FWUBCのオーガナイザーとして組織への加入の勧誘をする役職を務めていたほか，雑誌にミャンマーの軍事政権に等に対する批判的内容の記事を掲載し，これらの記事はインターネットを通じて閲覧することができたというのであるから，このような事情は，ミャンマー政府においても十分把握することが可能な状況にあった」と認定した。つまり，行政段階での「せいぜい民主化運動の一参加者にすぎない」や「注視されるような存在であったとは認められません」等の判断と異なる判断を示している。判決も「十分把握することが可能な状況にあった」という認定をもって難民該当性を肯定しており，難民であると認めるために個別の把握を前提としており，かかる前提そのものが根本的に問われるべきものとは考えるが，行政段階と判決では，上記同様に見える基準を用いながら，結果が大きく異なっている点が注目される。

◆ 4　迫害を受けるおそれの全体的な考察について

　判決は，本人の本国での経験事実及び本邦における事実のすべてを考察し，「一連の事情を全体的に」評価した上，迫害を受けるおそれがあるという十分に理由のある恐怖を有するとしたものである。

　国は，難民認定申請者が迫害を受けるおそれを根拠付けるものとして主張する事情について，これらをそれぞれ別個に検討した上，全体的なものとして把握することなく，迫害を受けるおそれを否定する傾向にある。判決理由は，本国における活動や本邦上陸後の活動といった事情を一連のものとしてとらえることの重要性を明らかにしているものといえよう。

事例3

政治的意見を帰属させられたミャンマー少数民族チン族の男性

事例	出身国	民族・宗教	性別	年齢（認定時）
申請者3	ミャンマー	チン	男性	57歳
入国日	入国の状況	経由国［滞在期間］		
1992年9月○日	短期滞在（90日）	ミャンマー／空路／タイ［数日］／空路／日本		
難民申請日	申請の場所	不認定日（処分）	不認定日（告知）	
2005年2月24日	東京（収容中）	2005年4月14日	2005年4月15日	
異議審尋日	審尋の曜日・場所	異議棄却（処分）	異議棄却（告知）	
2006年1月31日	火・東京	2006年4月5日	2006年4月14日	
提訴				
2005年9月16日提訴（退令取消・裁決取消），2006年6月13日提訴（難民不認定取消・在特不許可取消）				
地裁判決（申請者の請求棄却）		高裁判決（申請者の逆転勝訴：確定）		
裁判所：東京地方裁判所　民事第38部 事件番号：平成17年（行ウ）408，平成18年（行ウ）274 判決日：2007年9月26日 裁判官：杉原則彦，小田靖子，島村典男		裁判所：東京高等裁判所　第10民事部 事件番号：平成20年（行コ）320 判決日：2008年10月23日 裁判官：吉戒修一，藤下健，野口忠彦		
公刊物未登載		公刊物未登載		
訴訟後の状況				
2008年12月4日難民認定（同月16日告知）				
その他の特記事項				
高裁で，証人尋問。申請者が高裁で逆転勝訴。				

◆ 第1　事案の概要

　本件は，ミャンマー国籍チン民族の男性の事案である。
　申請者は，本国ミャンマーにおいて病院に勤務する看護師であったところ，1988年8月8日以降，毎日デモに参加して民主化運動に加わったほか，同日

■ 事例3 ■ 政治的意見を帰属させられたミャンマー少数民族チン族の男性

以降，申請者が勤務する病院には民主化運動を武力によって鎮圧しようとする国軍との衝突によって亡くなった者の死体が運ばれてくるようになり，申請者は運ばれる死体の死亡確認や死体の数の記録をしていた。病院内で組織していたデモ参加者の中に軍情報部の女性が潜入していることに気付き，同女性に暴行を加えたところ，後日，一緒に暴行を加えた際に名前で呼び合っていた原告を含めた3名のうち，原告以外の2名が逮捕された。また，市中でポスターをはっているところを見つかり，暴行を受けたことがあるほか，同様の理由で3日間拘束されたことがある。1990年5月に実施された選挙後，病院での死体確認作業の件を従兄弟の［人名A］に話したところ，［A］が1990年7月19日，アウンサン将軍の殉難の日に，この情報をCNF（チン民族戦線）のチラシに載せて配布しているところを逮捕され，［A］は，約4か月身柄を拘束される間に拷問を受け，死体確認作業の件の情報源が申請者であることを自白した。

申請者は，その後，1年ほど海軍に勤務する親戚の自宅の屋根裏部屋のようなところに住んだ後，1991年7月から人里離れた場所（［地名B］）で約1年間働く間に出国に必要な資金を貯め，1992年9月，ミャンマーを出国した。

申請者は，在タイ米国大使館で米国の査証を得ようとしたもののかなわず，1992年9月，来日した。

申請者は，2004年12月ころ，AUN（在日ビルマ連邦少数民族協議会）及びCNC-Japan（在日チン族協会）に入会し，デモにも参加するようになった。

申請者は，2005年1月，入管法違反の容疑で現行犯逮捕された後（起訴猶予処分），同年2月，難民認定申請を行った。

◆ 第2 行政と司法の判断の比較

◆ 1 出身国情報の分析評価

一次	言及なし
異議	言及なし

≪裁判所の判断－地裁≫
・証拠及び弁論の全趣旨により，ミャンマーの政治状況を詳細に認定している。

61

- 「ミャンマーにおいては，人権尊重の理念が浸透しているとはいい難く，〔米国国務省人権報告〕によれば，SPDCによる恣意的逮捕及び拘留，政治問題に関する公開裁判の拒否，非常事態法，非合法結社法，常習犯取締法及び国家破壊分子取締法といった拡大解釈可能な法律の悪用，政治目的遂行のための法廷操作，治安警察による囚人，拘留者及び一般市民に対する拷問，むち打ち及び虐待等といった人権抑圧状況が存在すると報告されている。

  なお，ミャンマーにおける多数民族はビルマ民族であるが，それ以外の少数民族は，ミャンマーにおける総人口の3分の1程度を占めるとされているところ，上記レポートによれば，ミャンマー政府は，チン民族のキリスト教徒に対してその信仰を妨害していること，主に陸軍兵士による虐待として，チン民族，カレン民族，カレンニ民族及びシャン民族の殺害，むち打ち及び強姦等が頻繁に発生していることなどが報告されている。」

≪裁判所の判断－高裁≫
- 第一審判決を引用するほか，申請者に関連した出来事があった7月19日という日のミャンマーにおける位置づけを認定している（この日は，独立の父と敬愛されるアウンサン将軍が暗殺された日で，殉難者の日として記念日とされている）。

◆ 2　信憑性の判断

言及なし

◆ 3　主な不認定・棄却理由の考察

(1) 申請の遅延

一次	・「あなたは，本邦入国から約12年間という長期にわたり，特に合理的な理由なくして難民認定申請に及んでいないこと… からすると，申立てを裏付けるに足りる十分な証拠があるとは認め難く，〔難民条約〕に規定する難民とは認められません。」
異議	・「…あなたの出国の動機を見ても，あなたは，1992年に本邦に入国した後，2002年までの約10年間にわたり，何ら政治活動をせず，かえって本国に向けて多額の送金をおこなっていること，2005年1月に警察に逮捕されて初めて難民認定の申請をしていることなどの事情に照らせば，あなたが迫害を恐れて本国を出国したものとは認められません。」（後記（3）「就労

■ 事例3 ■ 政治的意見を帰属させられたミャンマー少数民族チン族の男性

目的」を参照）

≪裁判所の判断－地裁≫
・「原告は，入管法にいう『難民』に該当しないから，争点（2）（60日条項違反の有無）について検討するまでもない。」

≪裁判所の判断－高裁≫
・「〔証拠〕によれば，控訴人は，ミャンマーを出国してからアメリカ合衆国に入国して難民の認定を受けようと考えていたが，タイにあるアメリカ合衆国大使館には多数の人々が殺到しており，事実上査証を受けられる状況ではなかったために，やむを得ず我が国に来て上陸したのであり，元来は我が国で難民認定の申請をする意図は持っていなかったこと，控訴人は，その後，日本に滞在中，アメリカ合衆国に入国して難民の認定を受ける手段を引き続き探していたが，結局，目的を達成することはできなかったこと，控訴人は，知人から日本にも難民認定制度が存在することを聞き，はじめてこのことを知ったが，知人からは，日本における難民の認定の運用は非常に厳しく，実際にはなかなか難民と認定されない状況であり，難民の認定を申請しても認められないと強制送還されることになるから，むしろ難民の認定を申請しないで現状のままの方が無難であることを聞かされたこと，控訴人は，その後，自分でも新聞記事を読んで，日本に上陸した日から60日以内に難民の認定の申請をしなければならないこととされていること（改正前入管法61条の2第2項）を知り，失望し，日本における難民の認定の申請をいったんはあきらめたこと，以上の事実が認めることができる。

　上記認定事実によれば，控訴人については，改正前入管法61条の2第2項ただし書にいう『やむを得ない事情』があるというべきである。」

(2)　難民該当事由発生時点からの期間経過

一次	言及なし
異議	言及なし

≪裁判所の判断－地裁≫
■　本国における活動について
・認定事実によれば，「昭和63年8月8日にミャンマー全土で大規模な民主化運動が起こったころから同年9月18日にSLORCが軍事クーデターに

よって全権を掌握したころまでの間，原告は［C］病院において国軍と民衆との衝突によって生じた死体の数を記録する役を務めたことがあり，当時の軍情報部員からそのことを外部に漏らさないよう命じられたものの，平成 2 年 5 月 27 日に施行された総選挙における NLD の圧勝が判明した後に，これを［人名 A］に話し，さらに，同人がこれを CNF 関連のリーフレットに掲載して配布したことから同人が国軍に逮捕され，その情報源が原告であることを自白したことなどが認められるが，原告が［C］病院において確認した死体の数は，SLORC（及び改組後の SPDC）が軍事クーデターにより全権を掌握する前の BSPP 政権下で生じた死体の数を原告の経験した限りにおいて断片的に把握したものにすぎず，さらに，SPDC 政権下にあるミャンマー政府が，上記民主化運動があった時期から 16 年以上が経過した本件不認定処分，本件裁定及び本件退令処分当時において，BSPP 政権下での死体の数に関わる情報についてどれほど関心があるのかは明らかではない。」

・「昭和 63 年 8 月 8 日にミャンマー全土で大規模な民主化運動が起こったころ，［C］病院の職員らで組織するデモに見慣れぬ女性が参加していたことを見とがめ，同人を原告らが縛り上げるなどして軍情報部に所属する者であることを認めさせたこと，その際，互いに名前を呼び合っていた原告を含む 3 人のうち，［人名 D］及び［人名 E］が平成 2 年 7 月ころに軍情報部員に連行されたことなどが認められるが，前者の出来事と後者の出来事の間には約 2 年が経過しており，両者の関連性が明りょうでないばかりか，原告が，同 3 年 7 月以降に［D］から聴いた同人に対する尋問内容は，昭和 63 年 8 月ころにおける［C］病院内の民主化運動に関する動向というものであって〔略〕，上記前者の出来事との関連性を必ずしもうかがわせるものではない。そして，平成 2 年 7 月当時，軍情報部が昭和 63 年 8 月当時における［C］病院内の民主化運動に関する動向を調査する意向を有していたものとしても，［D］及び［E］に対する尋問でその目的は達せられたものと見ることは可能であり，少なくとも，上記民主化運動があった時期から 16 年以上が経過した本件不認定処分，本件裁決及び本件退令処分当時において，殊更ミャンマー政府が原告を拘束するなどして同月ころにおける［C］病院内の民主化運動に関する動向を聴取しようとするおそれがあるとは認められない。」

■ 事例3 ■ 政治的意見を帰属させられたミャンマー少数民族チン族の男性

≪裁判所の判断－高裁≫
・「確かに，控訴人がミャンマーを出国してから本件不認定処分時まで相当の年月日が経過したことは否定できないが，1988年ころから現在に至るまでのミャンマーにおける政治的，社会的状況にかんがみると，<u>控訴人につき上記のような客観的事情が存在していたにもかかわらず，相当の長年月が経過したことだけで迫害を受けるおそれがあることを否定することは，相当であるとはいい難い。</u>」

(3) 就労目的

一次	言及なし
異議	・「…あなたは，〔本邦入国後〕約10年間にわたり，何ら政治活動をせず，かえって本国に向けて多額の送金をおこなっていること…などの事情に照らせば，あなたが迫害を恐れて本国を出国したものとは認められません。」(前記 (1)「申請の遅延」を参照)

≪裁判所の判断－地裁≫
・日本における原告の活動等に関し，「原告は，平成4年に本邦に上陸して2箇月ほどしてから，飲食店の皿洗いの仕事などを始め，おおむね月額15万円か16万円ほどの収入を得るようになり，年に数回，1回当たり約5万円をミャンマーの実家に送金するなどしていた。」と認定したものの，当該認定事実により稼働目的や出国の経緯についての判断は行っていない。

≪裁判所の判断－高裁≫
・認定事実につき第一審判決を引用するのみ。

(4) 本国の家族の状況

一次	言及なし
異議	言及なし

≪裁判所の判断－地裁≫
・「原告はチン民族に属するミャンマー国民であるところ，ミャンマーにおいてチン民族が虐待されている状況が存在すると報告されていることは，(認定事実) のとおりである。
　しかしながら，〔認定事実〕に照らすと，原告及びその家族がチン民族に属することを理由としてミャンマー政府から何らかの迫害を受けたこと，あるいは迫害を受けるおそれを抱いていたことをうかがわせる証拠はなく，

65

原告がチン民族に属することから直ちに同政府による迫害のおそれがあると認めることはできない。」

≪裁判所の判断－高裁≫
・認定事実（チン民族一般に対する虐待の存在等）につきそのまま第一審判決を引用したほかは言及なし。

(5) 個別把握

一次	・「…あなたの本国における活動についての供述からは，あなたに対する具体的・客観的迫害のおそれは認められないこと… 　あなたの主張する本邦入国後の活動内容からも，あなたが帰国した場合の客観的・具体的な迫害のおそれがあるとは認められないことからすると，申立てを裏付けるに足りる十分な証拠があるとは認め難く，〔※難民条約〕に規定する難民とは認められません。」
異議	・「…あなたは，本邦において，2003年以降在京ミャンマー大使館前の反政府デモに参加し，2004年には在日ビルマ連邦少数民族協議会（AUN）に加入したほか，チン族の一員として〔CNC-Japan〕にも加入していることから，帰国した場合には迫害される旨主張しています。 　しかしながら，あなたが2003年に始めたという政治活動なるものは，年に数回のデモ参加に過ぎません。また，その後参加した〔AUN〕及び〔CNC-Japan〕は，いずれも結成後間もない団体であり，単にその会員であること自体によって迫害の危険性が生じるとは認められません。あなた自身の活動内容を見ても，特段目立ったものは見当たらないのであって，あなたが反政府活動家として本国政府に関心を寄せられるとは考えられません。」

≪裁判所の判断－地裁≫

■ 本国における活動

・認定事実によれば，「原告がミャンマーにおいてデモなどの民主化運動に参加した時期は，昭和63年8月8日にミャンマー全土で大規模な民主化運動が起こったころから同年9月18日にSLORCが軍事クーデターによって全権を掌握したころまでの間であったことが認められるが，<u>当時，ミャンマーにおける民主化運動には，各地域及び各階層から極めて多数の学生及び市民が参加したことがうかがわれるところ（認定事実〔略〕参照），原告はその民主化運動に政治団体の指導者や政治思想の主唱者等として関与したわけではなく，その参加の態様は参加者の一人であるというにすぎ</u>

■ 事例3 ■ 政治的意見を帰属させられたミャンマー少数民族チン族の男性

ないものと認められる。したがって，原告がポスターをはっていたところを警察官に連行され，今後，政治活動はしない旨の誓約書に署名したこと（認定事実（2）イ（エ）），上記クーデター後，原告が学生たちの規制を手助けしたことなどをしんしゃくしたとしても，上記民主化運動に原告が参加したことなどによってミャンマー政府が原告を個別的に反政府活動家として把握したものと認めることはできない。」

・認定事実によれば，「昭和63年8月8日にミャンマー全土で大規模な民主化運動が起こったころから同年9月18日にSLORCが軍事クーデターによって全権を掌握したころまでの間，原告は［C］病院において国軍と民衆との衝突によって生じた死体の数を記録する役を務めたことがあり，当時の軍情報部員からそのことを外部に漏らさないよう命じられたものの，平成2年5月27日に施行された総選挙におけるNLDの圧勝が判明した後に，これを［A］に話し，さらに，同人がこれをCNF関連のリーフレットに掲載して配布したことから同人が国軍に逮捕され，その情報源が原告であることを自白したことなどが認められるが，原告が［C］病院において確認した死体の数は，SLORC（及び改組後のSPDC）が軍事クーデターにより全権を掌握する前のBSPP政権下で生じた死体の数を原告の経験した限りにおいて断片的に把握したものにすぎず，さらに，SPDC政権下にあるミャンマー政府が，上記民主化運動があった時期から16年以上が経過した本件不認定処分，本件裁決及び本件退令処分当時において，BSPP政権下での死体の数に関わる情報についてどれほど関心があるのかは明らかではない。また，同情報をリーフレットに載せて配布した［A］が逮捕されて取調べを受けた際，情報源が原告であることを自白しているとはいえ，原告が［人名F］を補助して死体の数を記録するなどしたものであるところ，［F］に対する取調べ又は事情聴取等がされたことをうかがわせる証拠もない。」（前記（2）「難民該当事由発生時点からの期間経過」を参照）

・「原告は，平成2年5月27日に施行された総選挙に当たり，NLDを支持して戸別訪問などの選挙活動をしたことがあるが（認定事実（2）イ（カ）），このような活動によってミャンマー政府が原告を個別に反政府活動家として把握したものと認めることはできない。

■ 日本での活動

・認定事実によれば，「原告は平成16年12月ころにAUN及びCNCに入会し，同年中に5回，同17年に2回のデモに参加したことが認められるが，

◆第2部◆ 事例ごとのまとめ

本件不認定処分，本件裁決及び本件退令処分当時において，原告がこれらの組織の中心的構成員であったことをうかがわせる証拠はなく，上記デモにおいても中心的役割を果たしたことをうかがわせる証拠はない。また，原告は，CNCに入会する前にCNFに対してコンピュータ2台を提供するなどしたことがあったが，このような諸活動を併せて考慮しても，これらの活動が継続的にある程度の長期間にわたって行われるものではないことなどに照らすと，殊更ミャンマー政府が原告に注目し，個別的に反政府活動家として把握したものと認めることはできない。」

■ 本国での風聞について

・認定事実によれば，「原告は，平成13年に来日した［人名G］及び［F］から，また，同16年にヤンゴンに住むいとこから，それぞれミャンマーに帰国することは危険である旨の話を聞いたことが認められるが，同人らがどのような理由により原告の身に危害が及ぶおそれがあると考えたのかが明らかでなく，このような風聞に基づいてミャンマー政府が原告の動向に留意していると認めることはできない。」

・認定事実によれば，「平成17年10月ころに原告がその母親と電話で話した際，母親の家に軍情報部員らしき者が現れて，原告が日本で難民認定申請をしたことの真偽を確認したり，税金の支払を督促したりしたことなどがあったとの話を聴いたことが認められるが，そのような出来事があったことは伝聞でしか確かめることができず，その経緯等を十分に明らかにすることはできないから，直ちに原告の難民該当性を基礎付ける事情とすることはできない。」

≪裁判所の判断－高裁≫

・認定事実によれば，「控訴人は，1988年（昭和63年）当時，［C］病院で看護師として勤務中，軍が衝突で死亡した人々の遺体を［C］病院に搬入し，軍との衝突で死亡した人々の遺体を数えて記録する作業に従事し，遺体の数が1日当たり80体から100体に及んだことを現に目撃し体験したところ，軍にとって［C］病院に上記のとおり遺体を搬入した目的，方法，態様，遺体の数等は国内外に知られたくない機密事項であり，軍情報部は，上記の情報が一部漏洩した事実を知り，上記の情報の出所に重大な関心を抱いたというべきであって，そのことは，［A］が軍情報部に身柄を拘束され，上記の情報の出所を厳しく尋問され，拷問を受けたことによって裏付けられているというべきである。控訴人は［A］に上記の情報について

68

■ 事例3 ■ 政治的意見を帰属させられたミャンマー少数民族チン族の男性

話をした際，他言しないように言い聞かせてはいたが，上記の情報がCNFのビラにチン語で書かれ，配布されたという経緯があったことのほか，上記認定事実を併せて考えれば，軍情報部が控訴人はCNFのメンバーであり，それゆえに上記の情報をCNFに漏洩してビラに載ったものと受け止め，控訴人に対し政治的意見を理由に迫害に及ぶおそれは，いまなお十分存在するというべきであり，このおそれは，控訴人が迫害を受けるおそれがあるという恐怖を抱いているという主観的事情のほかに，通常人が控訴人の立場に置かれた場合にも迫害の恐怖を抱くような客観的事情によって裏打ちされているというべきである。」

(6) 過去の迫害体験

一次	言及なし
異議	・「…あなたの供述が事実であるとしても，あなたの同僚が逮捕された理由は判然としない上，その当時でさえ4か月後には釈放されています。遺体リスト漏洩に関する主張についても，当該漏洩は必ずしもあなたの政治的意見に基づくものとは言い難い上，身柄拘束された従兄弟も数か月後には釈放されています。その後あなたが自己名義の旅券の発給を受け，その旅券を用いて出国手続を受けていることを考え併せれば，少なくともあなたが本国を出国した当時において，あなたが反政府活動家として本国政府に関心を寄せられていたとは認められません。」（下記(7)「適法な旅券発給・更新」を参照）

≪裁判所の判断－地裁≫
・原告は，勤務先の病院付近の路上で国軍の民集に対する暴力に反対する旨のポスターを貼っているところを軍人に見つかり暴行を受け（この暴行により，原告の左耳の聴力はほぼ失われた。），その1週間後には，同じくポスターを貼っていたところ，警察官に連行され，警察署で3日間拘束されたが，今後，政治活動はしない旨の誓約書に署名をして釈放されたとの事実を認定。

≪裁判所の判断－高裁≫
・第一審判決を引用。

(7) 適法な旅券発給・更新

一次	・「…あなたが主張する本国での反政府活動の後，あなたに対して正規旅券が発給され，出国手続がなされていること…

◆ 第2部 ◆ 事例ごとのまとめ

	からすると，申立てを裏付けるに足りる十分な証拠があるとは認め難く，〔※難民条約〕に規定する難民とは認められません。」
異議	・「…その後あなたが自己名義の旅券の発給を受け，その旅券を用いて出国手続を受けていることを考え併せれば，少なくともあなたが本国を出国した当時において，あなたが反政府活動家として本国政府に関心を寄せられていたとは認められません。」(上記(6)「過去の迫害体験」を参照)

≪裁判所の判断－地裁≫

・「一方において，(認定事実)によれば，原告は10年以上勤務していた[C]病院における職務を放棄して逃亡し，おじの家に隠れ住むようにしてついには同病院における看護師の職を失ったこと，その後も辺地の外国会社に勤務し，稼働して得た収入によって平成4年にミャンマーを出国するに至ったことなどの経過が認められることからすると，<u>原告がミャンマー政府なかんずく軍情報部による身柄の拘束や拷問等を恐れてミャンマーを出国したことは否定し難いものと認められる</u>が，他方において，上記(ア)乃至(エ)の検討結果のほか，<u>ブローカーへの依頼や賄賂の提供等をした上でのこととはいえ，原告がミャンマー政府から旅券の発行を受け，格別の支障なくミャンマーを出国していること</u>…などに照らすと，少なくとも本件不認定処分，本件裁決及び本件退令処分当時において，原告が迫害を受けているおそれがあるという恐怖を抱いているという主観的事情のほかに，ミャンマーにおける原告の活動等を理由として通常人が原告の立場に置かれた場合にも迫害の恐怖を抱くような客観的事情が存在していると認めることはできない。」

≪裁判所の判断－高裁≫
・言及なし

◆ 4　事案の全体的・総合的評価の有無

言及なし

◆ 5　その他特記事項「帰属させられた政治的意見」

本件高裁判決は，上記の政治的意見の解釈とともに，帰属させられた政治的意見について判断をした判決としても重要である。

「<u>上記認定事実を併せて考えれば，軍情報部が控訴人はCNFのメンバーであり，それゆえに上記の情報をCNFに漏洩してビラに載ったものと受け止め</u>，

■ 事例3 ■ 政治的意見を帰属させられたミャンマー少数民族チン族の男性

控訴人に対し政治的意見を理由に迫害に及ぶおそれは，いまなお十分存在するというべきであり，このおそれは，控訴人が迫害を受けるおそれがあるという恐怖を抱いているという主観的事情のほかに，通常人が控訴人の立場に置かれた場合にも迫害の恐怖を抱くような客観的事情によって裏打ちされているというべきである。」

　申請者は反政府団体であるCNFのメンバーではないが，そのメンバーであると当局によってみなされ，それゆえの行動であるとみなされた状況において，その迫害のおそれを判断するという内容であり，明示はないものの，まさに「帰属させられた政治的意見」を判定しているものといえる。

◆ 第3　分　析

◆ 1　不認定・棄却理由と判決理由との違いについて

　高裁判決の判断と不認定・棄却理由との違いは，大きく2点ある。
　第1に，難民認定申請の遅延に関する評価である。不認定・棄却理由では，本人が本邦に入国してから約10年間一切政治活動を行わず，かえって本国への送金を継続していたこと，及び逮捕されるまで申請を行わなかったことを大きく評価し，日本への渡航が稼働目的であり，迫害を恐れて本国を出国したものとは認められないとして，難民性を否定したが，高裁の判決理由では，本人が出国当時からアメリカで難民認定を受ける意図を有していたこと及び日本での難民認定のあり方を知り諦めた経緯等を丁寧に認定し，申請が遅延したことについて「やむを得ない事情」があると認めた。
　第2に，迫害を受ける十分に理由のある恐怖についての評価である。不認定・棄却理由では，本人が供述している活動を行っていたとしても，政府に個別に把握されていたとは認められないとしたのに対し，高裁では，控訴審で実施された［A］の証人尋問により，［A］が控訴人から聞いた話がビラに書かれた経緯や［A］が経験した拷問の様子について詳細な事実認定を行い，さらに，その判決理由において明示的に述べてはいないものの，「帰属させられた政治的意見」と同様の判断によって，本人が行った活動そのものではなく，政府が把握している事実関係から本人がどのような政治的意見を有していると認識されているかという点に基づいて，「軍情報部が控訴人はCNFのメンバーであ

り，それゆえに上記の情報を CNF に漏洩してビラに載ったものと受け止め」
て迫害のおそれを認定した。

◆ 2　申請の遅延について

　異議棄却理由では，出国の動機に関し，本人が「1992 年に本邦に入国した
後，2002 年までの約 10 年間にわたり，何ら政治活動をせず，かえって本国に
向けて多額の送金をおこなっていること，2005 年 1 月に警察に逮捕されて初
めて難民認定の申請をしていることなどの事情」を挙げ，本人が迫害を恐れて
本国を出国したものとは認められないとしたが，この部分において申請が遅れ
た理由等については一切検討されていない。

　他方，控訴審の判決理由では，本人が元来アメリカでの難民認定を受けるこ
とを望んでおり本邦での難民認定を考えていなかったこと，本邦滞在中も継続
してアメリカでの難民認定を受ける手段を模索していたこと，日本でも難民認
定制度が存在すると知ったがいわゆる 60 日ルールも含めて難民認定を受ける
ことが非常に困難であると理解したために，本邦での難民認定を諦めたこと等
の事情を丁寧に認定し，申請が遅延したことについて「やむを得ない理由」が
ある旨を認定した。加えて，判決理由では，本人が本邦上陸約 2 か月後から飲
食店で仕事を始め，本国に送金していたという事実を認定しているものの，こ
の点により，稼働目的や出国した際の迫害の恐れの有無等については判断を
行っていない。これは，仮に申請者が自身の生活を維持するために必要な範囲
内の稼働や，多少の余剰を本国の家族に送金を行っていた場合であっても，た
だちに迫害の恐れの存在を否定する事情と評価すべきではないことを明らかに
しているといえ，参考とされるべきである。

◆ 3　「政治的意見」の捉え方について

　地裁判決は，上記情報の流出に関して「原告が Y 病院において確認した死
体の数は，SLORC が軍事クーデターにより全権を掌握する前の BSPP 政権下
で生じた死体の数を原告の経験した限りにおいて断片的に把握したものにすぎ
ず」として，高裁の判断したような機密事項としての評価をしなかった。

　これに対して，高裁判決は，「軍にとって［C］病院に…遺体を搬入した目
的，方法，態様，遺体の数等は国内外に知られたくない機密事項であり，軍情
報部は上記の情報が一部朗詠した事実を知り，上記の情報の出所に重大な関心
を抱いた」ことを基礎にしながら，申請者に対して政治的意見を理由とした迫

■ 事例3 ■ 政治的意見を帰属させられたミャンマー少数民族チン族の男性

害の恐れがあると認定した。

　行政段階での異議の棄却理由は，遺体のリストの漏洩について，「当該漏洩は必ずしもあなたの政治的意見に基づくものとは言い難い」として，当該行為が政治的意見とは認められないという判断を下している（一次の不認定理由においてはその点についての判断が全く示されていない）。

　そもそも，迫害のおそれは，申請者が迫害の主体（通常は国家）からどのようにみられているかが問題とされる。政治的意見をこの観点から考えたとき，「決定的な判断基準は，申請者のある行動または行為が，権力の座にある当局から政治的抵抗であると現にみなされており，またはみなされてきたか否か」であり，「基本的には，政府の権威への挑戦であるとみなされるいかなる行動も政治的意見の表明であると捉えるのが適当である」とされる[48]。また，UNHCR は，「難民として認定される理由の「政治的意見」の概念は，国家，政府，社会の体制が関連する問題についてのいかなる意見をも含むものとして広く解釈されるべきである。この場合政治的意見は，特定の政党や認知されたイデオロギーへの帰属に限られること無く，たとえばジェンダー役割に関する意見などが含まれるであろう。政府と異なる政治的意見を有する事実は，それだけでは難民該当性の主張の理由とはならない。主要な問題は，政府やコミュニティによって許容されていない意見を申請者が有しているか，または有していると考えられているか，およびこの理由により迫害を受けるおそれがあるという十分に理由のある恐怖を有しているかどうかである[49]」としている。

　このような観点に立てば，高裁の判断は当然の結果とみることができる。

---

[48]　ハサウェイ前掲注(15)，181頁。
[49]　UNHCR 前掲注(37)，24頁。

事例 4

来日後に芸能活動等を通じて反政府活動に関与したミャンマー出身の女性

事例	出身国	民族・宗教	性別	年齢（認定時）
申請者 4	ミャンマー	ビルマ	女性	38 歳
入国日	入国の状況	経由国［滞在期間］		
1998 年 11 月○日	短期滞在（90 日）	本国／空路／シンガポール［数ヶ月］／空路／日本		
難民申請日	申請の場所	不認定日（処分）	不認定日（告知）	
2004 年 3 月 18 日	東京	2006 年 4 月 6 日	2006 年 4 月 21 日	
異議審尋日	審尋の曜日・場所	異議棄却日（処分）	異議棄却（告知）	
2007 年 2 月 13 日	火・東京	2007 年 4 月 9 日	2007 年 4 月 16 日	
提訴				
2007 年 6 月 5 日提訴（難民不認定取消・退令取消・裁決取消・在特不許可取消）				
地裁判決（申請者の勝訴）		高裁判決（原審を維持：確定）		
裁判所：東京地方裁判所　民事第 38 部 事件番号：平成 18 年（行ウ）528，平成 19 年（行ウ）359 判決日：2008 年 8 月 22 日 裁判官：杉原則彦，品田幸男，島村典男		裁判所：東京高等裁判所　第 10 民事部 事件番号：平成 20 年（行コ）320 判決日：2009 年 2 月 19 日 裁判官：吉戒修一，藤下健，野口忠彦		
公刊物未登載		公刊物未登載		
訴訟後の状況				
2009 年 3 月 26 日難民認定（同年 4 月 6 日告知）				
その他の特記事項				

◆ 第 1　事案の概要

本件は，ミャンマー国籍のビルマ族女性の事案である。

申請者は，本国の高校に在学中に 1988 年 8 月の民主化デモに参加し，ABFSU（全ビルマ学生連盟）の結成に関わり，平和的な反政府活動を行ったところ，申請者が祖父母宅に避難中に軍情報部が自宅を訪れ，政治活動に関する物品を押収し，申請者の母に政治活動をさせない旨の誓約書を書かせた。

■ 事例4 ■ 来日後に芸能活動等を通じて反政府活動に関与したミャンマー出身の女性

　その後，1989年に高校が再開された後に結成された別の学生団体に加わり，ビラ配りなどの活動をしたが，母を危険にさらすことに対して家族から非難を受けたため，高校を中退し，政治活動から離れた。
　申請者は，その後，両親の助力を得て美容院の経営を始めたが，物品調達のために周辺国に出かけることが多くなり，そこで知り合った反政府活動家からの依頼を受け，学生運動に対する指示書や反政府紙を購入した物品に紛れ込ませて国内に持ち込むなど，周辺国と国内の活動家との連絡をつなぐ活動をした。
　さらにその後，申請者は，周辺国の男性と結婚をして周辺国での生活を始めたが，夫と不仲になったことで，気分転換のための観光目的で1998年に来日した。
　来日後，夫との修復がつかないまま在留期間が過ぎ，生活費も底をついたため稼動を開始し，積極的な政治活動はしなかったものの，その後，夫との離婚が成立すると，地下組織である［団体A］に加入し，民主化組織や活動家のパイプ役として活動をした。また，この間，ミャンマー貧困層のための資金集めのコンサートで，歌手として出演した。
　2002年，本国の母が体調を崩したため本国に帰国しようと在日大使館を訪れたが，日本での政治活動やブラックリストに載っていることを理由に，手続をしてもらえず，一旦帰国を諦めた。
　その後，申請者は，2003年の本国でのディペイン事件を受け，表立って活動をしようと決意し，NLD-LA（国民民主連盟－解放区）日本支部に加入し，歌や踊りなどの芸能活動を通じて軍事政権を批判するほか，ワーキングコミッティーのメンバーとしても活動し，その後，幹部である執行委員となって活動した。この間，本国家族から当局が監視しているので手紙や荷物を送ったり電話したりしないように求める旨の手紙が届き，自身の身に危険が迫っていることを実感し，難民申請をするに至った。

◆ 第2　行政と司法の判断の比較

◆ 1　出身国情報の分析評価

| 一次 | 言及なし |

◆ 第2部 ◆ 事例ごとのまとめ

異議	言及なし

≪裁判所の判断－地裁≫
・特に1988年以後のミャンマー情勢について検討し，1996年後半の学生デモのこと，同年末頃のヤンゴン仏教寺院での爆弾事件についてABSDFやKNUなどの反政府組織の関与の疑いを政府が発表している事実や，さらにはディペイン事件などについても言及し，「（ミャンマー政府による）恣意的逮捕及び拘留，政治問題に関する公開裁判の拒否，緊急事態法，非合法団体法及び国家保護法といった拡大解釈可能な法律の悪用，政治目的遂行のための法廷操作，治安警察による囚人，拘留者及び一般市民に対する拷問，むち打ち及び虐待等といった人権抑圧状況が存在すると報告されている」と認定している。

≪裁判所の判断－高裁≫
・第一審判決を引用。

◆ 2　信憑性の判断

一次	・「あなたは，本邦において「［A］」なる反政府組織に加入し活動している旨申し立てているところ，あなたの供述状況からは，その存在自体疑わしい…」 ・「あなたは，2002年11月○日，在京ミャンマー大使館において旅券延長手続きを申し出たところ，反政府活動家であることが看破された旨申し立てているところ，これを証する客観的証拠はなく，あなたの活動内容も上記程度（上記の内容は明確ではないが，〔※NLD-LA日本支部〕以外の活動を指すものと思われる）にすぎないこと，あなたの本国在住親族がその時点以降も無事平穏に生活していることなどからすれば，にわかに信じ難い…」
異議	・「…［A］なる団体については，原処分に係る調査において，「活動拠点となるべき事務所はない」，「構成メンバーに何人いるのか知らない」，「リーダー格以外のメンバーに会ったことはない」等と述べており，これらの供述からは同団体の存在自体に疑義があります。」 ・「…あなたは，ディペイン事件以降に表立った活動をするようになった旨主張しており，原処分に係る調査において「2003年10月○日に〔NLD-LA日本支部〕の正式な党員になる前に人前で歌ったのは［A］が秘密裏に開いたイベントの1回だけである」旨述べ，口頭意見陳述・審尋期日におい

■ 事例4 ■ 来日後に芸能活動等を通じて反政府活動に関与したミャンマー出身の女性

ては，「2002年6月○日に〔※NLD-LA日本支部〕メンバーが主催したコンサートに歌手として出演した」旨主張しているところ，あなたの供述等を踏まえても，旅券延長を拒否されたと主張する時点において，本邦での政治活動はほとんど無きに等しいのであって，旅券の延長を拒否したとは考え難い上，それ以降も本国の家族が平穏無事に生活しているというのですから，あなたの主張はにわかに信じ難いものです。」

≪裁判所の判断－地裁≫

・「前記1(2)で認定した事実〔原告の個別事情全般，すなわち，ミャンマーの高校在学中から来日に至るまで及び来日後の経過等全般についての認定事実全体〕は，掲記した証拠からも明らかなように，必ずしも客観的証拠による裏付けがないものも少なくないが，〔証拠〕によれば，原告は，難民認定申請をした当初から一貫して同認定におおむね沿う供述を続けていたことが認められ，特にその内容が不自然であるとして排斥すべきものもないから，基本的にはその供述は信用するに足りるというべきである」

≪裁判所の判断－高裁≫

・〔当事者が所属していたとする［A］なる地下組織にかかる客観的証拠（［A］からのファクシミリ送信文書・メンバーカード・カレンダー）の形式，内容について不自然な点があるとの国の主張に対し〕「…〔証拠〕及び弁論の全趣旨に照らして，これら書証の体裁にその信用性に疑いを抱かせるほどの不自然な点があるとは認められないし，その内容においても信用性が否定される程の不自然さがあるとも認められない。これらの証拠に加えて，被控訴人〔申請者〕が難民認定審査の際の供述ないし陳述〔証拠〕から本件訴訟における陳述書および原審供述を通じて，［A］についてほぼ一貫した供述をしていることをも考慮すると，平成12年から［A］に加入して活動していたとの被控訴人の供述には信用性を認めることができる」

≪裁判所の判断－地裁≫

・「平成14年10月ころ，原告の母が体調を崩したので，原告は，ミャンマーに帰国しようと考え，同年11月○日，在日ミャンマー大使館を訪問し，旅券の更新手続及びそのための税金の支払等をしようとした。ところが，同大使館の担当者は，原告に対し，原告が隠れて政治活動をしているのをミャンマー政府は把握しており，原告はブラックリストに載っているなどと告げ，原告が同年中に歌を歌い，踊りを踊ったことを指摘するとともに，帰国したら逮捕されることになるなどと強い口調で述べ，旅券の更新手続

等をさせなかった。そのため，原告は，それまでは必ずしも発覚していないと考えていた自分の政治活動が，どの程度かは分からないにせよ，ミャンマー政府に知られていることを自覚するに至り，ひとまず帰国を取りやめた」
- 「〔上記事実認定の引用にかかる〕平成14年11月の在日ミャンマー大使館での出来事については，確かに，仮にミャンマー政府が原告を反政府活動者として注視しているのであれば，むしろ積極的に原告をミャンマーに帰国させて身柄を拘束しようとするのが自然であるとも考えられるが，ミャンマー政府の方針いかん又は大使館担当者の考え方いかんによっては，同認定のような対応〔旅券の更新手続等をさせない対応〕もあり得るし，原告が供述するその前後の出来事及び全体の流れとも符合することも併せ考えれば，同事実を認定するのが相当というべきである」

≪裁判所の判断－高裁≫
- 「平成14年10月ころ，被控訴人〔申請者〕が在日ミャンマー大使館に赴いて旅券の更新手続を行おうとしたところ，同大使館の担当者から被控訴人の反政府活動を指摘されて旅券の更新を拒絶されたとの事実についても，被控訴人は，<u>難民認定審査の際の供述ないし陳述，本件訴訟における陳述書及び原審供述を通じてほぼ一貫した供述をしており，それがその前後の出来事とも矛盾していないことを考慮すると，この点についての控訴人の供述も信用することができる。</u>

　控訴人〔国〕は，<u>本国政府が被控訴人を反政府活動家として注視している</u>のであれば，旅券更新を拒否せずに被控訴人を帰国させて身柄拘束するのが自然である旨主張するところ，本国政府が反政府活動家に対してそのような態度を取ることもあり得ると考えられるが，<u>反対に旅券の更新を拒否して反政府活動家の入国を拒絶するという対応をすることもあり得ると考えられる</u>のであり，ミャンマー政府が反政府活動家の入国について常に前者のような対応をしていると認めるに足りる証拠も提出されていないから，この点についての控訴人の主張を採用することはできない」

◆3　主な不認定・棄却理由の考察

(1)　申請の遅延

一次	・「あなたは，特に合理的理由がないのに，本邦入国後5年以上経過するま

■ 事例 4 ■ 来日後に芸能活動等を通じて反政府活動に関与したミャンマー出身の女性

	で難民認定申請に及ばなかったものであることなどを考えれば，迫害から逃れるために本国を出国したものとは認め難く…」
異議	・「…現に本邦入国後も，特に合理的な理由もないまま，5年以上も難民認定申請を行っていないことなどからすれば，迫害への恐怖から本国を出国したものとは認められません。」

≪裁判所の判断－地裁≫

- 「そうすると，原告が平成10年11月に来日するまでは，ミャンマー政府が原告の政治活動に関心を寄せていたとは考え難く，また，原告としても，自らがその政治活動のため迫害を受けるとは考えていなかったと認めるのが相当である。したがって，<u>原告のミャンマーにおける活動を理由としては，ミャンマー政府から迫害を受けるおそれがあると認めることはできない</u>」として，出国時点での難民該当性を実質的に否定した。

- 一方，来日後の活動に関して，「原告が来日した目的は政治活動をするためではないし，平成12年9月に夫と離婚するまでの原告の政治活動に，特に見るべきものはないが，その後，原告は，地下組織である［A］に加入して，ミャンマー民主化運動に専念するようになっていったものである。そして，前記〔認定事実〕のとおり，原告は，NLD-LA日本支部の［人名B］主催のコンサートに歌手として参加し，同14年11月18日には在日ミャンマー大使館において，ミャンマー政府が原告の政治活動を把握していることを告げられるなどしたため，旅券の更新手続ができず，<u>同15年には，表に立った政治活動をする決意をしてNLD-LA日本支部に加入し，同組織のワーキングコミッティーとして活動するほか，前記〔認定事実〕のとおり，反政府集会などの場において芸能活動をしているのである</u>」

- 「原告は，<u>在日ミャンマー大使館における前記の出来事があった後も</u>，難民認定手続については，その具体的な方法を知らなかったこともあって，申請をせずにいた。ところが，平成15年12月に受け取った母親からの手紙によって，ミャンマー政府当局の人間が警察と一緒に原告の実家を訪れ，部屋を捜索し，原告の母に対して原告について詰問したことや，当局が原告の日本での政治活動について把握している模様であることを知らされ，実家あてに手紙や荷物を送ったり電話をしたりしないよう，帰国もしないように忠告された。<u>原告は，この時点で，自らの身に危険が迫っていることを実感し，同16年3月18日難民認定の申請をするに至った</u>」

◆ 第 2 部 ◆ 事例ごとのまとめ

≪裁判所の判断－高裁≫
・第一審判決を引用

(2) 難民該当事由発生時点からの期間経過
※ 前記 (1)「申請の遅延」を参照。

(3) 就労目的

一次	言及なし
異議	・「…あなたの出国の動機をみても，あなたは，「美容の勉強と観光を兼ねて来日し，帰国することも考えていたために表立った政治活動は避けていた」旨主張しているのであって，現に本邦入国後も，特に合理的な理由もないまま，5年以上も難民認定申請を行っていないことなどからすれば，迫害への恐怖から本国を出国したものとは認められません。」

≪裁判所の判断－地裁≫
・原告は，（〔周辺国〕人の夫と〔周辺国〕にて生活していたが夫と不和となり）「夫と距離を置いて気分転換をするため，観光目的で日本を訪問することを決意し，在〔周辺国〕日本大使館で査証の発付を受けた。なお，原告が旅行先として日本を選んだのは，かねてから日本の美容業界の技術や設備に興味を持っていたことや，〔人名 C〕〔高校時代の英語教師の兄で，ミャンマー国内では反政府活動家として広く知られた人物〕から日本における活発なミャンマー民主化運動について話を聞いていたことも影響していた」

・「原告は，前記〔認定事実〕のとおり，平成10年11月○日に来日した。当初は短期間しか滞在しないつもりであったが，仕事を続けることについて夫の了解を得ようとしているうちに，帰国使の航空券の有効期限が切れ，また，所持金も残りわずかになったことから，帰る機会を失い，そのまま在留期限を徒過するととになった。原告は，不法残留となった直後から東京都内の飲食店において稼働を開始し，その後も複数の飲食店で稼働を続けた」

・「原告が来日した目的は政治活動をするためではないし，平成12年9月に夫と離婚するまでの原告の政治活動に，特に見るべきものはないが，その後，原告は，地下組織である〔A〕に加入して，ミャンマー民主化運動に専念するようになっていったものである。」

■ 事例 4 ■ 来日後に芸能活動等を通じて反政府活動に関与したミャンマー出身の女性

≪裁判所の判断－高裁≫
・第一審判決を引用

(4) 本国の家族の状況

一次	・「あなたは，2002 年 11 月○日，在京ミャンマー大使館において旅券延長手続を申し出たところ，反政府活動家であることが看破された旨申し立てているところ，これを証する客観証拠はなく，あなたの活動内容が上記程度にすぎないこと，あなたの本国在住親族がその時点以降も無事平穏に生活していることなどからすれば，にわかに信じ難い…」
異議	・「…あなたの供述等を踏まえても，旅券延長を拒否されたと主張する時点において，本邦での政治活動はほとんど無きに等しいのであって，本国政府があなたを反政府活動家として殊更注視し，旅券の延長を拒否したとは考え難い上，それ以降も，本国の家族が平穏無事に生活しているというのですから，あなたの主張はにわかに信じ難いものです。」

≪裁判所の判断－地裁・高裁≫
・本国家族が平穏に生活していることへの言及は一切なし。
　※　なお，2002 年 11 月○日の旅券延長手続拒否については，裁判所は事実と認定している（前記第 2 の 2「信憑性の判断」を参照）。

(5) 個別把握

一次	・「…あなたは〔NLD-LA 日本支部〕の主導的立場の組織幹部ではなく，長期間活動しているものでもなく，集会にて歌や踊りを披露する形態も一参加者の活動と認められること等から，あなたの〔NLD-LA 日本支部〕における活動をもって，あなたが本国政府から反政府活動家として注視されていたとは認められないうえ，歌や踊りの披露によっても，あなたが個別・具体的に活発な反政府活動家として把握されているとも考えがたい…」
異議	・「…あなたの〔NLD-LA 日本支部〕における活動をみても，継続して主導的な立場にあるとは認められませんし，芸能を通じた政治活動についても，あなた自身が著名な歌手や舞踏家というわけでもなく，集会においても一参加者として活動しているにすぎません。 　そもそも現在，海外で多数のミャンマー人が政治活動を行っている実態を踏まえれば，反政府活動全体に影響を及ぼして活性化させる恐れのある活動家であれば格別，そうでないあなたのような者にまで，ミャンマー政府が殊更警戒して迫害を企図するとは考えられません。」

◆第2部◆ 事例ごとのまとめ

≪裁判所の判断－地裁≫

※　旅券の発給拒否をめぐるやりとりを通じた個別把握の問題に関しては，前記第2の2「信憑性の判断」を参照。

・「まず，原告は，NLD-LA 日本支部のワーキングコミッティーを務めているのであるから，一般メンバーと比べてその役割は大きいと言える上，一度は執行委員に推薦されるなどしているのであるから，同組織の中ではそれなりに重要な地位にあると認めるのが相当である。」

・「原告の政治活動の中心は芸能活動であり，それは，反政府集会において，民主化勢力への支持及び軍事政権への抗議を示す内容の歌や踊りを披露するというものであるというところ，その主宰する舞踊団については結成時期が比較的新しく，少人数ではあるものの，原告自身の芸能活動は精力的かつ活発なものと評価すべきである。そして，証拠〔証拠〕によれば，原告の歌および踊りは人気があり，反政府集会を盛り上げ，民主化組織への寄付金をより多く集めることに寄与していることが認められる。そうすると，原告の芸能活動は，単なる伝統芸能の披露にとどまらず，ミャンマーの民主化運動を広く社会に知らしめ，反政府集会の効果を高め，民主化組織の経済的基盤を強化するという意味で，重要な役割を果たしていると認めるのが相当であり，したがって，このような原告の存在は，民主化運動の活性化及び民主化勢力の拡大を望まないミャンマー政府からすれば，民主化運動のリーダーたちと同様に，一定の脅威を感じるものというべきである。そして，原告については，〔前記認定の通り〕集会への出演が宣伝されたり報道されたりしており，〔証拠〕によれば，原告の写真が著名な活動家の写真と並んで掲載されている広告もあることが認められるから，ミャンマー政府の目に付きやすい状態に置かれており，現にそれが把握されていることを示す母親からの手紙が存在する」

≪裁判所の判断－高裁≫

・「被控訴人〔申請者〕がNLD日本支部のワーキングコミッティーの一員となって同支部の活動に継続的に参加するにとどまらず，女性担当の執行委員に推薦されたという事実は，被控訴人が同支部の活動に積極的に参加しており，その事実が他のメンバーの間でも認識されていることを示すものであるから，これをもって被控訴人が同支部内においてそれなりに重要な地位にあることを認定することが不相当とはいえない。」

・「在日ミャンマー人の祭りにおいて被控訴人は比較的目立つ状況で出演し

■ 事例4 ■ 来日後に芸能活動等を通じて反政府活動に関与したミャンマー出身の女性

ていると認められ，その活動頻度が低いとは認められない。これに加えて，被控訴人の活動が公然と大衆の前で行われ，広告，雑誌，インターネット，報道等数々の広告媒体を通じて容易に把握される状態にあることがうかがわれること，被控訴人は［団体名D］舞踊団のリーダーを務めていることに照らせば，このような被控訴人の活動が当局に把握され，被控訴人への迫害の危険が高くなっている可能性は否定できない」

(6) 過去の迫害体験
　　言及なし

(7) 適法な旅券発給・更新

一次	・(1988年に反政府デモに参加したこと等で取調べを受け，母親が活動をさせない旨の誓約書を作成した)「…時期以降，本国であなた名義の旅券の発給を受け，多数の旅券延長許可及び出帰国手続を受けていることを併せ考えれば，少なくとも最終の出国の時点において，本国政府から反政府活動家として注視されていたとは考え難い…」
異議	・「…1995年に自己名義旅券を取得し，1998年までに，自ら出向いて6回の旅券の有効期間許可を受け，10数回にわたり出帰国を繰り返していることなども併せ考慮すれば，少なくとも最後に出国した時点において，本国政府があなたを反政府活動家として注視していたとは考えられず，迫害を受けるという客観的・具体的な危険性があったとは認められません。」

≪裁判所の判断－地裁≫

・「原告は，高校在学中に民主化運動に参加し，国軍の求めに応じて母親が誓約書を提出したことはあったものの，原告へのそれ以上の追及はなかったのであり，また，美容院を経営するようになってからは，［人名E］の反政府活動に一定の協力をしてきたことはあったものの，正規の手続で旅券を取得し，その更新も複数回行い，ミャンマーからの出国及び帰国を繰り返してきたというのである。

　そうすると原告が平成10年11月に来日するまでは，ミャンマー政府が原告の政治活動に関心を寄せていたとは考え難く，また，原告としても，自らがその政治活動のために迫害を受けるとは考えていなかったと認めるのが相当である」

　※　来日後の在外公館による旅券の発給拒否の問題に関しては，前記第2の2「信憑

性の判断」を参照。
≪裁判所の判断－高裁≫
・第一審判決を引用。

◆4 事案の全体的・総合的評価の有無

言及なし

> ※ ただし，判決では，全体的・総合的な評価についての直接的な言及はないものの，実質的には判断における総合的評価というべき手法が見受けられる。判断手法に関する分析は，後記第3の5「全体的・総合的な考察について」を参照。

◆ 第3 分　析

◆1 不認定・棄却理由と判決理由との違いについて

本件での行政段階での判断と裁判所の判断とを画したのは，来日後の当事者の活動に関する評価や芸能活動についての捉え方の違い，在外公館による旅券発給拒否という対応に対する評価の違いである。

また，これらに関わる当事者の供述の信憑性評価についても，行政判断と司法判断との間で大きな差違が生じた。

その結果，行政判断が司法によって覆される結果になったものである。

◆2 芸能活動についての評価

判決では，当事者の芸能活動について，「ミャンマーの民主化運動を広く社会に知らしめ，反政府集会の効果を高め，民主化組織の経済的基盤を強化するという意味で，重要な役割を果たしていると認めるのが相当」と判断しており，「政治的意見」についての難民法における解釈として正当性が認められる。すなわち，事例3でも論じたように，政治的意見は「基本的には，政府の権威への挑戦であるとみなされるいかなる行動も政治的意見の表明である」と捉えることができるのであって，芸能活動といえども，政府への風刺なども含めて政府によって好ましからざる表現となることはある。

これに対して行政段階では，芸能活動と政治的意見との関係を認識できてお

■ 事例4 ■ 来日後に芸能活動等を通じて反政府活動に関与したミャンマー出身の女性

らず，その結果として難民性に結びつくことはなかった。

◆3　迫害のおそれの判断について —— いわゆる個別把握に関する問題

　行政段階における迫害のおそれの判断基準は，「反政府活動家として注視」「反政府活動家として把握」（一次），「殊更反政府活動家として関心を寄せる」（異議）というものであり，難民条約上の要件を不当に加重しているものと言わざるを得ない。

　残念ながら本件判決でも，「原告の存在は，…民主化運動のリーダーたちと同様に，一定の脅威を感じるもの」「ミャンマー政府の目に付きやすい状態」等と，行政の判断の基準に引きずられている側面があり，今後正面から「迫害のおそれ」に関する基準を国際的なスタンダードに則って判断していくことが求められる。

◆4　在外公館における旅券更新等に関する対応の評価

　国（法務大臣）は，従前の多くの事例において，旅券の更新等がなされた場合にはそれをもって難民該当性の否定事情として引用してきた。ところが，本件では，国は，当事者が在日ミャンマー大使館で旅券更新拒否等をされたことをもって逆に，「本国政府が被控訴人を反政府活動家として注視しているのであれば，旅券更新を拒否せずに被控訴人を帰国させて身柄拘束するのが自然である」（高裁判決引用）旨を主張した。

　これに対して，地裁・高裁がともに，在外公館の対応としては，①旅券を敢えて更新させて帰国させた上で逮捕等することを企図する場合と，②反対に旅券の更新を拒否して反政府活動家の入国を拒絶するという対応をする場合の両方があり得る，と判示したことは注目に値する。また，それに付随して，地裁判決が，上記①②の対応の分かれ目が，「ミャンマー政府の方針いかん又は大使館担当者の考え方いかん」によると明言したこともまた，興味深い。さらに，地裁判決は①の対応の方が自然であるものの，②の対応もあり得なくはない，という判断をしているように読めるのに対し，高裁判決は①②の可能性相互間に優劣を付けていないように理解されるということにも，注意が払われるべきであろう。

　いずれにせよ，いわゆる「パスポート論」に関する日本政府の場当たり的・恣意的な主張態度が諫められた一場面と理解されるところである。

85

◆第2部◆ 事例ごとのまとめ

◆5　全体的・総合的な考察について

　前記2の通り，裁判所と行政庁では，芸能活動を通じての申請者のNLD-LA日本支部とのかかわり方の評価において，大きな差異が生じた。裁判所は，申請者の芸能活動を詳細に認定し，その政治的な意味や，ビルマ政府からどのように受け止められるかを評価・分析しているのに対し，行政段階では，歌や踊りの内容は一切配慮せず，著名人か否かという観点のみから申請者の日本における活動を考慮している。この点は，迫害について行政庁が類型にしたがった形式的な判定しかしなかったことを示すものである。一次および異議審は，1988年民主化デモへの参加，[A]なる組織の存在，2002年の旅券申請拒否，NLD-LA日本支部での芸能活動と，それぞれの事実を断片としてとらえ，それぞれについて個別に把握されていない，もしくは供述に信用性がなく事実でない，として申請者の難民該当性を否定している。

　これに対し，判決は，申請者が日本において反政府活動を活発に行い始める2002年以前の事情を総合して検討し，1988年民主化デモに高校生として参加したものの，一時期政治活動から離れた申請者が，反政府活動との接点を失わずに関与し続けていたが，来日後の2003年に生じたディペイン事件をきっかけに政治的な活動に深く関与していく一連の個人史としてとらえている。この視点に立つことで，信憑性評価についても，申請者の供述は裁判所が認定するように一貫しているとの評価になる。

事例 5

来日後に音楽バンドのリーダーとして反政府活動に関与したミャンマー出身の男性

事例	出身国	民族・宗教	性別	年齢（認定時）
申請者 5	ミャンマー	ビルマ	男性	41 歳
入国日	入国の状況	経由国［滞在期間］		
1997 年 5 月○日	船員として上陸	ミャンマー／空路／香港［船員 3 年間］／海路／日本		
難民申請日	申請の場所	不認定日（処分）	不認定日（告知）	
2004 年 5 月 25 日	東京	2005 年 11 月 11 日	2005 年 11 月 29 日	
異議審尋日	審尋の曜日・場所	異議棄却日（処分）	異議棄却（告知）	
2006 年 6 月 21 日	水・東京	2007 年 1 月 25 日	2007 年 2 月 1 日	
提訴				
2007 年頃提訴（難民不認定取消・退令取消・裁決取消）				
地裁判決（申請者の請求棄却）		高裁判決（申請者の逆転勝訴；確定）		
裁判所：東京地方裁判所　民事第 3 部 事件番号：平成 19 年（行ウ）486 判決日：2008 年 9 月 9 日 裁判官：定塚誠，中山雅之，佐々木健二		裁判所：東京高等裁判所　第 21 民事部 事件番号：平成 20 年（行ウ）329 判決日：2009 年 4 月 30 日 裁判官：渡邉等，西口元，山口信恭		
LEX/DB		LEX/DB		
訴訟後の状況				
2009 年 6 月 17 日難民認定（同年 7 月 1 日告知）				

◆ 第 1　事案の概要

　本件は，ミャンマー国籍で，音楽団体［A］のリーダーとして活動していた者の事案である。申請者は，1988 年当時ヤンゴン市において民主化運動に参加した。その後，船員となり，1997 年に日本に入国した。そして，1999 年，自らがリーダーとなって，民主化運動を支援する目的で，［A］という名称のビルマ人で構成する音楽団体を結成した。

　［A］は，日本において，水掛祭り等の民主化組織主催のイベントに参加し，反政府的な曲を演奏する等の活動を行っていた。また，2001 年には，高い知

87

名度を有し民主化運動を提唱するムンアウンと一緒にチャリティーコンサートに参加し，そのバックバンドを務めた。

2004年2月，ミャンマー在住の父からの手紙により，父の家に軍情報部の軍人が訪れて，申請者が日本で政治活動に関与しているから止めさせるようにと警告したことが分かった。また，同月，[A]が当局のブラックリストに載っていると判明したため，申請者は，同年5月に難民申請をした。

◆ 第2 行政と司法の判断の比較

◆ 1 出身国情報の分析評価

一次	言及なし
異議	言及なし

≪裁判所の判断－地裁≫
・言及なし

≪裁判所の判断－高裁≫
・地裁が出身国情報に関する分析を一切しなかったのに対して，高裁においては，詳細な分析を重層的かつ多角的に行っている。全体としては，判決書中11頁以上となっており，アムネスティ・インターナショナルやアメリカ合衆国国務省の「各国人権情報2001・ビルマ」の報告等を参照しながら詳細な人権状況を確認している。
・「ミャンマーの人権状況」と「ミャンマー国外における民主化運動」に分けて論じられている内容は，その質量ともに本書で取り上げた判決の中でも最も豊富かつ詳細といえる。この2点の分析を踏まえて，高裁判決は「ミャンマーは極めて権威主義的な軍事政権に支配されており，2001年（平成13年）から2003年（平成15年）初頭にかけて民主化が進むのではないかと期待できる状況が存在したが，2003年（平成15年）5月30日のディペイン事件以後は，軍事政権が武力により国民を支配する状況が継続しており，拷問や虐待は常態化され，政治的逮捕のほぼすべてが軍情報部によって行われ，逮捕及び拘束について手続を定めた法律はなく，逮捕及び拘束は恣意的に行われ，司法が軍の下にあって政治囚の刑は軍の指示に基づき

■ 事例5 ■ 来日後に音楽バンドのリーダーとして反政府活動に関与したミャンマー出身の男性

言い渡され，政治囚が拷問により殺害される事例が少なくなく，軍事政権の情報収集能力は高いと評価されていて，国の内外に広範な諜報網を広げ，高度な監視システムを形成し，国外の民主化運動，反政府運動のほぼ全容を把握していると見られ，芸術活動に対しても政治的主張を含むと判断するものについては極めて抑圧的な姿勢をとり，ミャンマーの民主化運動を主唱する音楽家ムンアウンや民主化運動に好意を示す音楽家マーマーエについては歌曲が国内に流通することを厳しく禁じる措置がとられているというミャンマー国内の状況があり，他方，ミャンマー国外に関する事実としては，このようなミャンマーの軍事政権に対し欧米諸国は経済制裁を用いて人権問題の改善や政治の民主化を求めており，ミャンマー国外の民主化運動団体はビルマ連邦国民評議会（NCUB）及びビルマ連邦国民連合政府（NCGUB）を中心にして協調行動をとるようになり，欧米の政府には民主化運動団体の支援を表明する政府もあり，ビルマ連邦国民評議会（NCUB）の構成組織の一つである〔NLD-LA〕は各国に支部を有するが，その中で〔NLD-LA 日本支部〕が最大の組織であり，〔NLD-LA 日本支部〕はニュースメディアやジャーナリストを重視する活動（デモ行進，伝統の祭りに合わせた催し，チャリティコンサートなど）を行っているが，このような国外の民主化運動，反体制運動に対し，ミャンマーの軍事政権は民主化運動団体を名指しして国家を不安定にし国家建設をだめにさせることを目的として暴力的な破壊活動をするなどと非難し，公式に非合法組織に指定するほか，爆弾を用いた爆破事件等と関連づける報道発表を繰り返し，その中には〔NLD-LA 日本支部〕のメンバーを名指しするものもある」とまとめている。

特に後述する迫害のおそれの判断との関係においては「国際的な関心を持たれることのない政治囚の場合，拷問により殺害される事例は少なくないと見られている」との指摘も重要である。

・さらに不認定後の事情についても触れ，2007年のミャンマーにおける僧侶が抗議の意思を表明したデモの事実に触れ日本人ジャーナリストが銃撃されて死亡するという事件についても指摘している。

◆ 2　信憑性の判断

| 一次 | ・父親からの手紙の内容（〔団体 A〕が当局から反政府的であるとみなされ |

	ている旨）について 「[A] の活動実態及びあなたに対し当局から何ら接触がないなどの状況にかんがみれば，あなたの実家に軍情報部が来訪し，あなたの活動について尋問したとの申立ては俄かに信じ難く，また，当局訪問により監視対象であることを認識しながら，封筒宛名のあなたの氏名の横に，わざわざ[A] と記載するなどの行為から見ても…手紙の内容には，信用性が認められない」。
異議	・父親からの手紙の内容（[A] が当局から反政府的であるとみなされている旨）について 「同バンドでの活動状況が上記程度（〔年4回のコンサート，来日ミャンマー人歌手のバックバンド数回，年3回程度の祭りイベントへの参加等〕）にすぎないこと，また，…ミャンマーでは検閲が定期的に行われているとされているにもかかわらず，…封筒には，あて名として，あなたの名前の横に [A] との記載があるのは甚だ不自然であること等からすれば，同手紙の信用性は低い」。

≪裁判所の判断－地裁≫

■ 父親からの手紙の内容（[A] が当局から反政府的であるとみなされている旨）について

・「警告の手紙の封筒に，原告の日本での住所と本名を記載し，さらに，あえて「[A]」と付記し，殊更ミャンマー政府や軍情報部に注意喚起させて，原告の所在地を明らかにするような記載をすることは不自然であるといわざるを得ない」。

・「〔証拠〕によれば，原告が本国を出国し，本邦に入国したのは就労が目的であり，…本国の両親に約120万円を送金したほか，自らも相当額の蓄えを有していたことが認められることからするならば，上記の手紙は，原告に在留資格を得させるために作出されたものであるとの疑いが払拭できず…」。

≪裁判所の判断－高裁≫

■ 父親からの手紙の内容（[A] が当局から反政府的であるとみなされている旨）について

・高裁は，上記のような観点からの手紙の信用性を論じていない。父からの手紙の内容を全文引用するなど，その内容については信用性を認める前提で，当該封筒がミャンマーで投函されたこと等が論じられている。

■ 事例5 ■ 来日後に音楽バンドのリーダーとして反政府活動に関与したミャンマー出身の男性

◆ 3 主な不認定・棄却理由の考察

(1) 申請の遅延
言及なし

(2) 難民該当事由発生時点からの期間経過
言及なし

(3) 就労目的

一次	言及なし
異議	言及なし

≪裁判所の判断－地裁≫
・前記2「信憑性の判断」のとおり，手紙（父からの手紙）に関する信用性の文脈で論じられた。

≪裁判所の判断－高裁≫
・言及なし

(4) 本国の家族の状況
言及なし

(5) 個別把握

一次	・［団体A］の活動について 「…あなたのバンド独自の活動は，年数回の水掛祭り等民主化組織主催のイベントへの参加に限られていたこと，あなたのバンドの楽曲は，CDテープや放送媒体等によって公表されているわけではないこと，ブラックリスト掲載を理由に2004年4月の来日歌手の公演で演奏することができなかったとのあなたの主張は何ら立証されておらず，あなたが本邦で演奏活動を始めた1998年以降，その音楽活動が直接妨害されたことはなく，［A］における活動が，反政府活動として本国政府に危険視され，監視対象とされる内容とは認められない」 ・NLD-LA日本支部における活動について 「同支部主催イベントでのバンド演奏及びデモ参加にとどまり，同支部におけるあなたの地位にかんがみても，あなたが，<u>本国政府から，反政府活動家として具体的に認識されているとは認められない</u>」
異議	・［A］の活動について

91

◆第2部◆ 事例ごとのまとめ

> 「同バンドの具体的な活動内容たるや，2001年までに年4回のコンサートを実施したこと，…来日ミャンマー歌手のバックバンドを数回務めたこと，年3回程度，多数の楽団や舞踊団が参加する祭りイベントで参加団体の一つとして演奏したことにとどまるのであって，本国で何ら政治活動に及んでいないあなたがかかる活動をしただけで，同大使館が同バンドをブラックリストに載せるとは信じ難」い。
> ・NLD-LA日本支部における活動について
> 「バンドでの活動状況は上記程度にすぎないのであって，デモ参加も10回程度，多数の参加者の一人として参加したにすぎません。また，同支部のワーキングコミッティーにおけるあなたの序列は2004年が39番目，2005年が45番目であって，…自身の政治的意見によって同組織の運営に影響を与え得るなど目立った存在であるとは認めがたく，現在海外で多数のミャンマー人が政治活動を行っている実態を踏まえれば，反政府活動全体に影響を及ぼして活発化させる恐れおある活動を行っている者であれば格別，そうでないあなたのような者についてまで，…殊更警戒して迫害を企図するとは考えられません」。

≪裁判所の判断－地裁≫

■ ［A］の活動について

・「原告はもともと民主化運動の推進者ではなく，［A］を結成したのも民主化運動を支援する目的ではなく，その後の活動内容も，年に数回，民主化組織が主催する祭りに参加するものの，［A］以外にも4ないし5グループが参加し，［A］の演奏時間は30分ないし40分程度であり，平成15年10月より前は反政府的な曲を演奏することは余りなく，同月以降も，7曲程度の演奏の中に反政府的な曲を2曲程度入れて演奏するという程度のものであり，そのほかは，平成13年4月と5月に，ムンアウンが出演したチャリティー・コンサートのバックバンドを務めたり，ドーマーマーエのコンサートの手伝いをしたりという程度のものであったということになる。…本国政府が，そのメンバーに対して迫害の対象として関心を抱くとはにわかに考え難く，他に，原告の音楽活動について，本国政府が民主化運動家あるいは反政府活動家であるとして強い関心を抱くと認めるべき事情は見出し難い」。

■ NLD-LA日本支部における活動について

・「本人尋問においても，原告がNLD-LAでやりたかった活動として供述する内容はあいまいである上，結局のところ音楽活動をするということに

■ 事例5 ■ 来日後に音楽バンドのリーダーとして反政府活動に関与したミャンマー出身の男性

尽きるのであって，原告が真に民主化運動，反政府活動をするために入党したものであるかは，疑問である。〔証拠〕によれば，…原告のNLD-LA日本支部における序列も，平成16年の時点で39番目にすぎないことが認められるから，このような原告のNLD-LAにおける活動を理由に，本国政府が迫害の対象として原告に関心を抱くとは考え難い」。

≪裁判所の判断－高裁≫

■ ［A］の活動について

・「芸術活動に対しても政治的主張を含むと判断するものについては極めて抑圧的な姿勢をとり，ミャンマーの民主化運動を主唱する音楽家ムンアウンや民主化運動に好意を示す音楽家マーマーエについては歌曲が国内に流通することを厳しく禁じる措置がとられているというミャンマーの国内状況」。

・「前記認定の軍事政権のアーチストの芸術活動等に対する姿勢を併せると，ムンアウンは，ミャンマー人の間における高い知名度に加え，その民主化運動への関わりから，ミャンマー政府から強い関心を寄せられていると推認されるところ，［A］は，ムンアウンと一度ならずも政治的な意味合いを持つチャリティコンサートを開催しているバンドであるから，そのことだけでミャンマー政府の関心の対象であると考えることができる。そして，［A］のうちの2名が我が国において難民認定されているところ，［A］は，反政府団体が主催する上記のようなコンサート等において政治的メッセージを含む楽曲を演奏していることから，ミャンマー政府は［A］というグループ自体に関心を寄せると共に，その構成員についても関心を寄せているものと考えることができる。」

■ NLD-LA日本支部における活動について

・「2003年（平成15年）12月に入会を認められたものであるが，…運営委員会組織部に所属して，チャリティーコンサートの運営責任者としてその開催のための活動に従事し，［A］としての音楽活動を通じて加入者を募っているのであるから，控訴人の［A］のリーダーとしての活動は，単に音楽活動としての域にとどまるものではなく，その音楽活動を通じて，楽曲の演奏という手段でミャンマーの現状を世に訴え，その民主化運動を広く世に知らしめ，反政府的な意味合いを持つ集会の効果を高め，民主化運動に関わる団体を経済的に支援するという意味で，いわゆる「広告塔」としての重要な役割を果たしている」。

・「〔NLD-LA 日本支部〕の一員であり，〔A〕のリーダーであるという控訴人の存在自体が，民主化運動の活発化や民主化勢力の拡大を望まず，軍事政権の権力掌握の継続を望むミャンマー政府からすれば，一定の脅威を感じる存在であるということができる」。

(6) 過去の迫害体験

一次	言及なし
異議	言及なし

≪裁判所の判断－地裁≫
・言及なし
≪裁判所の判断－高裁≫
・かつて民主化運動に参加して拷問を受け，視力を失っていた。(注：事実として認定されているものの，評価はなされていない。)

(7) 適法な旅券発給・更新

言及なし

◆ 4 事案の全体的・総合的評価の有無

一次	言及なし
異議	言及なし

≪裁判所の判断－地裁・高裁≫
・言及なし。但し，高裁判決では，全体的・総合的な評価についての直接的な言及はないものの，実質的には判断における総合的評価というべき判断姿勢が見受けられる。裁判所の判断に関する分析は，後記第3の3「全体的・総合的な評価」を参照。

◆ 第3 分析

◆ 1 出身国情報の分析評価

行政判断（一次・異議申立）や第一審判決（棄却）と控訴審判決（認容）との

■事例5■ 来日後に音楽バンドのリーダーとして反政府活動に関与したミャンマー出身の男性

最も大きな違いは，出身国情報の分析評価である。

不認定理由及び第一審判決では，本国において，政治的主張を含む芸術活動が抑圧され，厳しく禁止されていることに関する分析評価がなされておらず，同様に，本国の民主化運動の象徴的な存在である歌手のムンアウンに対する適切な評価もなされていない。それ故に，ムンアウンと一緒にコンサートを開催したこともある［団体A］の活動に対しても過小な評価しかなされておらず，その結果，当局から迫害の対象として関心を抱かれていたとはいえないと判断されている。

一方，控訴審判決では，本国の人権状況について，詳細な分析評価がなされており，その中で，「軍事政権は，芸術活動に対しても，政治的主張を含むと判断するものについて極めて抑圧的な姿勢をとっている」という事実を明確に認定し，本国の民主化運動を鼓舞し続ける著名な歌手であるムンアウンや，国民的人気歌手であるマーマーエらの歌を歌うことやアルバムを所持すること等が禁止されている事実も認定している。さらに，ムウンアンについては，その代表作「トゥモダイン（血の嵐）」の歌詞を全て引用し，その内容から政治的メッセージが認識できるということまで認定している。その上で，「軍事政権のアーチストの芸術活動等に対する姿勢を併せると，ムンアウンは，ミャンマー人の間における高い知名度に加え，その民主化運動への関わりから，ミャンマー政府から強い関心を寄せられていると推認されるところ，［A］は，ムンアウンと一度ならずも政治的な意味合いを持つチャリティコンサートを開催しているバンドであるから，そのことだけでミャンマー政府の関心の対象であると考えることができる」とし，また「［A］のリーダーとしての活動は，単に音楽活動としての域にとどまるものではなく，その音楽活動を通じて，楽曲の演奏という手段でミャンマーの現状を世に訴え，その民主化運動を広く世に知らしめ，反政府的な意味合いを持つ集会の効果を高め，民主化運動に関わる団体を経済的に支援」しているものと判断しているのである。

以上のように，不認定理由及び第一審判決では，出身国情報に関する分析評価が不十分であり，その結果として，［A］のリーダーとしての活動の内容が軽視されているのに対し，控訴審判決（認容）では，本国において政治的主張を含む芸術活動が抑圧されている事実や，海外での民主化運動に対するミャンマー政府の抑圧的・監視的な姿勢を明らかにし，これらを詳細にかつ多角的に分析評価した上で，適切な結論を導いたものといえる。

ただ，残念ながら，高裁も，「ミャンマー政府の関心の対象である」という

表現を用いて迫害のおそれの判断をしている。いわゆる個別把握のような判断基準は難民法の解釈としては用いられておらず，この判断の手法は国際的な基準に依っていない。他方，「迫害のおそれ」については，諸外国の先例によれば「現実的危険（real chance）」とされており，その判断内容はまさに本高裁のようなものとなる。

その意味で，本高裁の判断は，「個別的な把握」や「関心を寄せられている」という要素を問うことなく同様の結論が得られたであろうと思われる。今後は裁判所もいわゆる国際的な基準に従った判断を示すべきであるし，そのことによって，一層行政段階での基準確立にも寄与するものとなろう。

◆ 2　政治的意見の捉え方について

異議申立手続における棄却判断には，［A］での活動について政治的意見として捉えようとする記述は見られないし，また地裁判決でも「原告はもともと民主化運動の推進者ではなく，［A］を結成したのも民主化運動を支援する目的ではなく，その後の活動内容も，年に数回，民主化組織が主催する祭りに参加するものの，［A］以外にも4ないし5グループが参加し，［A］の演奏時間は30分ないし40分程度であり，平成15年10月より前は反政府的な曲を演奏することは余りなく，同月以降も，7曲程度の演奏の中に反政府的な曲を2曲程度入れて演奏するという程度のものであり，そのほかは，平成13年4月と5月に，ムンアウンが出演したチャリティー・コンサートのバックバンドを務めたり，ドーマーマーエのコンサートの手伝いをしたりという程度のもので」，…「［A］の音楽活動について，本国政府が，そのメンバーに対して迫害の対象として関心を抱くとはにわかに考え難」いと結論付けている。ここには，［A］における芸能活動を「政治的意見」の発露として検討する姿勢は見られない。

【事例3】でも論じたように，政治的意見は「基本的には，政府の権威への挑戦であるとみなされるいかなる行動も政治的意見の表明である[50]」と捉えることができる。高裁判決が，「ミャンマーの民主化運動を主唱する音楽家ムンアウンや民主化運動に好意を示す音楽家マーマーエについては歌曲が国内に流通することを厳しく禁じる措置がとられているというミャンマー国内の状況」を踏まえつつ，「軍事政権は，芸術活動に対しても，政治的主張を含むと判断するものについて極めて抑圧的な姿勢をとっている」としたうえで，その活動

---

(50)　ハサウェイ・前掲注(15)，181頁。

■ 事例5 ■ 来日後に音楽バンドのリーダーとして反政府活動に関与したミャンマー出身の男性

を,「単に音楽活動としての域にとどまるものではなく,その音楽活動を通じて,楽曲の演奏という手段でミャンマーの現状を世に訴え,その民主化運動を広く世に知らしめ,反政府的な意味合いを持つ集会の効果を高め,民主化運動に関わる団体を経済的に支援するという意味で,いわゆる『広告塔』としての重要な役割を果たしているものと認めるのが相当である」と判断し,芸術活動も政治的意見に含めて解釈したのは当然ということができ,「政府の権威への挑戦」ととらえる上記見解に沿うものである。

◆3　全体的・総合的な評価

　高裁の判断の中に明示的に全体的・総合的という表現はないものの,本件では出身国情報の多角的分析によって,迫害の恐れが累積的に判断されたといってよい。特にミャンマーの事件状況を論じる中で,「国際的な関心を持たれることのない政治囚の場合,拷問により殺害される事例は少なくないと見られている」という出身国情報を確認し,民主化運動に対する抑圧の姿勢,そして海外民主化組織に対する敵対的な姿勢,ことのほか申立人が所属するNLD-LAに対してはいわゆるテロ組織のごとき情報を流している実態にも触れ,本件で対象となっている芸能活動についても的確な分析をすることによって,すべての事情を累積した検討結果になっているといってよい。例えば,NLD-LA日本支部での活動を検討した後,「これらの事実に前記認定の軍事政権のアーチスト芸術活動等に対する姿勢を併せると」として迫害のおそれを認定したことは,まさに出身国情報の多角的な分析が可能としたものということができる。

事例6

来日後に音楽バンドの一構成員として反政府活動に関与したミャンマー出身の男性

事例	出身国	民族・宗教	性別	年齢（認定時）
申請者6	ミャンマー	ビルマ	男性	42歳
入国日	入国の状況	経由国［滞在期間］		
1998年9月○日	短期滞在	ミャンマー／空路／／空路／成田		
難民申請日	申請の場所	不認定日（処分）	不認定日（告知）	
2004年4月23日	東京	2005年11月11日	2005年11月29日	
異議審尋日	審尋の曜日・場所	異議棄却日（処分）	異議棄却（告知）	
2006年7月25日	火・東京	2007年1月12日	2007年1月24日	
提訴				
2007年5月24日提訴（難民不認定取消・退令取消・裁決取消・在特不許可取消／無効確認）				
地裁判決（申請者の請求棄却）		高裁判決（申請者の逆転勝訴：確定）		
裁判所：東京地方裁判所　民事第2部 事件番号：平成18年（行ウ）595 判決日：2008年6月27日 裁判官：岩井伸晃，本間健裕，倉澤守春		裁判所：東京高等裁判所　第21民事部 事件番号：平成20年（行ウ）267 判決日：2009年4月30日 裁判官：渡邉等，西口元，山口信恭		
LEX/DB		LEX/DB		
訴訟後の状況				
2009年8月8日難民認定（19日告知）				
特記事項				
高裁で申請者が逆転勝訴。				

◆ 第1　事案の概要

　本件は，ビルマ国籍で，音楽団体［A］のギタリストとして活動していた者の事案である。

　申請者は，1988年当時，現在のヤンゴン市で民主化運動に参加した。その後，マレーシアやビルマで，ホテル等の従業員として働いた後，日本のホテルで働く目的で，1998年に入国した。そして，1999年11月ころ，［A］という

■ 事例6 ■ 来日後に音楽バンドの一構成員として反政府活動に関与したミャンマー出身の男性

名称のビルマ人で構成する音楽団体に加入した。

［A］は，日本において，水掛祭り等の民主化組織主催のイベントに参加し，反政府的な曲を演奏する等の活動を行っていた。また，2001年には，高い知名度を有し，民主化運動を提唱するムンアウンと一緒にチャリティーコンサートに参加し，そのバックバンドを務めた。

2003年5月30日の本国におけるディペイン事件を経て，2003年7月にNLD－LA日本支部に入会申し込みをし，同年中に入会した。2004年2月，［A］が当局のブラックリストの載っていると判明したため，申請者は，同年5月に難民申請をした。

なお，当該判決は【事例5】と同じ，［A］に所属するもので，かつ，高裁の係属部も同じであり，判決も同期日に言い渡されているものである。

◆ 第2　行政と司法の判断の比較

◆ 1　出身国情報の分析評価

一次	言及なし
異議	言及なし

≪裁判所の判断－地裁≫
・一般情勢について触れ，分量的には1ページ程度のもの
「ミャンマー政府は，主要なNLD指導者に合法的な政治的地位を認めることを拒んでおり，治安維持上の手法等を通してこれらの者の活動を厳しく制限するなど，市民的政治的自由の制限は引き続き行われている」

≪裁判所の判断－高裁≫
・高等裁判所における出身国情報の分析は地方裁判所のものに比べて重層的であり圧倒的な分量かつ質を誇っている。その内容は，前記事例5を参照。

◆ 2　信憑性の判断

一次	・「…2001年5月に，軍情報部から本国の妻に対し，あなたの活動を警告する電話があったとの申立については，当時のあなたの音楽活動の実績や，その後，あなたやあなたの家族に対して当局から何ら接触等のない状況に

異議	・「この程度の活動状況からすれば，あなたの本国の妻に対して，軍情報部から，あなたの同バンドでの活動を諫めるような類の電話があったというのは甚だ不自然です。」

≪裁判所の判断－地裁≫

■ 2001年5月，軍情報部から本国の妻に対し，申立人の活動を警告する電話があったことについて

・「事柄の性質上，本国政府が，本邦で開催された上記コンサートのバックバンドの一員にすぎない原告を直ちに特定し，殊更にその妻に対しそのような指示の架電をするとは考え難く，原告が本国政府に特定されるに至った経緯並びに原告が妻から架電の内容を電話で聴くに至った経緯及びその際の反応に関する原告の供述内容〔証拠〕も著しく不自然であって（なお，原告はその後も約3年間，難民認定の申請をしていない。），…供述は，採用し難い」

≪裁判所の判断－高裁≫

■ 2001年5月，軍情報部から本国の妻に対し，申請者の活動を警告する電話があったことについて

・そもそも，事実としては軍情報部が本国の妻のところを訪問し，様々な質問と情報収集をしていったという内容のことを，申立人は弟から電話で聞いたというものであり，高裁判決はこの点をまず前提として認定し，以下の点を論じている。

・「弟の電話での話が詳細かつ具体的であること，上記チャリティコンサート前には『ビルマナショナルジャーナル』7月号に上記認定のインタビュー記事が掲載されたほか，チャリティコンサート後にはウェブサイト上で報道されていること，軍事政権が高い情報収集能力を有していること等から，これらの情報をビルマ政府当局が把握している可能性が大きいと認められることを併せると，控訴人の弟が電話で述べた事実は，控訴人〔申請者〕の妻が実際に体験した事実を述べたものと評価するのが相当である」。

◆ 3　主な不認定・棄却理由の考察

(1)　申請の遅延

一次	言及なし

■ **事例6** ■ 来日後に音楽バンドの一構成員として反政府活動に関与したミャンマー出身の男性

| 異議 | ・「…本邦入国後も約6年間にわたって何ら庇護を求めることなく，かえって入国1月半後から就労を開始し，現在まで約500万円を本国に送金しているというのであって，あなたの出国の動機は，迫害から逃れるというよりはむしろ不法就労目的であると考えるのが合理的です。」 |

≪裁判所の判断－地裁≫
・来日当初は自分が難民であるとは思わず〔証拠〕，来日後も約5年半にわたり難民認定の申請をしていない
≪裁判所の判断－高裁≫
・言及なし

(2) 難民該当事由発生時点からの期間経過
　言及なし

(3) 就労目的

| 一次 | 言及なし |
| 異議 | ・「…本邦入国後も約6年間にわたって何ら庇護を求めることなく，かえって入国1月半後から就労を開始し，現在まで約500万円を本国に送金しているというのであって，あなたの出国の動機は，迫害から逃れるというよりはむしろ不法就労目的であると考えるのが合理的です。」 |

≪裁判所の判断－地裁≫
・「就労の目的で来日し，…不法残留して，飲食店で稼働及び本国の家族への送金（合計約500万円）を続けた〔証拠〕。」
≪裁判所の判断－高裁≫
・言及なし

(4) 本国家族が平穏に生活していること

| 一次 | 言及なし |
| 異議 | ・「…2006年7月に本国の妻のもとに，軍情報部の者等が訪ねてきた旨述べていますが，あなたの供述を前提にしても，本国の家族に対する身柄拘束や拷問等は何ら行われていないのであり，迫害の具体的兆候を示すものとは認められません。」 |

≪裁判所の判断－地裁≫
・「軍情報部等が原告の妻を訪ねたとされているのは平成18年7月○日のム

◆ 第2部 ◆ 事例ごとのまとめ

ンアウンのコンサートの直後であるところ，原告自身，…違反調査の際に平成13年5月以降は軍情報部から原告の自宅への架電はないと述べていること等からは，長期にわたり，軍情報部等は，ムンアウンを離れた原告個人の活動については，別段関心をもっていなかったことが窺われ，軍情報部等の関心は，専らムンアウンの活動に向けられていたものとみるのが相当」

≪裁判所の判断－高裁≫
・（難民申請後）「控訴人のバンドはムンアウンと共演してチャリティコンサートを開催し，収益金をバンドの名前で軍事政権のためにミャンマーから逃れざるを得なかった孤児達が暮らす孤児院に寄付したことがあり，その事実が各国の民主化運動団体が運営するウェブサイト等に掲載されるということがあった直後にヤンゴンの自宅に軍情報部の軍人らが立ち入り，控訴人を特定する資料を押収していったというのである」

(5) 個別把握

一次	・[団体A]での活動について 「…反政府的活動と関連のあるあなたのバンド独自の活動は，年数回の水掛祭り等の民主化組織主催のイベントへの参加に限られていること，あなたのバンドの楽曲は，CD・テープや放送媒体等によって公表されているわけではないこと，ブラックリスト掲載を理由に，2004年4月の来日歌手の公演で演奏することができなかったとのあなたの主張は何ら立証されておらず，[A]における活動が，<u>反政府活動として本国政府に危険視され，監視対象とされているとは認められない。</u>」 ・NLD-LA日本支部における活動について 「…活動は，…水掛祭り等，同支部主催イベントでのバンド演奏及びデモ参加にとどまり，同支部におけるあなたの地位にかんがみても，あなたが，<u>本国政府から反政府活動家として具体的に認識されているとは認められない</u>」
異議	・「以上の状況のすべてを加味しても，<u>あなたが自身の政治的意見によって同組織の運営に影響を与えるなど目立った存在であるとは認めがたく，…反政府活動全体に影響を及ぼして活発化させるおそれのある活動を行っている者であれば格別，そうでないあなたのような者についてまで，…殊更警戒して迫害を企図するとは考えられません。</u>」

■事例6■ 来日後に音楽バンドの一構成員として反政府活動に関与したミャンマー出身の男性

≪裁判所の判断－地裁≫

・「少なくとも，正規の旅券により再入国したことは，本国政府から積極的な反政府活動家として注視されていなかったことの証左である」

■ ［A］の活動について

・「［A］が本邦においてこれらの祭礼及びコンサートに参加して演奏活動を行ったとしても，そのことによって直ちに，同バンドのギタリストの一人にすぎない原告個人が，本国政府から積極的な反政府活動家として注視されることになるとは考え難い」。

・「仮に，軍情報部から原告の妻に対し何らかの電話による事情聴取等があったとしても，その時期が上記コンサートの直後であり，原告の妻が他に原告の本邦における活動に関し事情聴取等を受けた形跡はうかがわれないことからすれば，ムンアウン及びその支援者の活動に関する情報収集を目的とするものと推認されるにとどまり，原告自身の行動が本国政府による注視の対象となっていたものとは認め難い」。

■ NLD-LA 日本支部における活動に関して

・「〔証拠〕からすれば，原告は同バンドのリーダーである［B］に従属して半ば名目的に入会したにすぎない可能性もうかがわれ，原告が NLD-LA 日本支部の会員となり…の程度の活動をしたことをもって，直ちに原告が本国政府から積極的な反政府活動家として注視の対象となっていたものとは認め難い」。

≪裁判所の判断－高裁≫

■ ［A］の活動について

・「前記認定の軍事政権のアーチストの芸術活動等に対する姿勢を併せると，<u>ムンアウンは，ミャンマー人の間における高い知名度に加え，その民主化運動への関わりから，ミャンマー政府から強い関心を寄せられていると推認される</u>ところ，［A］は，ムンアウンと一度ならずも政治的な意味合いを持つチャリティコンサートを開催しているバンドであるから，そのことだけでミャンマー政府の関心の対象であると考えることができる。そして，［A］のうちの2名が我が国において難民認定されているところ，ミャンマー政府は［A］は，反政府団体が主催する上記のようなコンサート等において政治的メッセージを含む楽曲を演奏していることから，<u>ミャンマー政府は…［A］というグループ自体に関心を寄せると共に，その構成員についても関心を寄せている</u>ものと考えることができる」。

◆第2部◆ 事例ごとのまとめ

■ NLD-LA 日本支部における活動について
- 「〔NLD-LA 日本支部〕は，政治的な集会やデモ等の活動を活発に行っている団体であり，その構成員も平成17年10月当時235名を数えるものであって，我が国におけるミャンマーの民主化運動において中心的役割を果たしている団体であると認められる」
- 「控訴人の〔A〕の一員としての活動は，単に音楽活動としての域にとどまるものではなく，その音楽活動を通じて，楽曲の演奏という手段でミャンマーの現状を世に訴え，その民主化運動を広く世に知らしめ，反政府的な意味合いを持つ集会の効果を高め，民主化運動に関わる団体を経済的に支援するという意味で，いわゆる『広告塔』としての重要な役割を果たしている」。
- 「〔NLD-LA 日本支部〕の一員であり，〔A〕の一員であるという控訴人の存在自体が，民主化運動の活発化や民主化勢力の拡大を望まず，軍事政権の権力掌握の継続を望むミャンマー政府からすれば，一定の脅威を感じる存在である」。

(6) 過去の迫害体験
言及なし

(7) 適法な旅券発給・更新

一次	・本国でのデモ活動への参加以降，「あなたは2度にわたり自己名義旅券を取得し，特段の問題なく本国を出帰国していること，2冊目の旅券に関しては，2度にわたり有効期間延長が許可されていること… 等からすると，申立てを裏付けるに足りる十分な証拠があるとは認め難く，あなたは，〔難民条約〕に規定する難民とは認められません。」
異議	・「…あなたが2度にわたり自己名義旅券の発給を受け，いずれの旅券行使の際にも特段の問題なく出帰国している上，2冊目の旅券に関しては，2度にわたり有効期間の延長を受けていることなども併せ考えれば，少なくとも本国での活動が原因となって迫害を受けるという現実的危険性は認められません。」

≪裁判所の判断－地裁≫
・言及なし
≪裁判所の判断－高裁≫
・言及なし

104

■事例6■ 来日後に音楽バンドの一構成員として反政府活動に関与したミャンマー出身の男性

◆ 4 事案の全体的・総合的評価の有無

※ 前記【事例5】の第3の3「全体的・総合的な評価」を参照。

◆ 第3 分 析

【事例5】と同様，出身国情報の詳細かつ多角的分析と，音楽活動についての「政治的意見」としての評価において意義ある判決であり，詳細は【事例5】の分析を参照されたい。

事例 7

反政府活動に関与したミャンマー出身の夫婦

事例	出身国	民族・宗教	性別	年齢（認定時）
申請者7A	ミャンマー	シャン	女性	39歳
入国日	入国の状況	経由国［滞在期間］		
1999年12月○日	偽造旅券で不法入国	ミャンマー／陸路／タイ［半年］／空路／韓国［2年］／空路／日本		
難民申請日	申請の場所	不認定日（処分）	不認定日（告知）	
2004年3月8日	東京	2005年11月18日	2005年12月2日	
異議審尋日	審尋の曜日・場所	異議棄却日（処分）	異議棄却（告知）	
2006年5月24日	水・東京	2006年9月7日	2006年9月19日	
提訴				
2007年2月19日提訴（難民不認定取消・退令取消・裁決取消・在特不許可取消／無効確認）				
地裁判決（申請者の請求棄却）		高裁判決（申請者の逆転勝訴：確定）		
裁判所：東京地方裁判所　民事第3部 事件番号：平成18年（行ウ）596, 609, 平成19年（行ウ）115, 116 判決日：2008年3月28日 裁判官：古田孝夫，工藤哲郎，古市文孝		裁判所：東京高等裁判所　第17民事部 事件番号：平成20年（行コ）204 判決日：2009年5月27日 裁判官：南敏文，安藤裕子，棚橋哲夫		
公刊物未登載		LEX/DB		
訴訟後の状況				
2009年8月4日難民認定（同月19日告知）				
その他の特記事項				
高裁で申請者が逆転勝訴。夫は，妻の難民性により，人道配慮在特。				

事例	出身国	民族・宗教	性別	年齢（認定時）
申請者7B	ミャンマー	シャン	男性	40歳
入国日	入国の状況	経由国［滞在期間］		
1999年1月○日	不法入国	ミャンマー／空路／タイ／空路／釜山／海路／日本		
（難民手続に係る基礎データは，［7A］と同じ）				

■ 事例7 ■ 反政府活動に関与したミャンマー出身の夫婦

◆ 第1　事案の概要

　本件は，ミャンマー国籍の夫婦の事案である。主たる難民認定申請者は，妻（申請者7A）（以下「申請者妻」という。）である。

　ミャンマーで兄の従事する民主化運動を支援していた申請者妻は，自らの身に危険が迫っていることを感じて出国し，他人名義の偽造旅券で1999年12月に日本に上陸した。申請者妻の夫（申請者7B）（以下「申請者夫」という。）も，同年1月に日本に密入国していた。2004年1月に申請者妻の父から手紙が届き，申請者妻の兄が刑務所に収監中であること，申請者妻が民主化運動を支援していたことが当局に知られてしまい本国に帰国すると拘束される危険性があることが伝えられた。友人を介して入手したミャンマーの裁判所作成の文書には，申請者妻の兄が緊急事態対処法違反等の罪で合わせて懲役14年の刑を宣告されていることが記されていた。

　申請者妻の兄に対する判決の中に申請者妻本人も拘束すべき旨が言及されたことから，申請者妻は申請者夫とともに2004年3月に難民認定申請をしたところ不認定となり，退去強制令書が発付された。また，異議申出も棄却された。その後，難民不認定処分の取り消しを求めて訴訟を提起したところ，一審は申請者妻，申請者夫両名について難民該当性を認めず，請求を棄却した。両名が控訴したところ，控訴審において，申請者妻の難民該当性が認められたが，申請者夫の難民該当性は否定された。

◆ 第2　行政と司法の判断の比較

◆ 1　出身国情報の分析評価

一次	・「あなたは，シャン族出身であり，本国においてはシャン族に対し様々な差別的状況が存在する旨申し立てているところ，単に差別的待遇をもって難民条約上の迫害とは認められない…」
異議	・「…あなたは，中国系ミャンマー人であり，本国においては中国系ミャンマー人に対し様々な差別的状況が存在する旨申し立てているところ，単に差別的待遇をもって難民条約上の迫害とは認められない…」

107

≪裁判所の判断－地裁≫

・シャン族出身であることに係る言及はないが，ミャンマーの一般的情勢について，以下の通り記載している。
「（ア）　ミャンマーでは，1962 年以来〔BSPP〕による支配体制の下で，1988 年に民主化を要求する反政府運動が激化し，同年 8 月 8 日には学生，市民らによるゼネストが全国で展開されたが，同年 9 月 18 日に軍事クーデターが起こり，〔SLORC〕が全権を掌握した。1990 年 5 月 27 日，SLORC が公約した複数政党参加による総選挙が実施され，アウンサンスーチーの率いる〔NLD〕が 485 議席中 392 議席を獲得して圧勝したが，SLORC が政権委譲を拒否して以来，軍政府当局による NLD 関係者など民主化活動家に対する逮捕，投獄等が続いている。
（イ）　ミャンマーでは，政治活動家らの行方不明，公正な公開裁判の拒否，政府及び国軍当局による国民のプライバシー，家庭生活及び通信等への恣意的な干渉等が常態的にみられ，また，特に政治囚に対する拷問及び虐待がしばしば行われていることが，米国国務省レポート，ヒューマンライツウォッチ報告書及びアムネスティ・インターナショナル報告書によって報告されている。〔証拠〕」

≪裁判所の判断－高裁≫

・第一審判決を引用。

◆ 2　信憑性の判断（書証の成立の真正に関する判断を含む）

一次	言及なし
異議	・「…あなたは，自分が出国した後，前記支援に関連して軍情報部があなたの実家等に対する捜索を行った旨主張していますが，特に合理的な理由もなく異議申立て後になされた主張であり，信用することができません。」 ・兄が反政府活動を行って禁固 14 年の刑に処せられたとの供述について 「…あなたは，2001 年からデモに参加したと述べながら，提出されたデモや集会の写真は 2003 年 11 月以降のものであって，少なくともその当時から申請を意識して証拠収集に努めていたことがうかがわれ，あなたの兄が逮捕されたというのはその直後の 2003 年 12 月であるというのは，いかにも不自然であるなど，上記主張には疑問があります。」

≪裁判所の判断－地裁≫

・「原告妻〔申請者妻〕は，ミャンマーにおける原告妻の活動状況及び来日

の経緯について，1988年当時，兄とともに反政府活動に加わり，軍情報部に身柄を拘束されて暴行等を受けたこと，反政府活動歴のため希望していた公務員にはなれず，全ビルマ学生民主戦線（ABSDF）の反政府活動に従事する兄や，民主化運動に従事する同郷の学生を支援していたこと，支援をしていた学生が逮捕され，原告妻〔申請者妻〕自身も逮捕される危険を感じたために，出国したことなどを主張し，供述する。

　しかしながら，このような原告妻の供述を裏付けるに足りる客観的な証拠はなく，かえって，前記前提となる事実〔原告両名の身上と来日・在留経過等を指す〕のほか，〔証拠〕によれば，原告妻は，無事ミャンマーを出国することができたにもかかわらず，滞在先の韓国や本邦で，長期間にわたり，本国への退去強制のおそれのある不法在留ないし不法滞在を漫然と継続し，難民認定制度があることを原告夫〔申請者夫〕から聞かされて知っていたはずの本邦においても，本邦入国後4年2か月余りを経過した後にようやく難民認定申請を行っていることが認められるのであって，このような原告妻の行動からは，本国政府からの迫害をおそれて国外に逃れてきた者としての恐怖感や切迫感というものが感じられない。

　したがって，原告妻が主張し供述する原告妻のミャンマーにおける活動状況及び出国の経緯をそのまま認めることは困難であり，原告妻のミャンマーにおける政治活動歴は，たとえそれがあったとしても，ミャンマー政府当局がこれに脅威を感じて原告妻を個別に迫害の対象とするほどのものではなかった可能性が高いものといわざるを得ない」

≪裁判所の判断－高裁≫
■ 次の理由から申請者妻の供述全体の信用性を肯定：

・〔申請者妻の迫害の恐れにかかる個別事情やミャンマー脱出の経過等を認定した上で〕「以上のとおり認定することができる。この認定に対し，被控訴人〔国〕は，先ず，控訴人妻〔申請者妻〕の上記供述等は，ミャンマーの出国状況，正規の旅券を取得したことがないとしている点，控訴人妻の勤務先に対して捜索がされたこと等につき供述するたびに変遷したり，また，誇張があるなど信用できないし，裏付けとなる客観的証拠も欠いていると主張する。

　しかしながら，控訴人妻の供述等は，難民認定申請した当初の陳述書（難民認定申請書添付の…陳述書）から，東京入管係官に対する各供述調書，訴訟提起後に作成された陳述書の各記載，平成20年1月16日の原審におけ

る本人尋問に至るまで、その内容は具体的かつ迫真的であって自ら体験したのでなければ供述し得ない詳細な内容であるとともに、細部で多少の修正はあっても、大筋においてほぼ一貫しており、その供述自体から特に不自然な点は見受けられないことからすると、控訴人妻の上記供述等の信憑性は十分認められるものである。」

・〔後述のとおり、高裁が成立の真正を認めなかった兄の判決書を証拠として提出したこととの関係で〕「なお、控訴人妻が真正な文書であると立証できない本件判決書を、証拠として提出したことにより、控訴人妻の供述全体の信憑性が一応問題となるので検討すると、〔証拠〕及び控訴人妻本人（当審）によれば、控訴人妻は原判決で自己の供述等が客観的裏付けを欠いているとされたことから兄の判決書そのものの入手を考えるに至り、その旨ヤンゴンの友人に依頼したこと、友人からメール及び郵便による送付を受けて本件判決書を入手したが、具体的な入手方法を特に確認しておらず、詳細を知らない状況にあると認められ、これによると、本件判決書の入手に控訴人妻が積極的に関与したとまではいえないというべきである。さらに、〔証拠〕によれば、ローエイシアに出席したことのあるビルマの弁護士〔人名A〕をはじめとするビルマ法律協会の法分析チームという専門家が本件判決書は真正なものと判断していることが認められ、本件判決書につき真正と見られる余地を有している事情等も考慮すると、本件判決書を控訴人妻が当審において提出したからといって、前記控訴人妻の供述等の信憑性の判断に疑問を差し挟むものとはならないし、その認定を左右するものであるということにもならない」

■ 申請者妻の父からの手紙等の信憑性（成立の真正）について

・「その記載された内容は、〔地名B〕郡区裁判所の文書〔証拠〕と符合するものであって、被控訴人〔国〕の指摘するような不自然さや特に疑義を生じるものとは見られない。その余の各文書は、その入手経路及び内容に照らして、その成立を否定すべきものではなく、控訴人妻の難民該当性を認定する客観的証拠足り得るものというべきである。」

■ 控訴審で提出した判決書の信憑性（成立の真正）について

・前記のとおり、控訴人は、控訴審段階で、メールや郵送で届いた兄の判決書謄本を証拠として提出した（高裁判決も、「〔当該兄の〕判決書中には、控訴人妻が主張するとおりの内容が記載されていることから、真正に作成されたものであれば、その主張するとおり、控訴人妻が、兄の緊急事態対処法事件に

■ 事例7 ■ 反政府活動に関与したミャンマー出身の夫婦

加担した者として，ミャンマー本国においては犯罪人として立件されていることを意味していることが客観的にも明らかになるといえる」証拠である，と位置づける）。しかし，高裁は，要旨以下のような判断過程を経て，偽造文書だとまでは認定しなかったものの，「文書の成立の真正については，これを真正なものと主張する控訴人妻において，その立証責任があるところ，上記の立証のみによっては本件判決書が未だ成立の真正が立証されたものと認めるに足りず，本件判決書に依拠して，同文書に記載されたとおりに事実を認定することができない」と結論づけた。

① 「本件判決書の公印につき，収監状〔証拠〕の印と比較すると，いずれも [B] 郡区裁判所で使用されているはずであるが，…〔収監状〕は，印影の中に文字があるが，本件判決書にはそれがないこと，本件判決書に8個の×があり，交付申請部分の記載がされていない部分があるなど，<u>本件判決書は，その形式面で不自然な点が見られ</u>」ること

② 「内容面において，刑事訴訟法512条の規定に関する記載が，「〔申請者妻〕という女性から預かった手紙が3通」あるとする記載から控訴人妻を事件の関係者として自宅を捜索したという点について言及しており，他方，手紙の内容に触れられている箇所が他にないなど判決文全体の記述に照らすと，<u>いかにも唐突な記載であるとの不自然な印象を受ける</u>」こと

③ 「控訴人らは，本件判決書を形式面で不自然ではないとする根拠として，〔1〕刑事書式番号97に基づく判決書式であること，〔2〕冒頭の頁と最終頁にカチン州ワインモー郡区裁判所のスタンプが押され，最終頁に「調査し，真正であることを保証する責任ある真正な謄本」という文面上に許可を得た担当官の署名が存在している，〔3〕申請日と同日に交付され，75チャットの謄写代がかかったとするスタンプの存在を挙げ，これらを記載した専門家である [A]，[人名C]，ビルマ法律協会の法分析チームの意見書〔証拠〕を提出する」が，「上記〔1〕については，この刑事書式番号97に基づく判決書とは具体的にどのような書式なのかなお不明であり，〔2〕については，他の判決書〔証拠〕には日本でいう「割り印」のようなものがあるのに，本件判決書にはそのようなものが見られず，書面の一体性が必ずしも明らかでないなど，<u>本件判決書には，同様の形式を持つ他の文書に比べて粗雑であり，不自然な点があるとの疑問が残るといわざるを得ない</u>」こと

111

◆ 3　主な不認定・棄却理由の考察

(1) 申請の遅延

一次	・「…あなたは，1997年10月に本国を出国後，2004年3月に難民認定申請を行うまでの間の約6年半にわたり，滞在していた韓国及び本邦において何ら庇護を求めることがなかったことをかんがみると，出国時において，あなたが，真に迫害のおそれを有していたとは考え難い…」
異議	・「…あなたの出国の動機を見ても，あなたは，本邦入国前に滞在した大韓民国において庇護を求めていないほか，本邦入国後も4年以上にわたり，特に合理的な理由もなく難民認定申請をしておらず，これら事情に照らせば，あなたが迫害への恐怖から本国を出国したものとは考えられません。」

≪裁判所の判断－地裁≫

・「無事ミャンマーを出国することできたにもかかわらず，滞在先の韓国や本邦で，長期間にわたり，本国への退去強制のおそれのある不法在留ないし不法滞在を漫然と継続し，難民認定制度があることを原告夫［申請者夫］から聞かされて知っていたはずの本邦においても，本邦入国後4年2か月余りを経過した後にようやく難民認定申請を行っていることが認められるのであって，このような原告妻の行動からは，本国政府からの迫害をおそれで国外に逃れてきた者としての恐怖感や切迫感というものが感じられない。」

≪裁判所の判断－高裁≫

・「確かに，控訴人妻がミャンマーを出国してから本件不認定処分（控訴人妻）時まで相当の長年月が経過したことは否定できないが，…1988年ころから現在に至るまでのミャンマーにおける政治的，社会的状況に加えて，控訴人妻は，兄が［B］の刑務所に収監されたことを2004（平成16）年1月4日に知って同年3月8日に難民認定申請をしており，その期間は極めて短期間であることに鑑みると…上記のような客観的事情が存在していたにもかかわらず，相当の長年月が経過しただけで迫害を受けることを否定することは，相当であるとはいい難い。」

(2) 難民該当事由発生時点からの期間経過

一次	言及なし
異議	言及なし

■ 事例7 ■ 反政府活動に関与したミャンマー出身の夫婦

≪裁判所の判断－地裁≫
※　前記（1）「申請の遅延」を参照。

≪裁判所の判断－高裁≫
※　前記（1）「申請の遅延」を参照。

(3) 就労目的
言及なし

(4) 本国の家族の状況
（申請者妻の兄にかかる状況のほかは）言及なし

(5) 個別把握

一次	・本国において1988年のデモに参加したことについて 「…あなたはその後，獣医大学を卒業し，出国するまでの間，会社員として平穏に生活していたなどの状況を踏まえると，本国での活動をもって，本国政府があなたを反政府活動家として注視していたとは認められない…」 ・反政府デモに参加した学生たちを援助し，その学生が逮捕されたため，本国政府があなたの援助を把握したであろうと考え，官警の捜索を逃れるようにして本国を出国したことについて 「…あなたは，あなたの身辺において官警の捜索があったと思われる事実はないこと，国境通過時にあなたの身分証明書を提示して本国を出国していたことなどを供述していることから，官警の捜索を逃れるようにして本国を脱出した旨の申立てには信憑性が認めがたく，学生への援助に関し，本国政府があなたを反政府活動に加担する者として注視していたとは直ちに評価し難い…」
異議	・「…1988年にはあなたは1週間ほどで釈放され，その後は出国するまで平穏に生活していたというのであって，1996年の学生運動への支援なるものも，せいぜいコピーを作成したりビラを配布したり学生に食事を供したりする程度にすぎず，身分証明書を提示して出国を許可されていること（この点に関する供述の変遷は信用できません。）なども併せ考えれば，少なくともあなたが出国した当時，あなたが本国政府から反政府活動家として注視されていたとは認められません。」 ・「仮にあなたの兄が何らかの処罰を受けているとしても，そもそもあなたが行った支援なるものの内実は，せいぜい兄に対して医薬品や金員を送った程度にすぎないのであって，支援の相手方があなたの兄であることも考

113

えば、この程度の活動をもってあなたが反政府活動家として迫害を受けるおそれがあるとは考えられません。」
- ビルマ女性連盟（BWU）日本支部の組織化責任者としての活動したことについて
「…上記団体自体、文化的な活動を主とするもので、構成員の数も少ない上、あなたの活動歴も短く、特に政府が警戒するほど目立ったものは見当たりません。これら事情に照らせば、あなたが本国政府から反政府活動家として注視されるとは考えられません。」

≪裁判所の判断－地裁≫
- 「原告妻が主張し供述する原告妻のミャンマーにおける活動状況及び出国の経緯をそのまま認めることは困難であり、原告妻の政治活動歴は、たとえそれがあったとしても、政府当局がこれに脅威を感じて原告を個別に迫害の対象とするほどのものではなかった可能性が高いと言わざるを得ない。」
- 原告妻は、「平成16年1月に本国の父から届いた手紙により、平成15年12月ころに兄が軍事政権に逮捕され、その際、原告妻が兄を支援していたことなどが軍事政府に把握されたことが判明した旨を主張及び供述」して、当該手紙のほか、兄が2003年12月〇日に拘禁され、2005年7月〇日に懲役14年の刑を宣告されたことを示す[B]郡区裁判所が作成した刑務所長宛の文書を書証として提出した。これに対し地裁判決は、「しかしながら、原告妻の兄が反政府活動を理由に処罰されたからといって、このことから直ちに原告妻がミャンマー政府から迫害されるおそれに結び付くものとはいえず、前示のとおりの原告妻のミャンマー及び本邦における活動状況からすれば、上記の原告妻の兄に係る状況が仮に真実であったとしても、原告妻がミャンマーに帰国した場合に、その政治活動を理由としてミャンマー政府から個別に迫害を受けるおそれのあることが客観的に明らかであるとはいえない。」

■ 申請者妻のBWUでの活動について
- 「BWUは女性の地位向上、女性が政治・経済・社会の各分野で参加できるようにすることを目的として設立された団体であり、BWU日本支部の活動は、直截的な政治活動というよりも、在日ミャンマー人の支援、本国から逃れて国境で困難に直面している人の支援、女性の地位の向上、女性が政治的活動に参加できる能力を身に付ける活動及び国際文化交流活動な

- 「写真〔証拠〕及び原告妻の供述からうかがわれる原告妻のデモ活動等への参加の状況からしても，原告妻がこれらのデモ活動等において，中心的，主導的な役割を担っていたものとは認められず，結局，原告妻も，原告夫と同様，本邦において民主化活動家を自称する他の多数のミャンマー人と比べて特に際立った活動を行っていたとはいえないのであって，この程度の活動を理由として，ミャンマー政府が原告妻に脅威を感じ，原告妻を個別に迫害の対象とするものとは考え難い。」

■ 申請者妻の日本でのデモ活動について

- 「原告がこれらの活動等において，中心的，主導的な役割を担っていたものとは認められない。」

≪裁判所の判断－高裁≫

- 「前記認定した事実に寄れば，控訴人妻は，1988年以来兄とともに反政府活動に加わり，軍情報部に連行され身柄を拘束されて厳しい取り調べを体験し，釈放時に誓約書を書かされたため，その後自らは反政府活動に従事しないものの，反政府活動組織ABSDF，その活動を積極的に行う兄や同郷の学生の支援を続けていたところ，軍情報部はその学生を逮捕したことから反政府活動を支援していた控訴人妻についても追及の手を伸ばしたというべきであって」…「軍情報部が控訴人妻を兄と同様の活動をしていたメンバーであり，少なくとも支援者であると受け止めて，控訴人妻に対し，政治的意見を理由に迫害に及ぶおそれは，今なお十分に存在するというべきであり，このおそれは，控訴人妻が迫害を受けるおそれがあるという恐怖を抱いている主観的事情のほかに，通常人が控訴人妻の立場に置かれた場合にも迫害の恐怖を抱くような客観的事情によって裏打ちされているというべきである」と述べ，難民該当性を肯定した。

- なお，日本での活動に関連しては，「控訴人妻の本邦における活動状況については，原判決…と同一…であるからこれを引用するが，控訴人妻は国籍国の活動及びその結果に基づき難民性を認定しているのであるから，同引用に係る事実及び評価は，控訴人妻の難民性を左右するものではない」と判示する。

(6) 過去の迫害体験

一次	言及なし
異議	言及なし

≪裁判所の判断－地裁≫

・言及なし（原告の主張内容としては引用されているが，認定事実には含まれていない）

≪裁判所の判断－高裁≫

・「控訴人妻は，ミャンマーにおいて民主化運動が高揚した1988（昭和63）年当時，獣医大学の学生であったが，兄（［人名D］）とともに反政府活動に加わっていたところ，同年8月○日には軍情報部に連行され7日間身柄を拘束されて，侮辱的な言葉を浴びせられ，殴る蹴るの暴行を繰り返し受けるなどの厳しい取り調べを受けるとともに，強姦されそうになる恐怖を体験し，釈放時には，反政府活動をしない旨の誓約書を書かされた」（地裁段階からの申請者の主張内容を認定）

(7) 適法な旅券発給・更新

一次	言及なし
異議	・「…身分証明書を提示して出国を許可されていること（との点に関する供述の変遷は信用できません。）なども併せ考えれば，少なくともあなたが出国した当時，あなたが本国政府から反政府活動家として注視されていたとは認められません。」

≪裁判所の判断－地裁≫

・申請者妻につき，「無事にミャンマーを出国することができた」とのみ認定。

≪裁判所の判断－高裁≫

・申請者妻の出国経過につき，「控訴人妻は，自身も逮捕される危険を感じたため，国外への逃亡を決意し，1997（平成9）年1月に，兄を頼ってタイとの国境地帯に行った。…同年2月，控訴人妻は，兄から段取りを付けて貰い，国境を移動している商人に同行してシャン州から国境を超えて陸路で出国した。当時，控訴人妻は，ミャンマーの旅券を所持しておらず，携帯していた国民登録証の提示を求められることもなかったが，その理由は上記商人が国境にいるミャンマーの職員に賄賂を遣ったためであると理

解していた。そして、控訴人妻は、タイのバンコクの友人方でしばらく匿ってもらった後、ブローカーに依頼して本人名義の旅券と韓国の入国査証を手に入れ（大使館へ行っていないことから偽造のものである。）、これを利用して、同年10月、控訴人夫〔申請者夫〕のいる韓国に渡り、韓国のアンサン市内において夫婦で同居して暮らしていたが、その後、韓国で不法滞在者の取締りが厳しくなったため、1999（平成11）年、まず控訴人夫が1月に日本に密航し、次いで、控訴人妻が入手した他人名義の偽造旅券で12月に日本に入国した」

・申請者妻の旅券につき、「被控訴人〔国〕は、正規の旅券を取得したことがないとの供述等が真実に反し信用できないと主張する。この点につき、〔証拠〕のミャンマー政府が発行したとする控訴人妻名義の旅券が存在するが、〔証拠〕は身長の記載に誤りがある（5フィート3インチとの記載であるが、実際は156cmである。控訴人妻本人（原審））など明らかな間違いが見られ、この旅券が偽造された可能性も十分考えられるところである。仮に同旅券が正規のものであれば、控訴人妻は難民認定申請の際に東京入管に提出して旅券なしに国外に逃れたとの自らの供述を否定することはしないものと考えられる点も考慮すると、上記旅券をタイで入手した偽造のものであるとする控訴人妻の供述等を虚偽であるとはいい切れず、被控訴人の上記主張は採用し難い」

・なお、高裁判決は、結論として申請者妻の難民該当性を肯定するにあたり、判断根拠の一つとして「控訴人妻が非正規の方法で国境伝いに逃亡したこと」を挙げている。

◆ 4　事案の全体的・総合的評価の有無

一次	言及なし
異議	言及なし

≪裁判所の判断－地裁≫
・言及なし

≪裁判所の判断－高裁≫
・申請者妻の兄が迫害されていることを前提に、この兄と申請者妻の活動の絡みを軸にミャンマー政府が申請者妻をどのように見ているかについて全体的な考察を行った上で、「軍情報部が控訴人妻を兄と同様の活動をして

117

いたメンバーであり，少なくとも支援者であると受け止めて，控訴人妻に対し，政治的意見を理由に迫害に及ぶおそれは，今なお十分に存在するというべきであり，このおそれは，控訴人妻が迫害を受けるおそれがあるという恐怖を抱いているという主観的事情のほかに，通常人が控訴人妻の立場に置かれた場合にも迫害の恐怖を抱くような客観的事情によって裏打ちされているというべきである」と結論づけている。

・また，申請者妻が控訴審で提出した書証のうち兄の判決文の成立の真正を認めなかったものの，その点を踏まえてもなお，申請者妻の供述全体の信憑性は失われないと結論づけたことも，前述のとおりである。

◆ 第3 分 析

　上記第2の4記載のとおり，高裁判決は，出身国情報，信憑性，迫害のおそれ等，全体としてあらゆる事情を主観面と客観面から検討して迫害のおそれを認定したものと考えられる。

　出身国情報についての目立った分析はないものの，信憑性については，「原審における本人尋問に至るまで，その内容は具体的かつ迫真的であって自ら体験した者でなければ供述し得ない詳細な内容であるとともに，細部で多少の補正があっても，大筋においてほぼ一貫しており，その供述自体から特に不自然な点は見受けられない」として，父からの手紙や，兄が2005年に14年の刑に処せられた事実についても，申請者の迫害のおそれを基礎づけるものとして判断している。

　本件で興味深いのは，申請者妻の兄の判決書謄本に関連して，高裁が行った信用性評価である。前述の通り，高裁は，形式面及び内容面における不自然な点を指摘し，「未だ成立の真正が立証されたものと認めるには足りない」と判示しつつ，本件判決書の入手に申請者妻が積極的に関与したとまではいえないこと，ローエイシアに出席したことのあるビルマの弁護士［A］をはじめとするビルマ法律協会の法分析チームという専門家が本件判決書は真正なものであると判断していることから，「本件判決書につき真正と見られる余地を有している」とし，供述全体に信憑性が疑問を差し挟むことにならないとしたのである。

　このような評価手法も，信憑性に関する中核と周辺の一類型として参考になろう。

事例 8

弁護士として反政府活動に関与したミャンマー出身女性

事例	出身国	民族・宗教	性別	年齢（認定時）
申請者 8A	ミャンマー	ビルマ	女性	55 歳
入国日	入国の状況	経由国［滞在期間］		
1992 年 10 月○日	短期滞在（90 日）	ミャンマー／空路／／空路／日本		
難民申請日	申請の場所	不認定日（処分）	不認定日（告知）	
2004 年 7 月 16 日	東京	2006 年 4 月 18 日	2006 年 5 月 1 日	
異議審尋日	審尋の曜日・場所	異議棄却日（処分）	異議棄却（告知）	
2006 年 5 月 24 日	水・東京	2007 年 4 月 6 日	2007 年 4 月 18 日	
提訴				
2007 年 10 月 18 日提訴（難民不認定取消・退令取消・裁決取消・在特不許可取消）				
地裁判決（申請者の勝訴）		高裁判決（原審維持：確定）		
裁判所：東京地方裁判所　民事第 3 部 事件番号：平成 19 年（行ウ）649，650 判決日：2009 年 1 月 20 日 裁判官：定塚誠，中山雅之，佐々木健二		裁判所：東京高等裁判所　第 1 民事部 事件番号：平成 21 年（行コ）57 判決日：2009 年 9 月 16 日 裁判官：一宮なほみ，始関正光，石垣陽介		
公刊物未登載		公刊物未登載		
訴訟後の状況				
2009 年 11 月 6 日難民認定（同月 19 日告知）				

事例	出身国	民族・宗教	性別	年齢（認定時）
申請者 8B	ミャンマー	ビルマ	女性	―
入国日	入国の状況	経由国［滞在期間］		
1997 年 9 月 22 日	他人名義旅券で不法入国	ミャンマー／空路／／空路／日本		
（難民手続に係る基礎データは，8A と同じ）				
その他の特記事項				
妹（8B）は敗訴確定し，再申請で人道配慮による在特。				

◆ 第2部 ◆ 事例ごとのまとめ

◆ 第1 事案の概要

　本件はビルマ国籍ビルマ民族姉妹の政治的意見を理由とした事案であり，ここでは勝訴した姉（申請者8A）（以下「申請者姉」という。）の部分を主要に論ずる。

　申請者姉は，1981年に本国で上級弁護士の資格を取得し，1988年に弁護士仲間と民主化運動に参加し，同年9月18日の軍事クーデター後は，逮捕を免れるため約1ヶ月間家を出て身を隠した。同年NLD（国民民主連盟）に入党し，1990年5月の総選挙の際には，NLDへの投票依頼を熱心に行い，軍情報部の知人に呼ばれて注意された。また，カレン武装勢力との繋がりを疑われたカレン族の人の弁護人を引き受けることにした後，司令官から呼び出され法に基づいて処罰すると脅されたため，弁護人を降りざるを得なかった。さらに，申請者姉は，違法な賭博罪の容疑で逮捕された者の弁護をしたところ，依頼人が無罪となり釈放されたが，その後，軍は当該依頼人に，当該事件の裁判長，検事，弁護士らに賄賂を払って有利な扱いを受けたと供述するよう強要し，そのような供述が当該依頼人からなされたため，当該事件の裁判長や検事等関係者が逮捕され，全員が懲役10年又は8年の刑に処せられた。弁護人として活動していた申請者姉も逮捕される危険があるとの情報を軍情報部の知人から得たため，逮捕される前に出国し1992年10月に来日した。来日後，家族に迷惑がかかることを恐れ表立った政治活動をしていなかったが，2003年のディペイン事件をきっかけにLDBに加入し，活動を続け，2004年7月に難民認定申請をした。一次不認定・異議棄却となり，地裁において難民不認定処分が取り消され，高裁でも維持された。

　なお，以下の分析では直接扱わないが，申請者姉の妹（申請者8B）（以下「申請者妹」という。）についても触れておく（申請者妹は地裁・高裁とも敗訴）。申請者妹は，公務員でありながら，1988年の民主化運動に参加し，同年9月のクーデター後は当局から警告や監視をうけるようになり，特に，共に民主化活動をしていた弁護士でもある申請者姉と一緒に生活していたことから，行動に気をつけるようにしていた。申請者妹は，NLD設立後，党員となり活動していたが，1989年4月にアウンサンスーチーが遊説に来た時に集会に参加したため，郡の法秩序回復評議会議長に呼ばれ警告を受けた。また，総選挙後，喫茶店でBBCの放送などを聞いていたときにも尋問を受けた。その後，職場で

■ 事例8 ■ 弁護士として反政府活動に関与したミャンマー出身女性

昇進試験を受けたが，政治活動歴のため昇進させてもらえなかった。申請者姉の出国後は，当局の者が家族のところに来て申請者姉の所在を尋ねるようになり，娘ばかりの家族なのに強制労働に人を出すように言われたり，度々家族リストのチェックがされたりした。申請者妹は，いつか自分に危険が及ぶこともあり得るとの思いから出国したが，申請者姉の存在や自分自身が行ってきた活動を踏まえて他人名義の旅券を使用し，1993年1月5日に来日した。来日後は表だった活動はしていなかったが，申請者姉同様ディペイン事件後にLDBのメンバーとなり，申請者姉と一緒に活動している写真が政治出版物，インターネットのウェブページや衛星ニュースで公表された。申請者姉と共に2004年7月に難民認定申請をしたが，一次不認定・異議棄却となり，地裁高裁共に敗訴したが，敗訴確定後に再度の難民認定申請を行い，人道配慮による在留特別許可を取得した。

◆ 第2　行政と司法の判断の比較

◆ 1　出身国情報の分析評価

一次	言及なし
異議	言及なし

≪裁判所の判断－地裁≫
・ミャンマーの一般情勢については，「軍事政権下のミャンマーでは，政治的活動家らの行方不明，公正な公開裁判の否定，政府・国軍当局による国民のプライバシー，家庭生活，通信等への恣意的な干渉などが常態的にみられ，特に政治囚に対する拷問，虐待がしばしば行われており…これらの実例が，米国国務省レポートやアムネスティ・インターナショナル報告書などによって報告されている」等と，比較的詳細に認定した。
・その上で，「軍政府当局による民主化活動を行う弁護士に対する弾圧」については，「軍政府当局は，上級弁護士の組織であるバー・カウンシル（法廷評議会）が，1988（昭和63）年の民主化運動高揚時に運動を鼓舞する役割を果たしたことから，1989（平成元）年に全ての役員を政府が任命することとし，政府からの独立性を剥奪したこと，軍政府当局は，その後も弁

121

護士がNLDに助言を与えたり相談に乗ることを嫌悪し，1997（平成9）年には，NLDのメンバーである弁護士を弾圧する「カラス作戦」が実行される旨報じられたこと，米国国務省レポート〔証拠〕は，軍政府当局が，2000（平成12）年に，国内の独立弁護士の撲滅運動を推し進め，NLDとの接触が確認されたほぼ全ての弁護士に対して罪を作り上げ，それを理由に逮捕，有罪宣告を行い，同年に40人以上の弁護士を拘留したと報告していること，…2008（平成20）年においても，NLDメンバーの弁護人となった複数の弁護士が，訴訟活動を理由に身柄拘束，起訴，処罰されており，その中には弁護人を辞任した後においてもなお起訴された者がいる」ことを認定した。

- そして，「これらの事実によれば，ミャンマーの軍政府当局は，1988（昭和63）年9月の軍事クーデター以降，反政府活動家を逮捕，投獄するなどして政権を維持しており，その際，拷問や虐待がしばしば行われているところ，軍政府当局は，法律の専門家である弁護士が反政府運動を支援することを強く嫌悪しており，特にNLDと関係のある弁護士に対しては，身柄を拘束した上，処罰するなどして弾圧している状況が存するということができる」と結論づけた。

≪裁判所の判断－高裁≫

- 国側の「2000（平成12）年の一時期，NLDに関係した弁護士40人以上が拘留されたことがあったにとどまり，その後も弁護士に対する弾圧が行われているとはいえない」との主張に対して，「2008（平成20）年においても，NLDメンバーの弁護人となった複数の弁護士が，訴訟活動を理由に身柄拘束，起訴，処罰されていることは，…原判決が認定するとおりであって，原判決挙示の証拠に照らすと，ミャンマー軍事政府は，弁護士が反政府運動を支援することを強く嫌悪しており，特にNLDと関係のある弁護士に対しては，身柄を拘束した上，処罰するなどして弾圧している状況が存するとの原判決の認定は相当というべきである」と判示した。

◆ 2　信憑性の判断

一次	・「…あなたは，本国において，1988年の民主化運動に参加したこと，〔NLD〕党員として活動したことなどを申し立てていますが，あなたの供述には矛盾や不合理な点が少なからず認められ，供述の信憑性に疑義がある…」

■ 事例8 ■ 弁護士として反政府活動に関与したミャンマー出身女性

| 異議 | 言及なし(「仮にあなたの供述を前提としても」として,判断に踏み込まず。) |

■ 供述の変遷との主張について,変遷に当たらないと判断
≪裁判所の判断－地裁≫
・被告〔国〕は,申請者姉作成の申立書添付の陳述書〔証拠〕の訳文につき,「将軍〔人名A〕…が原告姉〔申請者姉〕に直接警告したか否かについての供述に変遷があり信用できないと主張」したのに対し,地裁判決は,「この部分の訳文は前文との繋がりなどからしても必ずしも意味が明確ではないことはもとより,仮にこの訳文が正確であったとしても,〔人名A〕が直接警告したか,役人を通じて警告がされたのかは,この文脈において重要な内容とはいえず,この点に関して原告姉の供述内容の重要な部分に変遷があるとはいえないから,上記訳文の記載は前記認定〔原告姉が将軍の警告によりカレン族の弁護をやめざるを得なかったこと〕を左右するものではなく,他に同認定を覆すに足りる証拠はない」
・また,被告が「原告姉の供述は,賄賂の支払に関する自己の関与や賄賂が与えた裁判への影響などについて,看過し得ない程度に変遷しているとも主張」したのに対し,地裁判決は,被告指摘の審尋における問答を具体的に分析した上で,「原告姉は,自分は賄賂を受領する立場ではなく,むしろ贈賄者である〔人名B〕の共犯者として罪を着せられるおそれがあるという趣旨の供述をしたと解するのが合理的であり,原告姉が現実に贈賄に関与したことを認めた供述であるとは解し難く,この点に変遷があるとはいえない。」「原告姉本人尋問の際の〔B〕が贈賄をしていたことを知らなかった旨の供述…も,弁護活動をしていた時点では具体的に確知していなかった旨の供述であると解され,特に難民調査段階における供述と矛盾しているということもできない」と判示した。

≪裁判所の判断－高裁≫
・第一審判決を引用
■ 申請書・申立書等初期段階の提出資料に記載がないことの評価
≪裁判所の判断－地裁≫
・「被告は,原告姉の難民認定手続の初期段階の書類(難民認定申請書〔証拠〕及び申立書〔証拠〕)には,〔B〕の事件について何ら記載がされていないから,〔B〕の事件についての原告姉の陳述書〔証拠〕の記載や本人尋問での供述が信用できないと主張する。しかしながら,原告姉は,難民認定申

123

◆第2部◆ 事例ごとのまとめ

請書や申立書には，難民認定申請の理由とした「特定の社会的集団の構成員であること」及び「政治的意見」に関する記載，すなわち自分が行ってきた主な組織活動や政治的活動を中心に記載しており，他方，自らの弁護活動に伴って生じた［B］の事件については，その後の難民調査において，順次詳細な供述をする過程〔証拠〕で，難民調査官に対し，出国の動機に関連して具体的かつ詳細な供述をしている〔証拠〕のであって，原告姉が，［B］の事件は，自らの弁護活動に伴うものであり，組織活動，政治的活動とは性質上異なるものであることなどから，後の調査の機会に詳述することにしたとしても特に不合理不自然とはいえず，難民認定手続の初期段階の書類に記載がないことから，直ちに［B］の事件に関する原告姉の供述の信用性が否定されることにはならない。」

≪裁判所の判断－高裁≫
・第一審判決を引用
■ 供述内容の合理性に関する詳細な検討

≪裁判所の判断－地裁≫
・被告が，「原告姉の行った程度の活動を理由に当局が逮捕の対象とするとは考え難く，逆に，当局が逮捕の対象とするような人物であれば，誓約書に署名しただけで自宅に帰すというのは不自然であると主張」したのに対し，地裁判決は「前記…のとおり，軍政府当局は，弁護士が反政府活動を支援することさえ嫌っていたのであるから，弁護士である原告姉が，自ら反政府活動に参加していたことから，逮捕対象者としてリストアップされたことは十分に考えられ，また，軍事クーデターから1か月程度経過した時期に，法秩序回復評議会が，更なる混乱を避けるために避難者に呼びかけて，政治活動をしない旨の誓約書に署名させて自宅に帰すことは，特に不自然とはいえず，他に前記認定を覆すに足りる証拠はない」と判示した。
・また，被告が，「原告姉が，既に当局にNLDの党員として把握されているのに，党員証を焼却し処分した旨供述したことが不自然極まりないとして，原告姉がNLD党員であったことに強い疑念があると主張する」のに対し，地裁判決は，「当局に党員証が発見されれば，NLD支援者であることが明確になり，より大きな不利益を被ると原告姉が考えたとしても何ら不自然とはいえず，他に前記認定を覆すに足りる証拠はない」と判示している。
・さらに，被告が，「原告姉は，民主化運動に携わった者が裁判長や警察署

長などの要職に就いたとか，軍情報部に所属する［A］が，ある程度親しい関係にあるとはいえ逮捕対象者である原告姉にその事実を告げたと述べるなど，供述の内容そのものが不自然であり信用できないと主張」したことにつき，「〔証拠〕によれば，<u>もともとミャンマーは階級社会であり，同じ階級グループの中から政府派と反政府派が出ている場合が少なくなく，NLD の首脳部の多くは陸軍の元将校たちであり，ミャンマーにおける政治闘争は軍部内における権力闘争の側面が強く</u>，それゆえ，<u>政治的には対立していながら，日常生活では友人であったり幼なじみであったりすることもよくあるという実情が認められる</u>のであるから，このようなミャンマーの一般的社会状況や，前記のとおり［A］が原告妹の友人の夫であることに鑑みれば，<u>原告姉の供述内容に被告が指摘するような不自然な点はない</u>」と判示した。

≪裁判所の判断－高裁≫
・第一審判決を引用

■ 供述内容の具体性・迫真性に関する言及
≪裁判所の判断－地裁≫
・「むしろ，原告姉の供述調書〔証拠〕，陳述書〔証拠〕及び本人尋問における供述は，［B］の事件の内容を具体的に詳述した上，その刑事事件の関係者として逮捕された者の役職や実名を具体的に摘示し，さらにそれぞれの者の懲役刑の内容まで述べているのであり，<u>これらは具体的かつ迫真的であって自ら体験したのでなければなかなか供述し得ない内容であること</u>はもとより，刑事事件を担当した裁判長が懲役 10 年，検事や警察署長が懲役 8 年に処せられるという常態とはいい難い事態であるから，<u>真に調査が行われれば架空かどうか判明する可能性が少なくないことを考え合わせれば，この点についての原告の供述の信用性は高く</u>，およそ架空の事実を創作したものとは考え難い」

≪裁判所の判断－高裁≫
・第一審判決を引用

◆ 3 主な不認定・棄却理由の考察

(1) 申請の遅延

| 一次 | ・「…あなたは本邦入国後約 12 年の長期間にわたり，何ら合理的な理由なく |

	して難民認定申請に及んでいないことなどに照らせば，迫害から逃れるために本国を出国したとは認め難い…」
異議	・「…特に合理的な理由もないまま，入国から約16年も難民認定申請を行っていないことなどからすれば，迫害への恐怖から本国を出国したものとは認められません。」

≪裁判所の判断－地裁≫

・難民申請（2004年7月16日付け）までの期間経過に関する直接の説明ではないものの，地裁判決は，「原告姉の一連の行動は，家族と別れたくない気持ちを抱きながら，本国で弁護活動を続けることによる逮捕や処罰を免れるためやむなく本国を離れ，来日後は本国の家族を心配して表立った活動を控え，いつか本国の情勢が好転し帰国できることに望みをつないでいたものの，一向に改善しないことから，ディペイン事件をきっかけに自らが声を挙げていかなければならないと決意し，再度民主化活動を行うに至ったという原告姉の〔法廷での〕供述〔調書引用略〕のとおりに解するのが自然であって，原告姉が主観的にも迫害を受けるおそれを抱いていることに疑問の余地はなく，他に原告姉が難民であるという認定を覆すに足りる証拠はない」と判示し，上記の疑問に実質的に応答している。

≪裁判所の判断－高裁≫

・第一審判決を引用

(2) 難民該当事由発生時点からの期間経過

一次	・「…あなたは，本邦において，入国後10年以上を経過した2003年にビルマ民主化連盟（LDB）に入会しているところ，…などを申し立てていますが，…を併せ考慮しても，あなたの活動は本国政府から特段注視される対象とは考え難く，迫害を受けるおそれがあるという客観的危険性は認められない…」
異議	言及なし

≪裁判所の判断≫

・言及なし（前記（1）「申請の遅延」を参照）

(3) 就労目的

一次	言及なし
異議	言及なし

■ 事例8 ■ 弁護士として反政府活動に関与したミャンマー出身女性

≪裁判所の判断－地裁≫

・被告が,「原告姉が本国出国後,長期間滞在国の庇護を求めなかったこと,原告姉が来日して2か月後には稼働を始め,相応の貯蓄を有していること,…などから,ミャンマー当局が原告姉を反政府活動家として注視しておらず,むしろ原告姉が不法就労目的で来日したことが推認されるなどと主張する」のに対し,地裁判決は,「これらの事由はいずれも<u>ミャンマー当局による民主活動を支援する弁護士への迫害の危険という客観的な迫害のおそれを否定するものではない</u>。

　むしろ,原告姉は…<u>経済的に恵まれた家庭に生まれた女性であり</u>〔証拠〕,…仮に軍政府当局から迫害を受けるようなおそれがなかったとするならば,上級弁護士という地位を放棄し,そして家族の住む本国を捨ててまで,異国の地で不法な単純労働に従事しようとして出国を決意することは,他に特別の事情がない限りおよそ考え難いと言わざるを得ず,そのような特別の事情は何ら見出すことができない本件においては,原告姉が,被告が主張するように不法就労する目的で出国したとは到底考え難い」と判示した。

≪裁判所の判断－高裁≫

・上記の地裁判示をそのまま引用した上で,さらに念押し的に,以下のように述べた。「第一審被告〔国〕は,ミャンマーでは比較的容易に弁護士資格を取得することができ,国民の総人口に比して弁護士の数が非常に多く,弁護士業のみでは十分な収入を得ることができない者もいることから,第一審原告姉が上級弁護士であったとしても,本邦で不法就労する動機に欠けることはないと主張するが,第一審原告姉が,<u>一般の弁護士を経て,上級弁護士として弁護士業務に従事していただけでなく,姉妹4人が全員大学を卒業するようなミャンマーでは経済的に恵まれた家庭に生まれた女性であること</u>は上記引用に係る原判決が認定するとおりであるから,第一審被告の上記主張事実を前提としても,これをもって,第一審原告姉の<u>来日が不法就労目的であったと認めることはできない</u>」

(4) 本国の家族の状況

一次	言及なし
異議	言及なし

127

◆第2部◆ 事例ごとのまとめ

≪裁判所の判断－地裁≫
・「さらに被告は，…原告らの家族が本国で現在も平穏に暮らしていることなどから，ミャンマー当局が原告姉を反政府活動家として注視しておらず，むしろ原告姉が不法就労目的で来日したことが推認されるなどと主張する。しかしながら，これらの事由はいずれもミャンマー当局による民主活動を支援する弁護士への迫害の危険という客観的な迫害のおそれを否定するものではない。」

≪裁判所の判断－高裁≫
・第一審判決を引用

(5) 個別把握

一次	・来日前の事情について，「…仮に何らかの活動をしていたことが事実であるとしても，それはデモ参加，ビラ配布，食料差入れ程度にすぎず，NLDにおける活動も，住民に支持や投票を呼びかけた程度にとどまっている上，あなたは逮捕・取り調べの経験もなく，その後も弁護士活動を継続し，自己名義旅券の発給を受け，その旅券を用いて本国出国を許可されていることなどを併せ考えれば，少なくとも<u>本国出国当時，あなたが反政府活動家として本国政府から関心を寄せられる</u>対象であったとは認められない」 ・来日後の事情について，「…LDBにおける活動は一般メンバーとしてデモやイベント等に参加する程度にとどまること，写真や記事の掲載やラジオ取材等の状況を併せて考慮しても，<u>あなたの活動は本国政府から特段注視される対象とは考え難く，迫害を受けるおそれがあるという客観的危険性は認められない</u>…」
異議	・来日前の事情について，「…仮にあなたの供述を前提としても，その活動内容は，デモや集会への参加，ビラ配布，食料の差し入れ程度であって，あなた自身，当局から注意や警告を受けたことはあるものの，反政府活動を理由とする逮捕・取調べの経験がなく，出国するまで弁護士活動を継続しています。自己名義旅券の発給を受け，同旅券を行使して出国していることなどを併せ考慮すれば，すくなくとも<u>本国出国時点において，ミャンマー政府があなたを反政府活動家として殊更警戒していたとは考えられず，迫害を受けるという客観的・具体的な危険性があるとは認められません。</u>」 ・来日後の事情について，「…あなたの活動は，いずれにしても一般メンバーとしての活動の域を出ないものであって，そもそも現在，<u>海外で多数のミャンマー人が政治活動を行っている実態を踏まえれば，反政府活動全体に影響を及ぼして活発化させるおそれのある活動家であれば格別</u>そうでないあ

■ 事例8 ■ 弁護士として反政府活動に関与したミャンマー出身女性

> なたのような者にまで，ミャンマー政府が殊更警戒して迫害を企図するとは考えられません。」

≪裁判所の判断－地裁≫

・原判決は，「〔申請者姉が〕〔地名C〕で民主化運動が盛んとなった1988（昭和63）年7月ないし8月ころから，連日のようにデモ行進に参加し，周辺地域の人々にデモへの参加を呼びかけ，反政府ビラを作成して配布し，デモに参加する学生等への資金援助を募るなどの活動をしたこと，同年9月18日に軍人による軍事クーデターが起こり，約10名の弁護士が逮捕され，原告姉も逮捕者リストに載っていることを知らされたこと，…約1か月後に，郡の法秩序回復評議会の呼びかけに応じて出頭し，警告を受けた上，政治活動をしない，もし政治活動をした場合は刑法122条…によって処罰されることを理解している旨の誓約書に署名して自宅に戻ったことがそれぞれ認められる」とした。

・さらに，原判決は「1989年（平成元）年4月にアウンサンスーチーが〔地名D〕に遊説に訪れた日の夜，NLD〔C〕支部事務所となっている〔人名E〕弁護士の自宅で，NLD党員や支持者15名ないし20名がアウンサンスーチーを迎えて開催した会合に原告姉も参加して会談をしたこと，会合場所やアウンサンスーチーの宿泊場所の周囲は，軍情報部（MI）や警察等が人の出入りを確認するなどの情報収集活動をしており，後日，軍情報部に所属する原告妹の友人の夫である〔A〕から会合に参加したことを注意されたこと，…総選挙当日にもNLDへの支持を訴える活動をし数日後に同じく〔A〕に注意を受けたことがそれぞれ認められる」とも判示した。

・そして，「1992（平成4）年，カレン武装勢力とのつながりを疑われて逮捕されたカレン族の人の弁護の依頼をうけたこと，これに対し，〔地名F〕管区の司令官〔人名G〕将軍から呼び出され，そのカレン族の人の弁護をやめなければ反乱者と繋がりを持ったとして〔法令名・条項略〕に基づいて処罰することができるのだぞと脅された」ことや，その後「原告姉は，郡情報部（MI）に所属する前記〔A〕から，早晩逮捕され取り調べを受ける旨告げられ，その数日後である1992（平成4）年8月下旬にヤンゴンに向かい，…出国した」ことも認定した。

・そのほか，「デモ隊の一番前にいる原告らを撮影した映像が衛星放送で放映され，ミャンマー本国においても視聴することができたこと」なども踏

129

◆第2部◆ 事例ごとのまとめ

まえ，「原告姉の本国及び本邦における民主化活動，反政府活動は，弁護士による反政府活動を強く嫌悪するミャンマー軍政府当局において注視されていることは明らかであるというべきであり，…原告姉の政治的活動等を理由として，通常人がその立場に置かれた場合にも，身体の自由の侵害又は抑圧という迫害を受けるという恐怖を抱くに十分な客観的事情が存在しているというべきである。」と結論づけた。

≪裁判所の判断－高裁≫
・第一審判決を引用

(6) 過去の迫害体験

一次	・「…仮に何らかの活動をしたことが事実であるとしても…あなたは逮捕・取調べの経験もなく，…少なくとも本国出国当時，あなたが反政府活動家として本国政府から関心を寄せられる対象であったとは認められない…」
異議	・「…仮にあなたの供述を前提としても，…反政府活動を理由とする逮捕・取り調べの経験がなく，出国するまで弁護士活動を継続しています。…併せ考慮すれば，少なくとも本国出国時点において，ミャンマー政府があなたを反政府活動家として殊更警戒していたとは考えられず，迫害を受けるという客観的・具体的な危険性があるとは認められません。」

≪裁判所の判断≫
　※　前記（5）「個別把握」を参照。

(7) 適法な旅券発給・更新

一次	・「…自己名義旅券の発給を受け，その旅券を用いて本国出国を許可されていることなどを併せ考えれば，少なくとも本国出国当時，あなたが反政府活動家として本国政府から関心を寄せられる対象であったとは認められない…」
異議	・「自己名義旅券の発給を受け，同旅券を行使して出国していることなどを併せ考慮すれば，少なくとも本国出国時点において，ミャンマー政府があなたを反政府活動家として殊更警戒していたとは考えられず，迫害を受けるという客観的・具体的な危険性があるとは認められません。」

≪裁判所の判断≫
・「原告姉は，出国手続を全てブローカーに依頼したものの，日本のビザを得ることができず，いったんタイ王国に出国して，そこで日本のビザを取得して来日しており，同ブローカーはパスポート写真のはりかえを平然と

■事例8■ 弁護士として反政府活動に関与したミャンマー出身女性

行っていることが窺われ〔証拠〕，いかなる手段が講じられたかは判然としないものの，本件において，原告姉が，ブローカーから受領した自己名義のパスポートで出国したことをもって，直ちに原告の難民該当性を否定することにはならないというべきである。」

◆ 4 事案の全体的・総合的評価の有無

一次	言及なし
異議	言及なし

≪裁判所の判断≫
・出身国情報，本国の状況，最後に来日後の活動の3つに分けて判断している。また，これら3つ全てを併せて考慮し，原告姉の上級弁護士という地位を軸に，難民該当性の判断を行っている。さらに，申請の遅延や適法な旅券発給は，裁判においては周辺事実として重要視されていない。
　ただ，全体的・総合的な評価についての直接的な言及はなく，裁判所の判断に関する分析は後述の分析を参照されたい。

◆ 第3 分 析

◆ 1 不認定・棄却理由と判決理由との違いについて

　行政段階の不認定及び異議棄却理由と裁判所の判断の違いの要因として，信憑性評価及び「迫害を受けるという十分に理由のある恐怖」の2点が挙げられる。
　信憑性については，一次不認定理由においては，「あなたの供述には矛盾や不合理な点が少なからず認められ，供述の信憑性に疑義がある」と述べられているが，異議棄却理由においては，「仮にあなたの供述を前提としても」との記載があり，信憑性の検討を正面から論じることを避けている。他方，判決においては，供述の変遷や，難民認定手続きの初期段階の書類に書かれていなかった供述を後に陳述したこと等，信憑性が争点になっている箇所があるものの，これらの点については，供述の要となる根幹事実と，さほど重要な内容とは言えない周辺事実を区別することや，なぜ初期段階の申請書には記載しなかった

131

かの理由が合理的であるかの判断を行うことによって，信憑性を認めている。

そこで，ここでは，異議棄却理由においても一次不認定理由から引き続き争点となっている「迫害を受けるという十分に理由のある恐怖」に焦点を当てて異議棄却理由及び判決の比較分析を行う。

◆ 2 「迫害を受けるという十分に理由のある恐怖」について

(1) 出身国情報の調査

不認定理由においては，本人の出身国であるビルマの情報（出身国情報）の調査について一切記載がないため，行政の事実認定における基礎調査の過程が不透明である。むしろ，申請人の主張である党員としての活動の程度が低いことや逮捕・取り調べの経験がないことのみを理由に，迫害を受ける客観的危険性がないと結論づけてしまっている。一方，判決においては，ビルマの一般情勢に関する出身国情報調査に加え，「当局が，法律の専門家である弁護士が反政府運動を支援することを強く嫌悪しており，特にNLDと関係のある弁護士に対しては，身柄を拘束した上，処罰するなどして弾圧している状況が存する」と，本人の個別事情に基づいた出身国情報の分析がなされこれに基づいた判断が行われている。この弁護士に対するミャンマー政府の抑圧の状況については一般的に入手可能な出身国情報にあたれば直ちに検索できる情報であり，この情報をもとに申請者の迫害のおそれを判断することが必要であった。

(2) 広範囲な事実の認定

異議棄却理由において認定されている事実は一次不認定理由とほぼ同様の理由であり，非常に限定的である。他方，判決では，広範で綿密な事実認定が行われている。具体的には，異議棄却理由においては，デモ参加，ビラ配布など活動の程度や逮捕状が出ていないなど過去の迫害体験がないこと，自己名義の旅券の発給を受けたこと等のみを挙げて消極の判断しているのに対し，判決においては，本人の過去の迫害経験のみで危険がないと判断するのではなく，個別事情に基づき，ミャンマーの上級弁護士であり民主化活動に関わっていた者らが刑に処せられた事実，本人が政治活動をした場合は処罰されることを理解している旨の誓約書に署名していること，軍情報部に所属する原告姉の友人から何度も注意をされている事実，実際に逮捕者リストに名前が載っていること，アウンサンスーチーを迎えて少人数で会合を行いそれが当局に把握されていること等，異議棄却理由では一言も触れられていない重要な事実が多数，認定さ

れており，それらを理由に，「迫害を受けるおそれがあるという十分に理由のある恐怖」があると判断している。

つまり，異議棄却理由においては，本人の過去の迫害経験が極端に重視され，「迫害を受けるおそれがあるという十分に理由のある恐怖」について高度な蓋然性を求めていること，また活動の程度については，デモ参加，ビラ配布，イベントへの参加等一般メンバーと共に行う活動と同様のことをしているかのみを検討している。これに対して，裁判所の判断においては，上記の通り，本人の状況（特に上級弁護士）に関する出身国情報を精査し，本人の陳述内容をも的確に判断・評価して「迫害を受けるおそれがあるという十分に理由のある恐怖」を判断したということができる。

◆3 全体的・総合的な考察について

判決では上記事実を「併せて」判断していると言える一方，異議棄却理由においては，「併せて」という表現を利用してはいるものの，事実を累積的に判断した形跡もなく，またそのような判断をするための聴取（審尋）もされていないと言わざるを得ない。異議棄却理由においては，本国での活動，出国時，日本での活動と3つに分けて検討している中で，「少なくとも本国出国当時」と言う表現がみられ，本国での活動をその他の2つと切り離してしまっている。また，最後に3つを全て「併せて」検討するどころか「本邦において…本国政府から特段注視される対象とは考えがたく，迫害を受けるおそれがあるという客観的危険性は認められない」というように本邦の活動はそれのみを対象として「迫害を受けるおそれがあるという十分に理由のある恐怖」の判断が完結してしまっている。一方，判決においては，文字通り，上記2(1)及び(2)で挙げた事実等をもって，それら事実を足す形で「併せて」考慮し，「迫害を受けるおそれがあるという十分に理由のある恐怖」を判断している。

なお，本件での妹は姉と同じNLD党員として活動をしていた。当時の軍政下でのNLD党員の置かれていた状況から考えれば妹も十分に難民として捉えるべきであったが，この点は裁判所の判断も厳しかったと言わざるを得ない。

事例 9

反政府活動に関与したミャンマー出身夫婦

事例	出身国	民族・宗教	性別	年齢（認定時）
申請者 9A	ミャンマー	ビルマ	女性	44 歳
入国日	入国の状況	経由国		
1993 年 2 月○日	短期滞在 （90 日）	ミャンマー／空路／／空路／日本		
難民申請日	申請の場所	不認定日（処分）	不認定日（告知）	
2006 年 6 月 14 日	東京（品川収容中）	2006 年 8 月 22 日	2006 年 8 月 25 日	
異議審尋日	審尋の曜日・場所	異議棄却（処分）	異議棄却（告知）	
2007 年 7 月 23 日	月・東京	2007 年 10 月 25 日	2007 年 11 月 2 日	
提訴				
2008年5月2日提訴（難民不認定取消・退令無効確認・裁決取消・在特不許可取消／無効確認）				
地裁判決（確定）				
裁判所：東京地方裁判所民事第 38 部 事件番号：平成 20 年（行ウ）261，273，274 判決日：2010 年 1 月 29 日 裁判官：杉原則彦，波多江真史，家原尚秀				
LEX/DB				
訴訟後の状況				
2010 年 3 月 17 日難民認定（同年 4 月 2 日告知）				
特記事項				
妻が主要な難民申請者。夫婦で難民認定				

事例	出身国	民族・宗教	性別	年齢（認定時）
申請者 9B	ミャンマー	ビルマ	男性	61 歳
入国日	入国の状況	経由国		
1992 年 2 月○日	偽造旅券で不法入国	ミャンマー／空路／／空路／日本		
難民申請日	申請の場所	不認定日（処分）	不認定日（告知）	
2006 年 7 月 12 日	東京（品川収容中）	2006 年 8 月 22 日	2006 年 8 月 25 日	
（その他の難民手続に係る基礎データは，9A と同じ）				

■ 事例9 ■ 反政府活動に関与したミャンマー出身夫婦

◆ 第1　事案の概要

　本件は，ミャンマー国籍で，本国および来日後に反政府民主化運動に関与した夫婦とその子どもの事案であり，主たる申請者は妻（申請者9A）（以下「申請者母」とし，夫（申請者9B）を「申請者父」とする。）である。申請者夫婦は，各自，本国で反政府的デモ活動等へ参加してきたこと，来日後も，難民申請まで約15年間本邦に不法残留していたが，それぞれ反政府活動団体に加入して活動し，そのうち一部の団体においては，それぞれ中心的メンバーとなっていること，特に原告妻が所属していた団体メンバーの中にミャンマー帰国後逮捕された者がいることなどから，帰国すると迫害を受けおそれがあるとして難民申請をした。なお，以下では判決の表記に従い，妻を申請者母或いは原告母，夫を申請者父或いは原告父とする。

◆ 第2　行政と司法の判断の比較

◆ 1　出身国情報の分析評価

	申請者母	申請者父
一次	言及なし	言及なし
異議	言及なし	言及なし

≪裁判所の判断≫
・ミャンマーの一般情勢について，証拠と弁論の全趣旨により，1988年から始まる民主化運動と主にNLDに対する当局による弾圧に加え，特に以下に言及している。
　「ミャンマーにおいては，人権尊重の理念が浸透しているとはいい難く，表現，報道，集会，結社又は移動の自由が否定され，SPDCによる恣意的な逮捕，軟禁及び拘留が日常的に行われており，兵士らが，非武装市民に対して超法規的な殺害を行っているほか，暴行や強姦をしている旨の報告がある。当局は，緊急事態法，非合法団体法，国家保護法等の法律を使って，反政府の立場にある者を容易に処罰することが可能であり，これ

らの法律により多くの者が政治囚として逮捕されている。拷問を禁止する法律はあるが，治安警察は，政治囚や少数民族に対し，日常的に拷問や虐待を行っているとされる。司法機関は，軍事政府に対して独立した地位を占めておらず，特に政治問題に関する裁判は公開されない。

　また，軍事政権は，広範な分野にわたって恣意的に市民生活への干渉を行っており，政府は，広大な情報ネットワークや行政手続を通じて，全国民の移動について細かく監視し，多くの国民の活動について詳細に把握しているとされる。〔証拠〕」

◆ 2　信憑性の判断

	申請者母	申請者父
一次	言及なし	・あなたの供述には不自然な点が認められ，その信ぴょう性に疑義が認められる
異議	言及なし	・本国における活動について，あなたの供述には変遷が見られるほか，口頭意見陳述・審尋期日においても，活動内容に関する供述は具体性に欠くなど，にわかに信用できません

≪裁判所の判断≫（申請者母について）

■　来日後の活動について

・「被告は，原告母の日本における活動等について，原告母が積極的に民主化活動をするようになったのは平成18年以降であり，それまでは積極的に関わっていたものではない旨主張する…しかしながら，難民認定手続においても，原告母は，同10年当時は，帰国したいという気持ちもあって，演説会やイベント等では主に後方支援を行い，また，写真に写らないようにデモに参加していた旨の供述もしており〔証拠〕，あまり目立たないように注意していたことがうかがわれるものの，同供述からもBWU日本文部が発足した当初からその活動に深く関与していたことをうかがわれ，本人尋問における原告母の供述内容等や前記認定事実と矛盾するものではない。」

■　客観的証拠の不在について，本国情勢との一致や供述の一貫性を考慮

・「ミャンマーにおける反政府活動の内容等について，その認定の主要な根

拠を本人の供述に求めることは、その性質上やむを得ないものであるということができ、これを裏付ける客観的な証拠がないというだけで、直ちに本人の供述の信用性を否定するのは相当ではない。そして、この点に関する原告の供述内容は具体的であり、…ミャンマーの一般情勢等とも整合するものであって、特に不合理な点は見当たらない。また、原告母がミャンマーを出国し、来日した際の状況については、原告母の供述は、証人〔人名A〕の証言内容及び陳述内容〔証拠〕とも整合しており、原告母の本人尋問における供述内容及び陳述内容〔証拠〕は、難民認定申請手続及び異議申立手続における供述内容とおおむね一致している。」

■ 申請書・申立書等初期段階の提出資料に記載がないことについて
・「被告は、原告母の〔地名B〕市における活動や原告母が誓約書に署名させられたことなどについて、原告母は本件不認定処分（母）の異議申立後に初めて供述していることから信用できないと主張するが、本件不認定処分（母）に係る難民認定申請書及び難民調査官作成の各供述調書〔証拠〕に上記各事実について記載されていないとしても、直ちに各事実に係る原告母の供述の信用性が損なわれるものではない。」

≪裁判所の判断≫（申請者父について）

■ 本国での活動－供述の一貫性または具体性を考慮
・「原告父は、難民認定申請の当初から、政府を批判する内容の文書を知人に配り、そのことを〔人名C〕から地区の責任者に告げられたなど、原告父の本人尋問における供述内容及び陳述内容〔証拠〕とほぼ同趣旨の供述をしており、一部の記憶違いや説明不足が原因を思われる不一致を除けば、供述内容はほぼ一貫している。」

・（ミャンマーでの活動に関する）「原告父の供述内容は具体的であり、…ミャンマーの一般情勢等とも整合するものであって、特に不合理な点は見当たらない。」

・「ミャンマーにおける反政府活動の内容等について、これを裏付ける客観的な証拠がないというだけで、直ちに本人の供述の信用性を否定するのは相当ではない。…原告父は、難民認定申請の当初から、政府を批判する内容の文書を知人に配り、そのことをCから地区の責任者に告げられたなど、原告父の本人尋問における供述内容及び陳述内容〔証拠〕とほぼ同趣旨の供述をしており、一部の記憶違いや説明不足が原因を思われる不一致を除けば、供述内容はほぼ一貫している。」

◆ 3 主な不認定・棄却理由の考察

(1) 申請の遅延

	申請者母	申請者父
一次	・「…本邦入国後，東京入国管理局に収容されるまでの約13年間の長期にわたり，何ら合理的理由なくして難民認定申請に及ぶことなく，継続して就労していること…〔適法な旅券発給・更新〕…などに照らせば，迫害から逃れるために本国を出国したとは認められない…」	・「…本国出国後，滞在先のタイ及びマレーシアにおいて，何ら庇護を求めていないこと，また，本邦入国後，東京入国管理局に収容されるまでの約14年間にわたって，何ら合理的な理由なくして難民認定申請に及ばず，かえって継続して就労していること，さらに…〔適法な旅券発給・更新〕…などに照らせば，迫害への恐怖から逃れるために本国を出国したとは認められない…」
異議	・「…〔就労目的である旨の当初供述〕…本邦入国後逮捕されるまで約14年にわたり何ら合理的理由なく難民認定申請を行わず，不法就労を継続し本国家族に送金していること…〔適法な旅券発給・更新〕…などからすれば，あなたが迫害の恐怖から逃れるために本国を出国し，本件難民認定申請を行ったものとは認められません。」	・「…〔適法な旅券発給・更新〕…約1年間マレーシアやタイに滞在していますが，その間何ら庇護を求めていない上，本邦入国後は逮捕されるまで約14年間にわたり合理的理由なく難民認定申請を行わず，かえって不法就労を継続していること，…〔就労目的である旨の当初供述〕…などを併せ考慮すれば，あなたが迫害の恐怖から逃れるために本国を出国し，本件難民申請をおこなったものとは認められません。」

≪裁判所の判断≫（申請者母について）

・「原告母は，来日当初はミャンマーに帰国したいとの気持ちがあり申請をためらっていたこと，ディペイン事件をきっかけに申請をしようと考え，制度の概要を知り，旅券の更新を受けるなどしたが，外国人登録法に基づく登録をしておらず，難民認定申請に必要な外国人登録証明書を所持していなかったことなどから，難民認定申請をしなかったなどと主張し，また，その旨供述しており〔証拠〕，その内容には首肯できる点がある。また，

■ 事例9 ■ 反政府活動に関与したミャンマー出身夫婦

　原告母は，難民認定申請をしても，認定されない場合のことを考えると怖いという気持ちもあり，ミャンマーに送還される危険を冒して申請する勇気がなかったなどとも供述するところ〔証拠〕，我が国において，平成16年当時，難民認定がされた例は，異議申立ての結果認められたものを含めて年間十数件にとどまっており，以後，平成20年に至るまで，年間，申請の数パーセントから11パーセント程度しか難民認定されていないという状況〔証拠〕に照らせば，原告母の上記陳述は十分に理解できるものであり，<u>来日後，長期間にわたり難民認定申請をしなかったことを殊更申請者の不利益に考慮することは，本来難民として認定すべき者を認定しないという不相当な結果を生じさせる</u>…。」

≪裁判所の判断≫（申請者父について）
・「ミャンマー出国後相当長期間にわたり，保護を求めたり難民認定申請に及んでいないことから，ミャンマー政府が，原告父を迫害の対象としていなかったことが強く推認される旨主張するが，この点については，原告父についても，前記…のとおり原告母について検討したことが当てはまるというべきであって，いずれも採用できない。」

(2) 難民該当事由発生時点からの期間経過
　　言及なし

(3) 就労目的

	申請者母	申請者父
一次	・「…〔申請の遅延〕…継続して就労していること…〔適法な旅券発給・更新〕…などに照らせば，迫害から逃れるために本国を出国したとは認められない…」	・「…〔申請の遅延〕…かえって継続して就労していること，さらに…〔適法な旅券発給・更新〕…などに照らせば，迫害への恐怖から逃れるために本国を出国したとは認められない…」
異議	・「…本邦への入国動機について，当初，稼働目的であった旨供述していた上…〔申請の遅延〕…不法就労を継続し本国家族に送金していること…〔適法な旅券発給・更新〕…などからすれば，あなたが迫害の恐怖か	・「…〔適法な旅券発給・更新〕〔申請の遅延〕…かえって不法就労を継続していること，当初は稼働目的で入国した旨供述していたことなどを併せ考慮すれば，あなたが迫害の恐怖から逃れるために本国を出国し，本

139

ら逃れるために本国を出国し，本件難民認定申請を行ったものとは認められません。」	件難民申請をおこなったものとは認められません。」

≪裁判所の判断≫（申請者母について）
・「被告は，原告母の本邦への入国が不法就労目的である旨も主張するが，前記認定事実に照らせば，原告母は，民主化運動を続けるために［A］を頼って本邦に上陸したことが認められるから，上記被告の主張は採用できない。」

≪裁判所の判断≫（申請者父について）
・「被告は，原告父の本邦への入国が不法就労目的である旨主張するところ，…仮に，原告父の来日に不法就労の目的があったとしても，そのことを理由に原告父の難民該当性が否定されるものではないというべきである。」

(4) 本国の家族の状況
言及なし

(5) 個別把握

	申請者母	申請者父
一次	・本国での活動について，「…あなたはいかなる反政府組織にも所属せず，その活動内容も<u>一般参加者としてデモ等に参加した程度にすぎない</u>上，警察に身柄拘束されたものの，翌日には解放されていること，その後，自己名義旅券の発給を受け，同旅券を用いて本国を出国していることなどを併せ考えれば，少なくとも本国出国当時，あなたは本国政府から<u>反政府活動家として殊更関心を寄せられる対象であったとはみとめられない</u>…」 ・本邦での活動について，「…〔DFB日本支部〕なる団体自体，設立から間がなく，活動実態に疑義がある上，あなたの〔DFB日本支部〕に	・本国での活動について，「…あなたはいかなる反政府組織にも所属せず，その活動内容も一参加者としてデモに参加したり，ビラ配布をしたりした程度にすぎず，殊更本国政府に注視される態様のものであったとは認めがたく，取調べを受けているものの，その後，自己名義旅券の発給を受け，同旅券を用いて本国を出国していることなどを考え併せれば，少なくとも<u>本国出国当時，あなたは本国政府から反政府活動家として殊更関心を寄せられる対象であったとは認められない</u>…」 ・本邦での活動について「…DFB日本支部なる団体自体，設立から間がなく，活動実態に疑義がある上，あ

	おける活動内容も，東京入国管理局内で組織への勧誘活動をしたり，<u>一般参加者としてデモに参加した程度に過ぎず</u>，活動期間もごく短期に過ぎないこと，また，なたの女性連盟における活動内容は，会合の準備や一般参加者としてデモに参加した程度にすぎないことを併せ考えれば，<u>殊更本国政府から注視される態様のものではないのであって</u>，あなたが帰国した場合に迫害を受ける具体的・客観的危険性があるとは認められない…」 ・反政府活動家経営レストランでの就労について，「…同レストランでの調理場で調理に専念していたのであるから，<u>本国政府から注視される対象とはなり得ない</u>のであって，帰国した場合に迫害を受ける具体的・客観的危険性があるとは認められない…」	なた自身，活動期間はごく短期間にすぎず，あなたの活動内容も，講演会の手伝いや一般参加者としてデモに数回参加した程度にすぎず，<u>殊更本国政府から注視される態様のものではないのであって</u>，あなたが帰国した場合に迫害を受ける具体的・客観的危険性があるとは認められない…」
異議	・本国での活動について，「…あなたは多数の参加者の一人としてデモや集会等に参加した程度にすぎません。その後自己名義旅券の発給を受け，同旅券を用いて本国を出国していることなどからすれば，あなたが<u>本国政府から反政府活動家として殊更注視されていたとは認められません。</u>」 ・本邦での活動について，「…デモへの参加や講演会・会合の準備など<u>一般メンバーとして活動しているにすぎず</u>，あなた自身，出産や子供の世話によって熱心に活動できなかった旨供述していることなどからすれば，あなたの本邦での活動を理由と	・「…マレーシアや本邦における活動の内容は，年1回5千円程度の寄付を行うこと，多数の中の一人としてデモに数回参加したり講演会等の手伝いをした程度にすぎないことなどからすれば，<u>あなたに対し本国政府が殊更警戒して迫害を企てるとは考え難く</u>，この程度の活動を理由として迫害を受けるという客観的具体的な危険性は認められません。」

して迫害を受けるという客観的具体的な危険性は認められません。」

≪**裁判所の判断**≫（申請者母について）

■ 個別把握の有無について

（来日前の活動）

・「原告母は，ミャンマーを出国する以前から，デモに参加するなどの反政府活動をし，そのために1度は身柄を拘束され，今後政治活動を行わないという内容の誓約書に署名するなどしていることから，反政府活動を行う人物であるとしてミャンマー政府に個別に把握されている可能性がある。」

（来日後の活動）

・「さらに，原告母は，本邦上陸後も，ミャンマー人の民主化活動家である［A］経営の［店名D］で働きながら，同人の活動を手伝い，BWU日本支部の結成に関与し，また，DFB日本支部に加入するなどし，以後，出産及び育児等のため一時的に活動をしていなかった時期を除けば，BWU日本支部のメンバーとしてデモや講演会活動をするなど，一貫して民主化運動を行っていたものである。そして，原告母の写真及び氏名は，DFB日本支部のホームページ上にも掲載され，原告母がデモに参加している写真等も同ホームページに掲載されているのであるから，このような事情は，ミャンマー政府においても十分に把握することが可能な状態にあった。」

■ DFB，BWU，反政府活動家経営レストラン就労について被告の主張に対する判断

・「BWU日本支部及びDFB日本支部は，いずれも必ずしも大規模な組織とはいえないものの，前者は，日本における有力な活動家である［A］を中心として，平成10年から現在まで活動を続けている組織であり，また，後者は，全ビルマ学生連盟の総書記長を務めた著名な活動家であるモーティーズンが代表を務めている組織の日本支部である〔証拠〕。したがって，組織のメンバーが少なく，また仮に活動実績が少ないとしても，ミャンマー政府が上記各団体の活動に関心を持っていないとは到底考え難い。さらに，原告母は，これらの団体に所属し，単なる参加者の1人として活動に加わっているというのではなく，特にBWU日本支部においては，設立当初から一貫してメンバーとして活動に関与し，近時は，代表である［A］に次ぐ重要なメンバーとして活動しているというのであって，来日後，反

政府活動家として著名な［A］を頼り，同人が経営するレストランで稼働し，以後，出産後の数年間を除いて，ほぼ一貫して同人の活動を手伝ってきているという事情をも併せ考えれば，原告母の活動が当初は後方からの支援活動にすぎなかったとしても，<u>原告母の活動を全体的にとらえた場合，</u>本件不認定処分の時点において，ミャンマー政府が原告母を反政府活動家として認識していないということはおよそ考え難いというべきである。

≪裁判所の判断≫（申請者父について）
■ 個別把握の有無
・「原告父は，ミャンマーを出国する以前から，デモに参加するなどの反政府活動をし，そのために警察から取調べを受けるなどしており，また，実名を記載した反政府的な内容の書面を配り，そのことが体制側の組織のメンバーに報告されるなどしていることから，<u>反政府活動を行う人物であるとしてミャンマー政府に個別に把握されている可能性がある。</u>さらに，原告父は，本邦に上陸し，原告母と知り合った後は，原告母の活動を手伝い，また，DFB 日本支部に加入し，その政治活動部門の副責任者として活動するなどしている上，原告父の写真及び氏名は，同日本支郎のホームページ上にも掲載され，原告父がデモに参加している写真も同ホームページに掲載されているのであるから，このような事情は，ミャンマー政府においても十分把握することが可能な状況にあったということができる」

■ 迫害のおそれの視点
・「確かに，ミャンマーにおける原告父の活動は，当時のミャンマーの情勢に照らせば，必ずしも特筆すべきものではなかったということもでき，また，DFB 日本支部自体は，必ずしも大規模な組織とはいえず，これらの活動を個々にとらえた場合には，被告の主張には首肯できる点がないともいえない。しかしながら，…原告父についても<u>一連の活動を全体的にみて，迫害のおそれがあるか否かを検討すべき</u>であるところ，原告父は，来日後，民主化運動を積続的には行っていなかった期間があるものの，原告母と知り合った後は，原告母の活動を手伝うなどして民主化運動に関与していたものであり，しかも，平成 18 年 3 月以降は，DFB 日本支部の中核的なメンバーとして活動していたのであるから，以上の諸事情に照らせば，本件不認定処分（父）の当時，ミャンマー政府においては，原告父についても，配偶者である原告母と併せて反政府活動家として認識していたものと考えられるというべきである。」

(6) 過去の迫害体験

	申請者母	申請者父
一次	・…〔個別把握〕…警察に身柄拘束されたものの，翌日には解放されていること…〔適法な旅券発給・更新〕…などを併せ考えれば，少なくとも本国出国当時，あなたは本国政府から反政府活動家として殊更関心を寄せられる対象であったとは認められない	・…〔個別把握〕…取調べを受けているものの，その後…〔適法な旅券発給・更新〕…を考え併せれば，少なくとも本国出国当時，あなたは本国政府から反政府活動家として殊更関心を寄せられる対象であったとは認められない
異議	・あなたは，本国において，大学で反政府活動の集会等に参加し，警察に身柄拘束されたり暴行をうけたこと…などから，「政治的意見」及び「特定の社会的集団の構成員であること」を理由に迫害を受ける恐怖を有していると主張しています。しかしながら，本国における活動について，仮にあなたの供述を前提としても，あなたは多数の参加者の一人としてデモや集会等に参加した程度にすぎません。その後自己名義旅券の発給を受け，同旅券を用いて本国を出国していることなどからすれば，あなたが本国政府から反政府活動家として殊更注視されていたとは認められません。	・自己名義旅券の発給を受け，同旅券を用いて本国を出国した後，約1年間マレーシアやタイに滞在していますが，その間何ら庇護を求めていない上，本邦入国後は逮捕されるまで約14年間にわたり合理的理由なく難民認定申請を行わず，かえって不法就労を継続していること，当初は稼働目的で入国した旨供述していたことなどを併せ考慮すれば，あなたが迫害の恐怖から逃れるために本国を出国し，本件難民申請をおこなったものとは認められません。

≪裁判所の判断≫（申請者母について）

・「原告母は，ミャンマーを出国する以前から，デモに参加するなどの反政府活動をし，そのために1度は身柄を拘束され，今後政治活動を行わないという内容の誓約書に署名するなどしていることから，反政府活動を行う人物であるとしてミャンマー政府に個別に把握されている可能性がある。」

≪裁判所の判断≫（申請者父について）

・「原告父は，ミャンマーを出国する以前から，デモに参加するなどの反政府活動をし，そのために警察から取調べを受けるなどしており，また，実

名を記載した反政府的な内容の書面を配り，そのことが体制側の組織のメンバーに報告されるなどしていることから，反政府活動を行う人物であるとしてミャンマー政府に個別に把握されている可能性がある。」

(7) 適法な旅券発給・更新

	申請者母	申請者父
一次	・旅券発給 「…〔個別把握〕〔過去の迫害〕…その後，自己名義旅券の発給を受け，同旅券を用いて本国を出国していることなどを併せ考えれば，少なくとも本国出国当時，あなたは本国政府から反政府活動家として殊更関心を寄せられる対象であったとは認められない。」 ・旅券更新 「…〔申請の遅延〕…さらに，2004年1月に在京ミャンマー大使館において家族と共に旅券の延長許可を受けていることなどに照らせば，迫害から逃れる絵ために本国を出国したとは認められない…」	・適法な旅券発給 「…〔個別把握〕〔過去の迫害〕…その後，自己名義旅券の発給を受け，同旅券を用いて本国を出国していることなどを考え併せれば，少なくとも本国出国当時，あなたは本国政府から反政府活動家として殊更関心を寄せられる対象であったとは認められない。」 ・適法な旅券更新 「…〔申請の遅延〕〔就労目的〕…さらに，2004年1月に在京ミャンマー大使館において自ら出頭の上，家族と共に旅券の延長許可を受けていることなどに照らせば，迫害への恐怖から逃れるために本国を出国したとは認められない…」
異議	・「…〔就労目的〕…在京ミャンマー大使館において税金を納め，自己名義旅券の更新手続を行っていることなどからすれば，あなたが迫害の恐怖から逃れるために本国を出国し，本件難民認定申請を行ったものとは認められない…」	・「…自己名義旅券の発給を受け，同旅券を用いて本国を出国した後，約1年間マレーシアやタイに滞在していますが，その間何ら庇護を求めていない上，…〔申請の遅延〕〔就労目的〕…などを併せ考慮すれば，あなたが迫害の恐怖から逃れるために本国を出国し，本件難民申請をおこなったものとは認められません。」

≪裁判所の判断≫（申請者母について）

・「正規の手続で自己名義の旅券を取得したことや旅券の更新を受けたことは，難民該当性を否定する方向に働く事情の1つとはなり得るものである

が，…原告母のミャンマー及び我が国における活動を全体的にみて難民該当性が認められる本件においては，そのことから直ちに難民該当性を否定することは相当ではないというべきである。」

≪裁判所の判断≫（申請者父について）
・「被告は，原告父が，正規の手続で自己名義の旅券を取得して正規に出国が許可され，その後，旅券の更新を受けていること，ミャンマー出国後相当長期間にわたり，保護を求めたり難民認定申請に及んでいないことから，ミャンマー政府が，原告父を迫害の対象としていなかったことが強く推認される旨主張するが，この点については，原告父についても，…原告母について検討したことが当てはまるというべきであって，いずれも採用できない。」

4　事案の全体的・総合的評価の有無

	申請者母	申請者父
一次	言及なし	言及なし
異議	言及なし	言及なし

≪裁判所の判断≫（申請者母について）
・「被告の上記主張は，原告母の活動を個々にとらえて，それら個々の活動はミャンマー政府が関心を抱くほどのものではない旨主張するものとも理解し得るが，…ミャンマーの軍事政権は，多くの国民，とりわけ政治的に活動的な人物の移動及び活動を綿密に監視しているともされており，また，ミャンマー政府は，日本に限らずおよそミャンマー国外で民主化運動や反政府活動に参加した者について，その氏名や活動内容の実態について，かなり正確に把握しているとも言われているのであるから〔証拠〕，原告母の活動についても，個々的にとらえることは相当ではなく，<u>一連の活動を全体的に見て，迫害のおそれがあるか否かを検討すべきである</u>。」

≪裁判所の判断≫（申請者父について）
・「確かに，ミャンマーにおける原告父の活動は，当時のミャンマーの情勢に照らせば，必ずしも特筆すべきものではなかったということもでき，また，DFB日本支部自体は，必ずしも大規模な組織とはいえず，これらの活動を個々にとらえた場合には，被告の主張には首肯できる点がないともいえない。しかしながら，…原告父についても<u>一連の活動を全体的にみて，</u>

■ 事例9 ■ 反政府活動に関与したミャンマー出身夫婦

迫害のおそれがあるか否かを検討すべきである…」

◆ 第3 分 析

◆1 不認定・棄却理由と判決理由との違いについて

　行政段階の不認定及び異議棄却理由と裁判所の判断の違いの争点として，信憑性評価及び「迫害を受けるという十分に理由のある恐怖」の2点が挙げられる。本件は，本国で政治活動をしていた人物が，再び本邦において活動を再開したという特性を有するが，そのため，稼働目的での来日，申請の遅延，旅券の更新という問題で大きく判断が分かれている。ただ，基本的にはまず出身国情報に関する分析が十分であるかどうか，そして信憑性の判断，迫害のおそれについての全体的考察の有無によって，行政と司法の結論が左右したということができる。

◆2 信憑性の判断について

　不認定理由では，本国での活動に関する供述に変遷があり，具体性に欠くなどとして信憑性を否定し，棄却理由においては，「仮にあなたの供述を前提としても」との記載があり，信憑性を争点としていない。しかし，判決理由では，本国の一般情勢と整合していることや，ほぼ供述内容が一貫しているなどとして，信憑性を認めている。特に，判決は，「一部の記憶違いや説明不足が原因を思われる不一致を除けば，供述内容はほぼ一貫している」と述べ，難民となる事情の中核的な部分について判断するという基本姿勢を取っている。また，個別の客観証拠がないことについても，そのことにより直ちに供述の信用性を否定することは相当ではないと，的確な信憑性の判断を行っている。

◆3 全体的考察について
　　──「迫害を受けるという十分に理由のある恐怖」の評価

　不認定・棄却理由では，本国および来日後における活動をそれぞれ個々に捉え，それぞれについて当局から殊更注視される程度のものではないとした。しかし，判決理由では，そのような評価のやり方を否定し，証拠を全体的に見て，迫害を受けるおそれを評価した。

◆第2部◆　事例ごとのまとめ

　具体的には，不認定・棄却理由では，本国での活動について，多数の参加者の一人に過ぎないことや自己名義旅券の発給を受けて出国していることで，「本国政府から反政府活動家として殊更注視されていたとは認められません」とし，来日後についても，デモへの参加や講演会等の準備など一般メンバーとして活動しているに過ぎないとし，旅券を更新していることなどから，迫害を受ける「具体的客観的」な危険性は認められないとしている。

　他方，判決は，そのような判断手法について，「(国の) 主張は，原告母〔申請者母〕の活動を個々にとらえて，それらの個々の活動はミャンマー政府が関心を抱くほどのものではない旨主張するものとも理解し得るが」と指摘し，出身国情報の分析から「ミャンマー軍事政権は，多くの国民，とりわけ政治的に活動的な人物の移動及び活動を綿密に監視しているとされており，また，ミャンマー政府は，日本に限らずおよそミャンマー国外で民主化運動や反政府活動に参加した者について，その氏名や活動内容の実態について，かなり正確に把握しているものと言われている」と分析し，「一連の活動を全体的に見て，迫害のおそれがあるか否かを検討すべきである」と明確に行政段階の判断の手法を排斥し，全体として迫害のおそれを論じている。

　また，上記の検討のあり方とも関連するが，迫害を受けるおそれの評価において考慮すべき事情の内容についても，行政段階と判決では異なっている。不認定・棄却理由では，自己名義旅券での出国や旅券の更新などの事情が消極的に考慮されたが，判決理由では，本国および日本における活動を全体的に見て難民該当性が認められる本件では「そのことから直ちに難民該当性を否定することは相当ではない」として，国の主張を退けた。また，上陸後に相当な期間難民認定申請をしなかったことも，不認定・棄却理由では消極的に考慮されたが，判決理由では，「本来難民として認定すべき者を認定しないという不相当な結果を生じさせることになりかねず，必ずしも相当であるとはいえない」として不利益に考慮すべきではないと判断した。

　これらの不認定・棄却理由は，いずれもしばしば国によって主張される消極的な事情であるが，判決理由は，一連の事情を全体的に評価すれば，これらの事情があるとしても難民該当性を否定するものではないとしたものであり，旅券の問題や長期間の申請をしなかったという事情は必ずしも決定的な事情ではないことをあらためて示している。

事例10

ミャンマー少数民族カチン族の男性

事例	出身国	民族・宗教	性別	年齢（認定時）
申請者10	ミャンマー	カチン	男性	37歳
入国日	入国の状況	経由国		
2004年7月○日	寄港地上陸許可で上陸	ミャンマー／空路／タイ／空路／日本／空路／サイパン／空路／日本		
難民申請日	申請の場所	不認定日（処分）	不認定日（告知）	
2005年11月18日	東京	2005年12月27日	2006年1月5日	
異議審尋日	審尋の曜日・場所	異議棄却日（処分）	異議棄却（告知）	
2006年4月25日	火・東京	2006年7月25日	2006年8月2日	
提訴				
2007年2月2日提訴（難民不認定取消・異議棄却取消・退令取消・裁決取消・在特不許可取消／無効確認）				
地裁判決（確定）				
裁判所：福岡地方裁判所　第6民事部 事件番号：平成19年（行ウ）8 判決日：2010年3月8日 裁判官：太田雅也，津田正彦，西麻里子				
公刊物未登載				
訴訟後の状況				
2010年4月20日難民認定				
その他の特記事項				
収容中，大村に移送。訴訟で異議部分の請求は却下。				

◆ 第1　事案の概要

　本件は，ミャンマー・カチン州出身のカチン族男性の事案である。申請者は，1988年のデモを契機として，故郷を離れ，カチン独立軍（KIA）支配地域に逃れた。しかし，同地で申請者は政府軍に脅され，ポーターとして徴用され，武器の運搬等を強要された（なお，申請者の異母兄はポーターとして地雷原を歩かさ

れた結果，触雷し死亡している)。その後，1989年頃に反政府少数民族勢力のKIAに加入し，地下活動に従事するようになった。具体的には，政府軍の様子の見張り，関係者への連絡事項の伝達，食糧や医薬品の調達などを行った。また，1990年にはNLDに勧誘されて入党した。1994年のKIAと政府軍の間の停戦合意締結後，ミャンマー政府軍がカチン州に多数駐留するようになったが，1997年になるとKIA地下活動の元指導者が逮捕され，その後，超法規的に殺害され，また，同地下活動の同僚が逮捕された。そのため，申請者は，地下活動から離れて故郷に戻ったが，再びKIAから，木材伐採や砂金採取場の現場監督，徴税等の任務を依頼された。申請者は，カチン州内にいるとKIAから引き続き仕事を依頼され，軍事政権に逮捕されるおそれがあることから，国外に脱出することを決意した。そこで，申請者は，ブローカーに依頼して旅券（本人名義）及び航空券を入手してビルマを出国し，2004年7月に本邦に入国した。

申請者は，来日後も，在日ミャンマー少数民族の団体であるDKNやAUNに入会し，本国に対する反政府活動に従事した。

◆ 第2 行政と司法の判断の比較

◆ 1 出身国情報の分析評価

一次	・KIAについて 「…KIAは，1994年以降ミャンマー政府と停戦合意をしている…」 ・カチン族について 「…主要な反政府組織であるKIAが政府と停戦合意をしていること，単に昇進等の差別的待遇をもって迫害とはいえないことから，人種のみを理由とする迫害は認められない…」 ・キリスト教徒について 「…キリスト教の教会の存在，礼拝，説教等が全面的に禁じられている状況は認められず，キリスト教徒であることのみを理由とした迫害の恐れは認められない…」
異議	・KIAについて 「…KIAが1994年に停戦協定を結んでいることに照らせば，そのメンバーであるという一事をもって迫害を受ける恐れがあるとは認められません。」 ・カチン族／キリスト教徒について

■ 事例10 ■ ミャンマー少数民族カチン族の男性

> 「…関係資料によれば，少なくとも少数民族であることや，キリスト教徒であるという一事をもって，迫害を受けるおそれがあるという状況は見いだせません。」

≪裁判所の判断≫
（カチン族について）
・「軍事政権が以前は敵地であった地域を支配下に置くにつれ，ポーター（荷役労働者）徴用は減少しているが，インフラ整備等のための強制労働は拡大していること，特に民族的少数者が標的とされていること，政府が一般市民に対し強制労働を命じていることは日常的に確認されること，また，一般市民が地雷の除去作業を強制されていること，本国においてもこのような強制労働の法的根拠は存在しないことがそれぞれ認められる。このような強制労働が通常人において受忍し得ない苦痛をもたらす身体の自由の侵害に当たることは明らかである。また，原告が過去に１回ポーターとして徴用された経験があること，原告の異母兄がポーターとして徴用されて死亡したことを考えると，原告が今後強制労働に徴用される可能性が低いとはいえないことも明らかである。そうすると，通常人が原告の立場に置かれた場合にも強制労働に徴用される恐怖を抱くような客観的な事情が存在していると認められるべきである。」

（キリスト教徒について）
・「軍事政権がキリスト教徒であることを理由として生命または身体の自由の侵害または抑圧を行っていると認めるに足りる証拠はない。」

（KIAについて）
・「KIAにおける原告の活動は，主導的立場にあったとはいい難いものの，KIAにとって必要不可欠な補助的活動であると評価される。そして，原告がKIAのメンバーであることがひとたび軍事政権に知られれば，原告の活動内容が補助的なものであり，原告が末端のメンバーでKIAの組織の全容等について把握していないとしても，本国政府が，原告の知るKIAの連絡方法，KIA関係者あるいはKIAの拠点等の情報を得るために，原告を拘束して尋問を行い，その際に拷問や虐待を加えるおそれは十分に認められる。また，〔証拠〕によれば，平成17年に行われた政府軍の作戦会議において「カチン州ではその多くの農村はカチン民族の村であり，KIAの影響下にある者，KIAによって働かされている者が多い。そういう者

たちに対して殴打してでも制裁を加える時期に来ている。」との発言がなされたことが認められるのであり、<u>KIA の影響下にあるに過ぎない者にさえ、政府軍が制裁として暴行を加える可能性があることが認められる。</u>そうすると、原告が KIA の中心メンバーでなくとも、殴打等の制裁を受けるおそれは十分にある。」

◆ 2　信憑性の判断

一次	言及なし
異議	・「…NLD 入会事実に関しては、客観的証拠の提出もない上、あなた自身、1990 年の総選挙でも特段の活動をしていなかった旨述べているところであって、供述に疑義があります。」

≪裁判所の判断≫

■ 供述の変遷について、中核的な部分についての一貫性を考慮

・「原告の供述は、時間の経過につれ詳細になっているものの、丁数の増加や問答形式か自由記載形式かで理解できる範囲内であり、それが真実の体験であるとすれば存在し得ないような看過しがたい変遷もなく、おおむね一貫している。」

・（ポーターとして徴用された時期に関する供述に約 5 年もの差異があることについて）「原告は…年齢や暦年について明確に意識して記憶ないし供述していない供述態度が認められる。このような<u>原告の態度及びポーターに徴用された事実自体に関する供述は一貫しており、かつ詳細であることに照らせば、原告がポーターに徴用された事実自体の供述の信用性は失われないものというべきである。</u>」

■ 供述の変遷について、心理的要因を考慮

・「原告は、当初から、本邦を避難先としていたか否かについて、大きく供述を変遷させている。…難民認定手続及び退去強制手続において、なぜ本邦を避難先としたのか繰り返し尋ねられたこと、難民審査参与員、処分行政庁及び被告から、原告に対し、原告は専ら不法就労目的で本邦に来日したと考える旨の指摘されたことが認められる。<u>上記変遷は、このような被告の疑念を否定したいとの動機から、本邦を避難先としたのではない旨供述を変遷させたものとすれば、合理的に説明可能である。</u>そうすると、上記変遷は、原告供述の他の部分の信用性にまで影響を与えるものではな

■ 事例10 ■ ミャンマー少数民族カチン族の男性

い。」
■ 供述の変遷について，出身国情報との整合性を考慮
・「本国における活動に関する供述については，前記前提事実の<u>本国の一般情勢及びカチン州の情勢と符合しているし，NLD のメンバーであること及び本邦における反政府民主化運動については，一部裏付ける証拠があり，信用性が裏付けられている</u>。」
■ 供述が不自然・不合理であるとの主張を否定
・「被告は，原告が，カチン族である同人の家族は今はまだ迫害を受けていないとか，カチン族に対し政府は迫害を行ったり行わなかったりするなどと極めてあいまいな供述に終始していると主張するが，カチン族全体が強制労働の経験があるわけではなく，原告の家族も未だその経験はないが，カチン族は強制労働に徴用される可能性があることをいうものと解されるから，被告が主張するようなあいまいな供述とは言えない。」
■ 手続の初期段階では主張されていなかった供述の評価
（原告が難民認定手続及び退去強制手続において，KIA の活動等について具体的な供述をしていなかったことについて）
・「原告は，本邦において難民認定申請のための証拠収集のためにデモ等の反政府民主化運動に従事していたのであるから，弁護士の援助を受ける以前の段階における原告の主張の力点が，証拠を集めることのできた本邦における反政府民主化運動に置かれており，その反面として，本国における活動についての供述が薄くなったとしても，特段不自然ではない。また，原告は，難民認定手続及び退去強制手続の当初から，本国から逃れて来た理由としては，本国における活動を理由としているうえに，難民認定手続及び退去強制手続においても，KIA における活動について，一部具体的かつ本件訴訟における主張及び供述と矛盾しない供述をしているのであるし，<u>本件訴訟における KIA の活動についての原告の供述〔証拠〕は，極めて詳細かつ迫真的</u>であり，真に体験していなければ述べることが困難なものと考えられるが，同様に詳細に供述されている原告の生い立ちや翡翠堀りの方法も，難民認定手続及び退去強制手続においては一切具体的に述べられていなかったことに照らせば，<u>難民認定手続及び退去強制手続においては，詳細に尋ねられなかったために詳細に答えなかったに過ぎないとの原告の主張は自然であるというべきである</u>。」

◆ 3 主な不認定・棄却理由の考察

(1) 申請の遅延

一次	言及なし
異議	・「…あなたの出国動機を見ても，あなたは，本邦入国前に立ち寄ったサイパンにおいて何ら庇護を求めていないばかりか，本邦入国後１年以上にわたって難民認定申請することなく不法就労を繰り返した上本国に送金しており，あなたが難民認定申請したのは警察に逮捕された後になってからです。これらの事情に鑑みれば，あなたは専ら就労目的で本邦に入国したものと考えられ，あなたが迫害への恐怖から本国を出国したものとは認められません。」

≪裁判所の判断≫

・「原告は，来日してからわずか１年４か月後に逮捕され，その間難民認定申請をしていないものの，逮捕されるまで難民認定申請をすることを考えずに不法就労に専念していたわけではなく，来日直後の平成16年9月○日には難民認定申請のために東京入管を訪れ，その後も逮捕される前に，難民認定申請の際の証拠とするために反政府民主化運動に従事する様子を写真撮影していたものであるから，原告が逮捕されるまで難民認定申請の手続を取っていなかった事実も原告が難民であるとの認定を妨げ得るものではない。」

(寄港地において難民認定申請しなかったことについて)

・原告の「来日するまで本邦が目的地であることを知らなかった」旨の供述については「信用し難い」とした上で，「当初から日本が目的地であったことに照らせば，原告が寄港地において庇護を求めなかったとしても不自然ではない。」とした。

(2) 難民該当事由発生時点からの期間経過
言及なし

(3) 就労目的

一次	言及なし
異議	前記 (1) 「申請の遅延」を参照

≪裁判所の判断≫
・「原告は，本邦において稼働していたが，余程裕福である者以外は生活を営むために稼働することが必要であるから，単に稼働していること自体は難民性と両立しないものではない。原告は，本国に送金しているが，1回につき2万円ないし3万円を数回送金したに過ぎないし，原告が来日後すぐにデモなどの反政府民主化活動を行っていることも併せ考えると，原告が専ら不法就労を目的として本邦に入国したと認めるのは困難である。」

(4) 本国の家族の状況
　言及なし

(5) 個別把握

一次	・KIA メンバーとしての活動について 「…あなたの供述を前提としても，必要なときに呼ばれて連絡係を務めたという程度に過ぎない…」 ・NLD メンバーとしての活動について 「…あなたは特段の活動を行ったことは無い旨述べ，1990 年の総選挙の投票にも参加していないこと，1988 年の民主化運動の際も，同年8月8日のデモに参加したに過ぎないこと，2004 年1月にあなたは自己名義旅券を取得し，同年7月には特段の問題なく本国を出国していること等の緒状況を併せ考えれば，<u>少なくとも本国出国時点において，あなたが当局から反政府活動家として注視される対象であったとは認められない</u>…」 ・日本での活動について 「…あなたが本邦において「〔DKN〕」及び「〔AUN〕」のメンバーとして活動している旨の申し立てについては，その具体的活動内容は一般的なデモや集会への参加程度であること，雑誌「〔雑誌名A〕」にかかる申し立てについては，単に寄付したことによって氏名が掲載されたに過ぎないことなどを併せ考えれば，これらの<u>本邦における活動を理由に，あなたが殊更本国政府から関心を寄せられる対象であるとは認められない</u>…」
異議	・KIA メンバーとしての活動について 「…KIA が 1994 年に停戦合意を結んでいることなどに照らせば，そのメンバーであるという一事をもって迫害を受けるおそれがあるとは認められません。」 ・NLD メンバーとしての活動について 「…NLD メンバーとして<u>特段目立つような活動をしていたとは認められず</u>，デモへの参加も1日だけであったというのであって，その後あなたが自己

◆ 第 2 部 ◆ 事例ごとのまとめ

> 名義旅券の発給を受け，これを用いて本国の出国手続を受けていることも併せ考えれば，少なくともその当時において，あなたが本国政府から迫害を受けると言う客観的危険性があったとは認められません。」
> ・日本での活動について
> 「…あなたは，本邦において，〔DKN〕や〔AUN〕に加入するなど政治活動を行った旨主張していますが，いずれも<u>特段本国政府から関心を寄せられるようなものとは認められず</u>，帰国した場合に迫害を受けると言う客観的危険性は認められません。」

≪裁判所の判断≫

■ NLD 党員としての活動について

・「1988 年 8 月 8 日に行われたデモには，…極めて多数の者が参加したものである上に，…原告は当時 15 歳という若年で特に主導的役割を果たしたわけでもないのであるし，また，上記デモは 20 年以上前の出来事であるところ，…その後も本国では大規模なデモが複数回生じていることが認められるから，1988 年のデモに参加したことを理由として原告が現在においても軍事政権から迫害を受ける恐れがあるという十分に理由のある恐怖があるとは認めがたい。」

・「軍事政権は NLD を合法的な政党として認めたうえで，NLD の議員総会及び党集会の前やデモの際に NLD 党員を身柄拘束するなどして NLD の政治活動を抑圧しているものであるところ，原告は，十数年間 NLD に入党していたにもかかわらず，党員として当集会やデモに参加するなどしなかったのであるから，原告に，NLD の構成員であることにより迫害を受ける恐れがあるという十分に理由のある恐怖があるとは認めがたい。」

■ KIA メンバーとしての活動について

※ 前記 1「出身国情報の分析評価」の「(KIA について)」を参照。

・裁判所は，「原告の立場は，主導的立場にあったとは言い難いものの，KIA にとって必要不可欠な補助的活動であると評価される。」とした上で，「原告が KIA 中心メンバーでなくても殴打等の制裁を受けるおそれは十分にある。」としている。

■ 日本での活動について

・「原告の本邦における反政府民主化活動は極めて短期間であるうえに，活動内容も在日本大使館におけるデモに数回参加したことに過ぎず，所属する組織においても中心的ないし指導者的な立場にあるというわけでもない。

しかしながら，原告の本邦における反政府民主化活動は，本国の法（前記前提事実〔略〕）により3年から20年の禁錮という非常に重い罰則をもって禁止されている行為に該当するうえに，本国においては囚人や拘禁者に対し拷問や虐待が日常的に行われていることに照らせば，原告は，本邦における反政府民主化活動を理由に迫害を受ける恐れがあるという十分に理由のある恐怖を有するというべきである。」

（原告の日本での政治活動が専ら難民認定目的でなされていたのかについて）
・「なお，本国における地下活動等には客観的証拠を期待できないためにやむを得ない面があること及び原告が来日後すぐにデモ等の反政府民主化運動を行っていることに照らせば，原告が難民認定を受けるためには日本において客観的証拠を収集することが必要であると考えて写真等の証拠を収集していたとしても，原告が専ら難民認定を受けることを目的に本邦における反政府民主化運動に従事していたとは断じ難い。」

■「その他大勢の活動家のうちの一人」である者の難民該当性について
・「被告は，現在の本国においては，積極的な反政府活動を行う団体の中心的な構成員として組織している人物であれば格別，高い政治意識を持って積極的に反政府活動を行っているとは認められない者，例えば，日本で本国の民主化運動を担っているわけではなく，あるいは本国政府を批判する政治的デモに参加はするものの，大勢の参加者の一人として参加するに過ぎないなど，いわば「その他大勢の活動家」に過ぎない者については，本国政府から迫害の対象とされる客観的・具体的な危険性は認められず，その政治的意見を理由に迫害を受けるという個別，具体的な事情は認められないところ，原告は，その他大勢の活動家に過ぎず，本国政府に積極的な反政府活動家として敵視され，迫害の対象として注視されているとは到底認められない旨主張する」

　「被告は…国連人権委員会の本国（編者注：ミャンマー）担当特別報告者として本国の人権状況の調査に従事した経験がある本国の情勢に詳しい横田洋三教授の陳述〔証拠〕を上記主張の根拠とする。

　〔証拠〕によれば，同人の陳述内容は，「…いわゆる民主化運動，反政府活動に参加しているミャンマー人は，少なく見てもおよそ数万人はいると言われています。ミャンマー政府は，おそらくそうした民主化運動，反政府運動のほぼ全容を把握していると考えられます…しかしながら，ミャンマー政府は，人権保障上問題のある政府ではありますが，同時に，極めて

賢い政府でもあり，冷静で自信を持っているミャンマー政府が，こうした数万人の活動家を等しく迫害しようと企てているとは想定できません。そもそもミャンマーの刑務所の収容能力に照らしても，ミャンマー政府はそれほど多数の政治犯を収容する余力は有していません。その意味では，ミャンマー政府は最小限の力で最大の効果が得られるよう，ポイントを押さえ，相手を選んで迫害していると言えます…例えば著名な反政府団体の指導者であるなど，その者に自由な行動を許しておくことで他の活動家に影響を与え，民主化運動全体が活発化するような危険性のある人物です。」というものである。

　しかしながら，上記横田教授は，数万人の活動家が全員帰国することを想定して収容能力をいうようであるが，活動家が帰国することは稀である。…刑務所の収容能力の点は根拠にならないというべきである。また，仮に本国政府が極めて冷静で賢い政府であれば，最小限の労力で最大の委縮効果が得られるように，迫害することが困難な著名な反政府団体の指導者等ではなく，その他大勢の活動家のうちの一人に過ぎない者を，ランダムに迫害するものとも考えられる。さらに，迫害するつもりが全くないのであれば，軍事政権が，著名な反政府団体の指導者的立場の者ではない，その他大勢の活動家のうちの一人に過ぎないような国外の活動家の氏名及び活動内容の全容を，わざわざ把握する必要性は乏しいと言わざるを得ない。また〔証拠〕によれば，本国国内においてわずか1か月内に民主活動家少なくとも160人が禁固刑を言い渡されたこと，平成19年11月16日から同年12月3日にかけて8585人の政治犯らが順次釈放されたこと，平成20年10月時点でミャンマー各地に収容されている政治犯は2157人であることが認められるが，これらの者が全て著名な反政府団体の指導者的立場の者であるとは考え難い。」

(6) 過去の迫害体験

一次	言及なし
異議	・「…あなたは，ポーターとして強制労働を強いられたことがある旨主張していますが，仮にこれが事実であるとしても，あなたの供述によれば，これは一度きりで4日間のことにすぎないというのであって，その内容も，特に迫害と評価すべきほどのものとは認められません。」

■ 事例10 ■ ミャンマー少数民族カチン族の男性

≪裁判所の判断≫

- 「原告が過去に1回ポーターとして徴用された経験があること，原告の異母兄がポーターとして徴用されて死亡したことを考えると，原告が今後強制労働に徴用される可能性が低いとはいえないことも明らかである。」

(7) 適法な旅券発給・更新

一次	・「…2004年1月にあなたは自己名義旅券を取得し，同年7月には特段の問題なく本国を出国していること等の緒状況を併せ考えれば，少なくとも本国出国時点において，あなたが当局から反政府活動家として注視される対象であったとは認められない…」
異議	・「…あなたが自己名義旅券の発給を受け，これを用いて本国の出国手続を受けていることも併せ考えれば，少なくともその当時において，あなたが本国政府から迫害を受けると言う客観的危険性があったとは認められません。」

≪裁判所の判断≫

- 「〔証拠〕によれば，本国においては旅券の発給及び出国手続の際の審査を厳格に行っており，賄賂により審査が簡略化されることもあるが，本国政府が把握している反政府活動家は旅券の発給等を受けることが難しいことが認められるところ，原告は，正規の旅券の発給を受け正規の手続により出国しているから，原告が本国出国時に本国政府から反政府活動家として特に把握されていたとは認め難い。しかしながら，原告はKIAのメンバーであったが地下活動家員であったし，NLDのメンバーであったがメンバーカードを見つからないように隠していたのであるから，原告がKIA及びNLDのメンバーであることを本国政府が把握していないのはむしろ自然である。よって，原告が正規の旅券の発給を受け正規の手続により出国した事実は，原告が難民であることの認定を妨げ得るものではない。」

◆ 4　事案の全体的・総合的評価の有無

一次	・①本国での事情，②来日後の活動，③カチン族であること，④キリスト教徒であることについて，「…上記①から④までを併せて考慮しても，あなたの政治活動歴が前記程度にとどまることなどからすれば，迫害を受ける客観的危険性は認め難い。」
異議	・「あなたのこれまでの政治活動歴を併せ考慮しても，その活動内容が前記

> 程度にすぎないことからすれば，同じく迫害の客観的危険性を認めることはできません。」

≪裁判所の判断≫
・裁判所も，カチン族に属すること，キリスト教徒であること，本国及び本邦における反政府民主化運動による迫害を受けるおそれについて個々の事情をそれぞれ評価しているが，全体的考察をするまでもなく，上記のキリスト教徒であること以外の事情による迫害を受けるおそれを認め，「人種（カチン族），特定の社会的集団（KIA,AUN 及び DKN）の構成員であること及び政治的意見（反政府民主化運動）を理由に迫害を受けるおそれがあるという十分に理由のある恐怖を有すると認められ」ると判断した。

◆ 第3 分 析

◆ 1 不認定・棄却理由と判決理由との違いについて

一次不認定理由及び異議棄却理由と裁判所の判断が分かれた主要な理由として，申請者の供述の信憑性評価と「迫害を受けるという十分に理由のある恐怖」の評価の2つが挙げられる。

◆ 2 信憑性の判断について

異議棄却理由では，裏付けの客観証拠がないことを挙げながら，「仮に供述内容が事実であったとしても」と前置きした上で，評価を続け，信憑性の判断については踏み込んでいない。一方，判決理由では，供述の変遷があることや，退去強制手続又は難民認定手続の初期段階で供述が欠落していることについて，緻密な検討を加えている。その中で，周辺部分に関する供述と根幹部分に関する供述を区別し，また難民の心理的側面や出身国情報との整合性を考慮した上で，難民認定申請書等の初期段階の供述において変遷や欠落が見られた理由を説明している。このような検討の結果，判決は，供述の信憑性を肯定した。

◆ 3 「迫害を受けるという十分に理由のある恐怖」について

(1) 強制労働

異議棄却理由と判決理由とでは「迫害」の理解が異なることが窺える。異議

棄却理由は，強制労働について，一過性のもので4日間に過ぎないため，「迫害」に相当するほどではないとしている。他方で判決理由は，強制労働をもって，「通常人において受忍し得ない苦痛をもたらす身体の自由の侵害に当たることは明らか」とし，「迫害」に該当するとした。

また，異議棄却理由と判決理由とでは，「十分に理由のある恐怖」の理解も異なることが窺える。異議棄却理由は，申請者の過去の強制労働経験のみを考慮し，「これは一度きり」のものと評価した。他方で判決理由は，カチン州において強制労働が拡大していること等の一般情勢，及び申請者本人の過去の強制労働経験に言及した上で，「原告が今後強制労働に徴用される可能性が低いとはいえないことも明らか」として，申請者が再び強制労働という「迫害」を受けることについて，「十分に理由のある恐怖」が存在すると評価した。特筆すべきは，判決理由が「十分に理由のある恐怖」の該当性判断において，「強制労働に徴用される蓋然性が高い」ことを求めず，「強制労働に徴用される可能性が低いとはいえない」ことで十分であるとした点である。これまでの裁判例では，「迫害が現実化する高度の蓋然性」を求めるものも少なくないところ，本判決理由における「十分に理由のある恐怖」の判断手法は，申請者が主張する恐怖に客観的な裏付けがあるかを健闘対象としており，他の先進国における判断と整合していると言える。

(2) 個別把握論及び「その他大勢の活動家のうちの一人」であること

行政段階においては，反政府活動に係る事例において，組織の中枢にいない末端メンバーであることや多数の参加者の一人であることを理由に難民該当性の事情とならないとする傾向がある。

本件の不認定理由及び異議棄却理由においても，「必要なときに呼ばれて連絡係を務めたという程度にすぎない」，「一般的なデモや集会への参加程度」であるとして，殊更本国政府から関心を寄せられる対象とは認められず，ひいては迫害を受けるおそれの客観的事情もないとしている。他方で判決理由は，関連する出身国情報を分析し，KIAに関する事情については，「〔申請者〕がKIAの中心メンバーでなくとも，殴打等の制裁を受けるおそれは十分にある」と評価している。また，来日後の活動については，ミャンマー政府が「その他大勢の活動家」のうちの一人に過ぎない者を迫害するわけがないとの国側の主張に対して，「仮に本国政府が極めて冷静で賢い政府であれば，最小限の労力で最大の委縮効果が得られるように，迫害することが困難な著名な反政府団体の指

161

導者等ではなく,「その他大勢の活動家」のうちの一人に過ぎない者を,ランダムに迫害するものとも考えられる。」として,「中心的ないし指導的な立場にあるというわけではない」申請者が,来日後の反政府民主化活動を理由に迫害を受けるおそれがあると認めている。

　このとおり,判決理由は,「中心メンバーか否か」という基準に依らず,本国情勢を分析した上で,同国において中心メンバーではない者に対する迫害の危険性がどの程度あるかを検討している。かかる判断においても,(1)で前述したように,「十分に理由のある恐怖」の判断手法として,申請者の主張する恐怖に客観的裏付けがあるか否かを重視しており,その該当性のためのハードルを不当に高く設定していないことが窺える。

(3)　正規旅券の発給を受けての出国,申請の遅延や稼働目的などの事実

　本件の不認定理由及び異議棄却理由では,行政段階における不認定・棄却理由の典型にみられるように,正規旅券の発給を受けて出国したこと,経由地のサイパンで難民認定申請をしなかったこと,来日してから逮捕されるまで難民認定申請をしなかったこと,来日後就労して本国に送金していることを挙げ,迫害を受けるという主観的ないし客観的な事情を否定する事情として使われている。一方で,判決は,これらの事実について,「被告主張の消極の間接事実」として論じ,それぞれについて認定を妨げるものではないと的確に述べている。

事例 11

反政府活動に関与したエチオピア出身の女性

事例	出身国	民族・宗教	性別	年齢（認定時）
申請者 11	エチオピア	アムハラ	女性	30 歳前後
入国日	入国の状況	経由国		
2007 年 7 月○日	上陸拒否	エチオピア／空路／タイ／空路／日本		
難民申請日	申請の場所	不認定日（処分）	不認定日（告知）	
2007 年 7 月 6 日	成田空港	2007 年 8 月 9 日	2007 年 8 月 16 日	
異議審尋日	審尋の曜日・場所	異議棄却日（処分）	異議棄却（告知）	
2008 年 8 月 27 日	水・東京	2008 年 12 月 12 日	2009 年 1 月 6 日	
提訴				
2009年3月23日提訴（難民不認定取消・異議棄却取消・退令無効確認・在特不許可無効確認）				
地裁判決（確定）				
裁判所：東京地方裁判所　民事第 38 部 事件番号：平成 21 年（行ウ）132 判決日：2010 年 10 月 1 日 裁判官：杉原則彦，波多江真史，財賀理行				
LEX/DB				
訴訟後の状況				
2010 年 11 月頃難民認定				
その他の特記事項				
空港申請案件。訴訟で異議部分の請求は却下。通知「難民認定手続における客観的情報の取扱いについて」法務省管総第 1411 号（2011 年 3 月 7 日）				

◆ **第 1　事案の概要**

　本件は，エチオピアで出生し，エチオピアの大学で会計学を学んで，卒業後はアディスアベバにある会社で会計を担当していたエチオピア国籍の女性の事案である。

　申請者は，勤務していた会社のオーナーが野党エチオピア民主統一軍（AEUP）の支持者であったことから，自身も AEUP に関心を持つようになり，

163

◆ 第2部 ◆ 事例ごとのまとめ

2004年にAEUPに入党し，集会やデモに参加するなどの反政府活動をしていた。2005年4月頃，総選挙を目前に控えて逮捕状なしで逮捕され，食事を十分に与えられずに50日間拘束されたが，選挙終了後に訴追されることなく釈放された。釈放後はしばらく活動を控えていたが，AEUPが加わる野党統一民主連合（CUD）の指導者が選挙後に拘束されたため，その解放を求める運動に加わるなどしたところ，2005年10月に召喚状を受け，警察署に出頭したところをそのまま騒乱罪容疑で逮捕・拘束され，デモ参加やAEUPの組織等に関する取調べを受けた。同月，父親が保釈保証金を支払い釈放された。その後，積極的な活動を控えて，従前どおりにアディスアベバの会社に勤務していたが，2007年6月に旅券と日本行きの査証を取得し，同年7月にエチオピアから日本に向けて出国した。出国に当たり，AEUPの党員証，警察からの召喚状，保釈保証金受領書等を鞄の裏地に空けた穴から鞄の底に隠して持ち出した。

来日後，申請者は，約11ヶ月間入管収容施設に収容されたが，2008年6月に仮放免された後，政治集会に参加したり，元CUDメンバーらが結成した団体に加入し，日本においても本国政府に反対する活動を継続していた。

申請者は，エチオピアに帰国した場合に，AEUPの党員であることやその他の政治活動を理由に，エチオピア当局から生命および身体への危害を受けることを恐れている。

◆ 第2　行政と司法の判断の比較

◆ 1　出身国情報の分析評価

一次	言及なし
異議	言及なし

≪裁判所の判断≫
・エチオピアの政治状況，外務省が在外大使館に対して，反政府過激派に関する指示文書を発行しており，過激派取締りの事実を認定。
「エチオピア政府又は与党であるEPRDF（エチオピア人民革命民主戦線）は，CUDなどの野党を弾圧し，その党員等を不当に逮捕したり，反政府系指導者らを不当に拘束して起訴したりしているもので，さらにエチオピア外

■ 事例11 ■ 反政府活動に関与したエチオピア出身の女性

務省は在外大使館員に指示して，国外にいる反政府系の人物に対する監視を強化するなどしているのであり，これによれば，エチオピア政府及びEPRDFは，反政府系の人物を取り締まる強固な意思を有していることがうかがわれる。」

◆ 2　信憑性の判断

一次	・「…あなたから提出された証拠には改ざんされた形跡があること，あなたの組織や政治に関する知識に客観的資料との齟齬があること，逮捕等されたにもかかわらず，約1年半後には自ら手続を行い自己名義旅券の発給を受け，同旅券を用いて出国手続を受けていることなど，あなたの供述には不自然・不合理な点が認められ，これを直ちに信用することはできません。」
異議	・「…あなたは与党の政党名や自ら所属するAEUPの議席数はもとより，エチオピアの選挙制度についての基本的な知識さえ有しないことからすれば，あなたがAEUPに所属して政治活動を行っていたものであると認めることはできません。」

≪裁判所の判断≫

「原告の供述内容は，その根幹部分において，これらの客観的な資料及び認定したエチオピア政治情勢とおおむね整合するものであり，全体として信用性が認められる。」とした。以下，その理由。

■　供述の変遷について，中核／周辺部分の区別

・「本件訴訟において，原告は，1回目の逮捕が2005年（平成17年）4月○日であり，2回目の逮捕が2005年（平成17年）10月○日であると主張しているところ，原告が，難民認定手続等において，1回目の逮捕については「2005年4月○日」〔証拠〕又は「2005年4月」〔証拠〕と供述しており，また，2回目の逮捕については「EC（編者注：「EC」はエチオピア暦）1998年1月○日」（2005年9月○日）（証拠略）と記載し，又は「2005年9月○日」（証拠略）と供述していたことは，被告の指摘するとおりである。

　もっとも，上記各供述の時点で，逮捕からすでに数年程度が経過していることに照らせば，日付に関する記憶に多少のずれが生じることも十分に考えられるところであり，また弁論の全趣旨によれば，エチオピア暦と西暦との間にはおおむね7年8か月と10日前後のずれがあることが認められるところ，その換算は容易とは言い難いことから，原告が換算を誤り，

165

又は必ずしも正確を期することなく供述した可能性も否定できず（現に，EC1997年1月○日を2004年9月○日とし〔証拠〕，EC1997年9月を2004年9月とする〔証拠〕などの誤った換算に基づく供述が複数見られる。），逮捕の日付に関する供述に変遷と見られる部分があることから直ちに，原告の供述の真実性を疑うことは相当ではない。」

■ 通訳の問題を考慮

・「平成20年8月27日付け審尋調書〔証拠〕には，原告が1回目の逮捕当時学生であった旨供述したことの記載があるが，同調書に対しては，審尋手続に立ち会った原告代理人から異議の申出がされ，その全般にわたって，通訳の不手際や調書の記載の不正確性等が指摘されている〔証拠〕。上記異議の内容の当否はともかく，このような経緯に照らせば，原告が実際には上記趣旨の供述をしていない可能性も十分に考えられ，上記調書の記載をもって，原告の供述に変遷があったとはいえない。」

・「また，1回目の逮捕状況について，出勤時であったか帰宅時であったかなどの変遷はあるものの，原告の言い間違いや通訳時の誤りなどによるものであることも否定できず，その後の拘束期間や拘束状況等に関する供述は具体的であり，かつ，おおむね一貫していることにも照らせば，1回目の逮捕自体が虚構であるとは考え難い。」

■ 時間的・心理的要因を考慮

・「供述の変遷について，中核／周辺部分の区別」において前述したとおり，逮捕の時期に関する供述の変遷について「逮捕から既に数年程度が経過していること」を考慮した。

■ インタビューの問題

・「被告は，原告が，難民認定手続において，エチオピアには14の選挙区があり，1選挙区から1人の計14人の議員が選ばれるなどと供述していることを根拠として，原告がエチオピアの政治についての基本的な知識を欠いており，積極的な政治的活動をしていたとは認められない旨主張するところ，確かに，平成19年7月12日及び同月26日に行われた難民調査官によるインタビューに係る供述調書〔証拠〕には，それぞれ原告が上記趣旨の供述をしたことの記載がある。

　しかし，エチオピア全国で14人の議員しか選出されないとの供述内容が不合理であることは明らかであり，仮に，原告が実際には政治的活動をしていなかったのにそのように装っているものであるとしても，エチオピ

■ 事例11 ■ 反政府活動に関与したエチオピア出身の女性

アにおいて高等教育を受け，会社員として社会生活を送っていた原告が，上記のような明らかに社会常識を欠く回答をすることは考え難いというべきであり，むしろ，原告が難民調査官の質問の趣旨を正しく理解していなかったなどの事情により，上記のような供述がされたものと考えるのが自然である。

　また，AEUPで議会に参加している人が何人なのかわからない〔証拠〕，第3回国政選挙の結果は，与党のEPRDFが勝ったということはわかるが，その他詳しいことはわからない〔証拠〕などの供述もあるが，これは，具体的な獲得議席数までは把握していないとの趣旨とも解され，原告がエチオピアの政治についての基本的な知識を欠いていることの根拠とするのは相当でない。

　そして，平成19年7月12日付け供述調書〔証拠〕によれば，原告は，エチオピアにおける有力な政党の名称，AEUPの代表者の氏名，AEUPにおける役職や組織の構成，活動内容等について，相当に詳細な説明をし，さらに，AEUPの議長ら役職者がその活動を理由に逮捕されたことなど，前記（1）で認定した<u>エチオピアの政治情勢に関する客観的事実と合致する内容の供述をしていたことが認められ，原告がエチオピアの政治についての基本的知識を欠いているとは到底いえない</u>。」

■ 提出証拠の信用性
・「原告は，難民認定手続において，AEUPの党員証〔証拠〕，AEUPの議長名義の書簡〔証拠〕，警察からの召喚状〔証拠〕及び保釈保証金の受領証〔証拠〕を提示しており〔証拠〕，これらは，原告がエチオピアから持参したものであると認められるところ，このうち，党員証に記載された原告の年齢が実際の年齢と整合しないことは，被告の指摘するとおりであるが，このことから直ちに偽造が疑われるものともいえず（<u>むしろ，偽造されたものであるとすれば，その記載内容等には細心の注意が払われるはずであり，このような明白な誤りが見過ごされることは考え難い</u>。），この点を除けば，上記各文書について，偽造を疑わせるような不自然な点は特段見当たらない。」

■ 供述が不自然・不合理との指摘に対する評価
・「インタビューの問題」において前述したとおり，裁判所は，「原告がエチオピアの政治についての基本的知識を欠いているとは到底いえない」と判示した。

167

◆第2部◆ 事例ごとのまとめ

◆ 3 主な不認定・棄却理由の考察

(1) 申請の遅延

一次	言及なし
異議	言及なし

≪裁判所の判断≫

・「被告は，原告が2回目の逮捕から釈放された後も，出国するまで1年半以上，従前どおりの生活を送っており，迫害を免れようとする難民としては不自然である旨主張する。

　しかし，前記…の認定事実のとおり，原告は，2回目の逮捕の後は，積極的な政治活動には参加せず，支援者に対するスピーチなどの活動にとどめていたものである。また，［会社名E］がAEUPとつながりのある会社であるとしても，そのことが政府に把握され，同社が現に弾圧の対象とされていたことをうかがわせる証拠はなく，原告が同社での稼働を続けていたことをもって，原告の難民該当性を疑わせる事情であるとはいえない。そして，原告が政府から迫害を受けないよう注意を払いつつ出国の機会をうかがっていたとすれば，2回目の逮捕に係る保釈から出国に至るまでの期間が，不自然に長いともいえない。」

(2) 難民該当事由発生時点からの期間経過

言及なし

(3) 就労目的

一次	言及なし
異議	・「…あなたは，本邦で親族訪問等を目的として上陸許可申請したにもかかわらず，上陸許可受けられないことを知ると同時に，一転して難民性を主張し，用意してきた資料を提出していること，難民認定申請の調査において「エチオピアで家族は苦しい生活を強いられており，私は日本で働いて送金しなければならない」旨供述していることなどからすれば，あなたが本邦に入国した目的は，迫害を受けるおそれから逃れるためではなく，本邦で稼働することにあったとの疑念を持たざるを得ません。」

≪裁判所の判断≫

・「被告は，原告が出国先として日本を選んだことは不自然であり，その供

■ 事例11 ■ 反政府活動に関与したエチオピア出身の女性

述内容からも，稼働目的で来日したと認めるのが相当である旨主張するところ，確かに，原告の供述によっても，原告が出国先として日本を選んだ理由は必ずしも明らかではなく，また，難民認定手続等における原告の供述調書には，日本で働いて家族のために送金したい旨の供述が散見されることに照らせば，原告に経済的な目的が全くなかったとは断じ難い。

　しかし，原告は，エチオピアにおいて定職を持ち，アディスアベバにおける平均月収を上回る月額800ブルの収入を得ていたほか，原告の父親は，「殆どの市民にとって高すぎる金額」〔証拠〕である１万ブルの保釈保証金を支払うなど，相当の資力を有していたことがうかがわれ，さらに，原告は，出国に当たり，家族が用意した現金2000米ドルを所持していたもので，原告が日本で稼働して送金しなければならない程度にまで，原告及びその家族が困窮していたとも認められない。

　そして，原告は，来日に当たり，党員証等の資料を持参し，いったんは来日目的を「親族訪問」として上陸の申請をしたものの，上陸を拒まれると，直ちに本件難民認定申請をしたもので，さらに，我が国においても，仮放免中に政治的活動を行っているのであるが，これらがいずれも稼働目的で来日したことを隠ぺいするための偽装であるということは，およそ考え難い。原告は，当初から一貫して，日本において難民として保護を受けるために来日した旨の供述をしている上，日本で働いて家族に送金したい理由として，自分が日本に渡航するに当たり家族に経済的負担をかけたこと〔証拠〕や，自分がいなくなれば家族の生活が苦しくなること〔証拠〕も挙げており，これらの供述にかんがみれば，<u>原告が来日した主たる目的は，飽くまでも難民として保護を受けることにあったと認めるのが相当であり，日本で稼働して家族に送金することは，上記目的を達するために家族に生じた経済的負担をてん補しようというものにすぎない</u>というべきである。」

(4) 本国の家族の状況
　言及なし

(5) 個別把握

一次	言及なし
異議	・「仮にAEUPに所属していたとしても，その活動内容は<u>多数の中の一人と</u>

169

> してデモ等に参加した程度に過ぎない上，2007年6月に，自己名義旅券の発給を受け，当該旅券を用いて同年7月に何ら問題なく出国していることからすれば，本国において，AEUPにおける活動を理由として，迫害を受ける具体的客観的な危険性があるものと認めることはできません。」

≪裁判所の判断≫

・「原告は，野党であるAEUPの党員として反政府活動に加わっていたところ，これまでに2度にわたり逮捕されているもので，逮捕の時期や経緯等に照らせば，これらは，原告が野党の党員であり，また，政府に反する政治的意見を有していることを理由に，これを不当に弾圧する目的でされたものであると推認できる。…本件各証拠によっても，原告が2回目の逮捕に係る嫌疑について終局判決を受けた事実はうかがわれず，原告は，現在も保釈中の身分であると考えられるところ，このような中で，原告がエチオピアを出国したことは，エチオピア政府においても把握しているものと推測されるから，原告がエチオピアに帰国した場合に，不当な拘束や刑罰等，通常人において受忍し得ない苦痛をもたらす攻撃ないし圧迫であって，生命又は身体の自由の侵害又は抑圧を意味するもの，すなわち迫害を受けるおそれがあるということができ，通常人においても上記迫害の恐怖を抱くような客観的事情があると認められる。」

(6) 過去の迫害体験

一次	言及なし
異議	言及なし

≪裁判所の判断≫

※ 前記(5)「個別把握」を参照。

(7) 適法な旅券発給・更新

一次	前記2「信憑性の判断」を参照
異議	前記(5)「個別把握」を参照。

≪裁判所の判断≫

・「また，被告は，原告が旅券を取得し，特段の問題なく出国したことをもって，原告の難民該当性に係る主張の真実性を疑わせる事情である旨主張する。

■ 事例11 ■ 反政府活動に関与したエチオピア出身の女性

　しかし，エチオピアにおける旅券発給の実情は必ずしも明らかではなく，原告のような境遇の者に旅券が発給される可能性が全くないとも認め難い上，原告が主張するように，旅券の取得や出国審査等に当たり，CUDの支援者等の協力を得たということも，全くあり得ないとはいえない（被告が指摘するとおり，原告は，難民認定手続等において，旅券の取得等に当たりCUDの支援者等の協力を得た旨の供述をしていないが，原告は，ブローカーに依頼したりすることなく，正規の旅券を取得し，正規の手続を経て出国した旨の供述をしたにとどまり，CUDの支援者等の協力を得たことと矛盾する供述をしていたものではない。）。
　よって，原告に旅券が発給されたことをもって，原告の難民該当性を否定することは相当でないというべきである。」

◆ 4　事案の全体的・総合的評価の有無

言及なし

◆ 5　特記事項

　裁判所は，被告が原告の難民該当性判断を誤り，在留特別許可をしないとの処分をしたこと，及び，退去強制令書発付処分をしたことについて，次のように述べた。

(1) 在留特別許可をしない処分について

「一般に，入管法61条の2の2第2項による在留特別許可をしない旨の処分が当該外国人に対してのみ効力を有するもので，当該処分の存在を信頼する第三者の保護を考慮する必要が乏しいことなどを考慮すれば，当該処分の瑕疵が入管法の根幹についてのそれであって，出入国管理行政の安定とその円滑な運営の要請を考慮してもなお，出訴期間の経過による不可争的効果の発生を理由として当該外国人に処分による重大な不利益を甘受させることが著しく不当と認められるような例外的な事情のある場合には，前記の過誤による瑕疵が必ずしも明白なものでなくても，当該処分は当然無効と解するのが相当である（最高裁昭和42年（行ツ）第57号同48年4月26日第一小法廷判決・民集27巻3号629頁参照）。
ウ　これを本件についてみると，本件在特不許可処分は，難民である原告について入管法61条の2の2第2項による在留特別許可をしないというもので

171

あり、その結果、原告を、これを迫害するおそれのあるエチオピアに送還することとなるものである。しかしながら、我が国が難民条約及び「拷問及び他の残虐な、非人道的な又は品位を傷つける取扱い又は刑罰に関する条約」（以下「拷問等禁止条約」という。）を批准し、難民条約33条1項を前提に入管法53条3項が規定されていること、入管法上の難民の意義、性質等に照らせば、難民である外国人を、これを迫害するおそれのある国に向けて送還してはならないことは、入管法上明らかである。そうすると、本件在特不許可処分は、難民である原告について入管法61条の2の2第2項による在留特別許可をせず、その結果、原告を、これを迫害するおそれのある国に向けて送還しようとする点において、入管法の根幹に係る重大な過誤というべき瑕疵を有するものといわなければならない。

そうすると、本件在特不許可処分には、出入国管理行政の安定とその円滑な運営の要請を考慮してもなお、出訴期間の経過による不可争的効果の発生を理由として、難民である原告について入管法61条の2の2第2項による在留特別許可をせず、その結果、原告に迫害を受けるおそれのある国に送還されるという不利益を甘受させることが、著しく不当と認められるような例外的な事情があるというべきである。したがって、前記の過誤による瑕疵が明白なものでなくても、本件在特不許可処分は当然無効と解するのが相当である。

以上によれば、本件在特不許可処分は、無効であるというべきである。」

(2) 本件退令発付処分について

「当該外国人が難民条約に定める難民であるときは、当該外国人を、これを迫害するおそれのある国に向けて送還することはできない（入管法53条3項、難民条約33条1項、拷問等禁止条約3条）。したがって、<u>当該外国人が難民であるにもかかわらず、その者を、これを迫害するおそれのある国に向けて送還する退去強制令書発付処分は違法であるというべきである。</u>

これを本件についてみると、前記2で判示したとおり、原告は難民であるということができるから、原告を、これを迫害するおそれのあるエチオピアへ向けて送還する本件退令発付処分は違法であるというべきである。

そして、本件退令発付処分は、原告を迫害のおそれのあるエチオピアに送還することになるものであり、前記〔略〕のとおり、入管法の根幹に係る重大な過誤というべき瑕疵を有するものといわざるを得ない。したがって、その瑕疵

■ 事例11 ■ 反政府活動に関与したエチオピア出身の女性

が明白なものでなくとも，本件退令発付処分は当然無効と解するのが相当である。」

◆ 第3 分 析

◆ 1 不認定・棄却理由と判決理由との違いについて

不認定理由及び異議棄却理由と判決理由との違いは，大きく以下の3点である。

第1に，申請者が提出した客観的証拠の評価である。不認定・棄却理由では，資料には改ざんされた形跡がある等としたが，判決理由では，客観的証拠を本国から持ち出した経過等を具体的に認定した上，証拠価値を肯定した。

第2に，上記の客観的証拠の評価とも関連するが，申請者の供述の信憑性の評価である。不認定・棄却理由では，申請者がエチオピアの政治についての基本的知識を欠く，逮捕の時期，状況等につき変遷が見られるなどとして，供述の信憑性を否定したが，判決理由は，申請者の供述の根幹部分は客観的証拠やエチオピアの政治情勢とおおむね整合しているとして，信用性を認めた。

第3に，迫害を受けるおそれの評価である。不認定・棄却理由では，正規の旅券を取得して出国していることなどの事情を主張したが，判決理由は，このような事情があるとしても難民該当性は否定されないとした。

◆ 2 客観的証拠の評価について

不認定理由は，申請者が提出したAEUPの党員証，AEUPの議長名義の書簡，警察からの召喚状，保釈保証金の受領証といった客観的証拠について，「資料には改ざんされた形跡がある」として作成の真正を否定しており，棄却理由も，具体的な理由は述べていないものの，客観的証拠の証拠価値を否定している。

これに対し，判決理由は，申請者が，「出国に当たり，AEUPの党員証，AEUPの議長名義の書簡，警察からの召喚状，保釈保証金の受領証などを，鞄の内側の裏地に空けた穴から鞄の底に入れて隠し，これを持ち出した」などという経過を認定した上，客観的証拠の証拠価値を肯定している。その上で，「党員証に記載された原告の年齢が実際の年齢と整合しないことは，被告の指摘すると

173

おりであるが，このことから直ちに偽造が疑われるものとはいえず（むしろ，偽造されたものであるとすれば，その記載内容等には細心の注意が払われるはずであり，このような明白な誤りが見過ごされることは考え難い）」として，偽造が疑われるという国の主張を排斥している。

　客観的証拠については，国は，しばしば，記載内容が細かな事実と食い違っているとか，記載内容に不自然な点があるなどと指摘した上，具体的な入手や持参の経過を必ずしも詳細に検討することなく，その証拠価値を否定する傾向にある。判決理由は，記載内容に誤りがあることのみで証拠価値を否定するのではなく，申請者が本国から持参した経過などを具体的に認定した上で証拠価値を肯定的に評価しているものであり，客観的証拠の真正を判断するに当たっては，記載内容のみならず，その入手や持参の経過を具体的に検討することの重要性を明らかにしているものといえよう。

◆3　供述の信憑性の評価について

　不認定・棄却理由は，申請者がエチオピアの政治についての基本的知識を欠くこと，逮捕の時期，状況等について変遷が見られるなどとして，申請者の供述の信憑性を否定している。

　これに対し，判決理由は，エチオピアにおいて高等教育を受け，会社員として社会生活を送っていた申請者が，明らかに社会常識を欠く回答をすることは考え難く，「むしろ，原告が難民調査官の質問の趣旨を正しく理解していなかったなどの事情」によるものであるとして，エチオピアの政治について基本的知識を欠くとはいえないとしている。

　また，判決理由は，逮捕の時期，状況等のずれについても，供述の時点で逮捕から既に数年程度が経過していることや，エチオピア歴と西暦との間におおむね7年8か月と10日前後のずれがあり，その換算が容易とは言い難いことから，直ちに供述の真実性を疑うことは相当ではないとしている。

　さらに，判決理由では，口頭意見陳述・審尋期日における審尋調書の記載について，「審尋手続に立ち会った原告代理人から異議の申出がされ，その全般にわたって，通訳の不手際や調書の記載の不正確性等が指摘されている」経緯に照らせば，本人が実際には上記の趣旨の供述をしていない可能性も十分に考えられると述べている点が注目される。

　このような通訳の不手際や調書の不正確性の問題点については，代理人の立会いが許されていない難民認定手続等の調書においてさらに深刻になるもので

あって，判決理由の指摘は，難民認定手続等の調書の記載における供述内容の根幹部分以外のずれをもって，容易に供述に変遷があるとして信憑性に疑問があるとする国の主張の傾向に警鐘を鳴らすものといえる。

◆ 4 迫害を受けるおそれについて

不認定・棄却理由は，申請者が正規の旅券を取得して出国していること，2回目の逮捕から釈放された後も出国するまで1年半以上従前どおりの生活を送っていたこと，親族訪問等の目的で上陸許可を受けられないことを知ると同時に一転して難民性を主張しており，日本で稼働して家族のために送金したい旨述べていたことなどから，迫害を受けるという客観的危険性を認めることはできないとしている。

これに対し，判決理由は，正規の旅券の取得等について，エチオピアにおける旅券発給の実情が必ずしも明らかでないことや，支援者等の協力を得たということも全くあり得ないとはいえないとしている。

また，判決理由は，釈放から出国までの期間についても，「原告が政府から迫害を受けないよう注意を払いつつ出国の機会をうかがっていたとすれば，2回目の逮捕に係る保釈から出国に至るまでの期間が，不自然に長いともいえない」としている。

さらに，判決理由は，上陸時の状況や来日後の生活状況についても，上陸を拒まれると直ちに難民認定申請をしたものであり，仮放免中に政治的活動を行っていることからすれば，いずれも稼働目的で来日したことを隠蔽するための偽装であるとはおよそ考え難いとした上，「原告が来日した主たる目的は，あくまでも難民として保護を受けることにあったと認めるのが相当であり，日本で稼働して家族に送金することは，上記目的を達するために家族に生じた経済的負担をてん補しようというものにすぎない」としている。

上記の不認定・棄却理由は，いずれも，しばしば国によって主張される事情であるが，判決理由は，これらの事情があるとしても難民該当性を否定するものではないとしたものであり，難民該当性の判断に当たって必ずしも重視すべき事情ではないことをあらためて明らかにしたものといえる。

なお，裁判所は，原告が過去に2度にわたり逮捕され，現在も保釈中の身分であることから，「原告がエチオピアを出国したことは，エチオピア政府においても把握している」ことを述べている。かかる言い回しに鑑みると，裁判所は，「迫害を受けるおそれ」の判断において，いわゆる個別把握論を基礎とし

ていると言わざるを得ない。本件においては，原告の難民該当性は過去の迫害体験から十二分に認められるところであるが，仮に，そのような迫害体験が無く，ゆえに個別に把握されているとまで言えない者であっても，「迫害を受けるおそれ」を認定することを可能とするのが国際水準に沿った判断である。裁判所には個別把握論の再考を期したいところである。

事例 12

ミャンマー少数民族チン族の女性

事例	出身国	民族・宗教	性別	年齢（認定時）
申請者 12	ミャンマー	チン	女性	34 歳
入国日	入国の状況	経由国		
2005 年 10 月○日	短期滞在（60 日）	ミャンマー／空路／タイ／空路／日本		
難民申請日	申請の場所	不認定日（処分）		不認定日（告知）
2005 年 12 月 26 日	東京	2007 年 9 月 11 日		2007 年 9 月 27 日
異議審尋日	審尋の曜日・場所	異議棄却日（処分）		異議棄却（告知）
2008 年 4 月 21 日	月・東京	2008 年 9 月 4 日		2008 年 9 月 18 日
提訴				
2009 年 3 月 18 日提訴（難民不認定取消）				
地裁判決（申請者の勝訴：確定）				
裁判所：東京地方裁判所　民事第 38 部 事件番号：平成 21 年（行ウ）126 判決日：2010 年 11 月 12 日 裁判官：杉原則彦，波多江真史，財賀理行				
公刊物未掲載				
訴訟後の状況				
2010 年 12 月 20 日難民認定（2011 年 1 月 21 日告知）				
その他の特記事項				

◆ 第 1　事案の概要

　申請者はチン州で生まれたチン族の女性である。
　申請者の居住していた地域では CNF 及び CNA（いずれもチン民族における反政府組織であり，前者が政治組織，後者が軍事組織である。以下併せて CNF という）が活動していた。申請者は知人の女性［A］から CNF の活動に協力することを誘われ，知人［B］とともに 3 人で国軍の動向や地域における国軍兵士

の動向などの情報を伝えるとともに,食料の提供や,道案内などの協力をしていた。

1997 年に［A］,［B］及び申請者の 3 人は,CNF の道案内をしていたところ,国軍に察知され逮捕された。裁判の末,［A］は 3 年,申請者と［B］は 3 か月刑務所に収容された。

申請者は服役後,実家に戻ったものの,国軍の兵士が自宅に原告の居場所を尋ねにきたことなどから,98 年にはその場所から逃げ,ヤンゴンにある知人 Z の家に移り住んだ。その後,申請者は,2001 年から 2005 年までの 4 年以上ヤンゴンに居住し,2005 年 10 月に来日を果たし,同年 12 月に難民認定申請をした。

◆ 第 2　行政と司法の判断の比較

◆ 1　出身国情報の分析評価

一次	・「…関係資料等によれば,ミャンマーにおいて,少数民族であることのみをもって迫害を受ける恐れがあるとは認められず,あなたがチン族であることを理由に迫害を受ける客観的,具体的な危険性があるとは認められません。」
異議	言及なし

≪裁判所の判断≫

- 裁判所は,まず「ミャンマーの一般情勢等について」触れ,「ミャンマー政府による人権侵害は現在も継続的に行われており,政府による逮捕及び拘禁が日常的に行われ,恣意的又は非合法的な生命の剥奪がされているほか,民間人や政治活動家の失踪が引き続き発生しているといわれている」と論じ,「ミャンマー政府は,日常的に民間人のプライバシーを侵害しており,諜報活動のネットワークと行政手続を通じて,全国民の移動を組織的に監視しており,多くの民間人,特に政治的に活発なことが知られている人物の行動を綿密に監視している」との点も言及している。
- 次に,「チン州およびチン族に関する情勢について」分析を加え,「ミャンマー政府は CNF や CNA を敵対視し,両組織及びその支援者等に対する

厳しい取り締まりを行っている」ことと，非政府機関による報告書に依拠して，「チン州において，国軍による裁判を経ない死刑，恣意的な逮捕，拘束及び拷問，強制労働，集会及び結社の自由に対する制限，宗教弾圧，移動の制限，軍事訓練及び徴兵の強制，個人財産の恐喝及び没収，性的虐待及び暴行等の虐待が行われている」と指摘している。

・被告の「2007年（平成19年）3月にミャンマー政府とCNFが和平会談を実施したことなどから，同年9月11日の本件不認定処分当時，ミャンマー政府がCNFを一方的に弾圧する意図を有していなかったことは明らかであるとして，原告の主張する逮捕等の事実があったとしても原告の難民該当性を基礎付ける事情とはいえない」との主張に対しては，「2008年（平成20年）10月までの調査をもとに2009年（同21年）1月に公表されている非政府機関の報告書〔証拠〕およびその他〔証拠〕によれば，ミャンマー政府とCNFとが2007年（同19年）3月に和平会談を実施し，その後も交渉を継続していたとしても，ミャンマー政府とCNFとの敵対関係は依然として継続していたことが認められ，本件不認定処分当時，ミャンマー政府のCNFおよびその協力者に対する取り締まりが行われなくなっていたなどの事情があったとは認められない」とした。

◆ 2　信憑性の判断

一次	・「あなたは，本邦において，在日反政府組織に所属し反政府活動を行った旨申し立てていますが，所属している組織の名前を知らないなど，あなたの供述には，不自然・不合理な点が見られることから，供述の信ぴょう性に疑義が認められます。」 ・「あなたは，あなたに関する事情を理由に，姉および弟がマレーシアにおいて難民認定された旨申し立てていますが，あなたは保釈後本国において平穏に生活していたこと，および本国に残った家族も現在まで平穏に生活していることなどに照らせば，当該申立てはにわかに信用できません。」
異議	・「…あなたは，CNAなる組織への協力を強要されて情報の収集や物資の調達を行ったところ，それらの行為により軍情報部に逮捕・拘禁された上，裁判を受けて〔C〕刑務所に3か月収監されたが，弁護士に依頼して裁判に勝つことができた旨主張していますが，弁護士を雇い裁判を受けているのであれば，判決書など関係書類等の具体的かつ客観的な資料は容易に入手できると考えられるにもかかわらず，あなたの逮捕・収監等を裏付ける客観的な資料は何ら提出されていません。この点，あなた自身，服役に

- 「あなたは，軍兵士があなたの居所を捜しに来た際，母親が暴行を受けた旨述べますが，主張を裏付ける具体的かつ客観的な資料はなく，供述も曖昧であって信用できません。」
- 「…あなたの姉たちが，軍兵士，警察，地区評議会の長老等が頻繁に自宅を訪れ執拗にあなたの居所を尋ねたことから恐怖心を抱き，マレーシアへ出国し，また，同様の理由で弟は国に帰れず，マレーシアに残って難民認定を受けた旨主張していますが，あなた自身，「どのような脅迫だったのかは忘れてしまいました。」，「弟はゲリラとの接触があった。ポーター狩りにあうこともあった。ポーター狩りにあうと危険なので国には住めず，国外に逃げました。」などとも供述しており，変遷が認められ，説明が不自然・不合理であることからすれば，この点についても，信ぴょう性に乏しいと言わざるを得ません。」

≪裁判所の判断≫

■ 供述の変遷について，根幹／周辺部分の区別

（証人［A］の供述の信憑性について）

- 「証人［A］の証言の信用性については，被告もこれを特に問題としていないところ，原告とともにCNFの活動に協力していたことや道案内をしていて捕まった状況，原告も逮捕され共に拘束された状況，裁判の経緯や裁判の状況等について，その証言内容に特に不自然または不合理な点は認められず，当時のミャンマーのチン州における客観的情勢とも整合しており，証人［D］の証言とも合致していることからすれば，証人［A］の証言は信用性が高いというべきである。」

（原告の供述の信憑性について）

- 「原告が［A］と［B］とともにCNFの活動に協力していたところ，CNFのメンバーを道案内していた際に察知され，まず［A］が逮捕されたこと，翌日［B］と原告が逮捕され，CNFとの関係について取り調べを受けたこと，判決によってM刑務所に3か月間収容されたことなどの重要な事実の根幹部分については，本件難民申請当初から本件訴訟における原告本人尋問に至るまで一貫しており，その内容に不合理なところはなく，信用性が高い証人［A］の証言とも合致している。」

■ 通訳の問題を考慮

下記でまとめて引用

■ 時間的・心理的要因について考慮

・「被告が指摘する原告の供述の変遷については、それらが 10 年以上前の出来事であり、期間の経過により記憶があいまいになってもやむを得ない面があること、難民調査という特殊な雰囲気の中で、代理人弁護士の援助もなく、母語でないミャンマー語の通訳を介して調査が行われていること、もし難民認定がされなかった場合に難民調査において供述した内容によって将来自分がこうむる可能性のある不利益への不安等の心理状況などを考慮すれば、その程度の供述の変遷がみられたとしても、そのことが前期根幹部分にかかる原告の供述の信用性を直ちに否定するものとは言えない。」

■ 客観的証拠がないことについての評価
・言及なし

◆ 3 主な不認定・棄却理由の考察

(1) 申請の遅延

言及なし

(2) 難民該当事由発生時点からの期間経過

一次	言及なし
異議	・「…ヤンゴン市内において、約 7 年間にわたり平穏に暮らしていること、その後、自己名義の旅券の発給を受けて正規手続を経て本国を出国していることに照らせば、あなたが本国を出国した時点においても、本国政府が殊更あなたを警戒していたものとは認められません。」

≪裁判所の判断≫
・「被告は、仮に、原告が逮捕され 3 か月間身柄を拘束されたことがあったとしても、それは CNF メンバーでもなく関与の程度が薄いとして釈放されたものと推察され、本件不認定処分時においてすでに 10 年以上経過していることなどからすれば、仮に原告が逮捕された事実があったとしても、それはミャンマー政府が原告に対し迫害を加える恐れがあるとの事実を基礎づけるものとはいえない」と主張したことに対して裁判所は、「原告は CNF への協力を理由として裁判を受け、判決で 3 か月の刑を受けて刑務所に収容されたことが認められ、単に取り調べのために拘束されて関与が薄いとして釈放されたものとは言えないから、被告の上記主張は、その前提とする事実が異なっており、採用することができない」とした。
・「被告は、原告が出所後に 8 年以上身柄拘束等をされることなく本国にお

いて平穏に生活し，その後正規旅券を取得し，問題なく出国しているから，反政府活動家として関心を寄せられていたとは認められない」と主張したことに対して，裁判所は，「原告が出所後に当局から身柄を拘束等されなかったのは，出所後はCNFと接触せず，出所の8か月後には母親の機転もあって［地名E］（チン州の村）を離れ，知人の協力を得て，その後来日するまでのほぼ全期間をヤンゴンで隠れるようにして生活しており，また，原告がヤンゴンに逃げた後，原告の実家に当局の者が来て原告の居場所を尋ねても原告の母親が居場所を教えなかったからであるということができるのであって，原告が出所後身柄拘束等をされなかったからといって，ミャンマー政府がおよそ反政府活動家として関心を寄せる存在ではなかったということはできない。」とした。

(3) 就労目的
言及なし

(4) 本国の家族の状況

一次	前記2「信憑性の判断」を参照
異議	言及なし

≪裁判所の判断≫
言及なし

(5) 個別把握

| 一次 | ・本国での活動について
「…あなた自身はいかなる反政府組織にも所属せず，いかなる反政府活動にも参加したことはなく，CNAに脅されて数回日用品を渡した程度にすぎない上，あなた自身，逮捕後の裁判によってCNAと関係がないことが証明された旨自認していること，逮捕から裁判を経て釈放されるまでの約4か月間，一切暴力を受けたことはなく，出所後は家業の農業に従事したり，ヤンゴン市内の知人宅で家事手伝いを行うなど平穏に生活していたこと，2005年4月に自己名義旅券の発給を受け，同年10月に当該旅券を用いて出国手続を受けたことなども併せ考えれば，<u>少なくとも本国出国当時，あなたは本国政府から反政府活動家として殊更関心を寄せられる対象であったとは認められません。</u>」
・日本での活動について
「…あなたは一般メンバーにすぎず，活動内容も，一参加者として会議に |

■事例12■ ミャンマー少数民族チン族の女性

	2回出席し，一参加者として在京ミャンマー大使館前のデモに1回参加したのみで，本国政府から殊更注視される対象とは認められないことなどを併せ考えれば，あなたが帰国した場合に迫害を受ける客観的・具体的危険性があるとは認められません。」
異議	・「…刑務所では取り調べを受けておらず，裁判に勝ってCNAと関係ないことが立証された旨申し立てていることからすれば，本国政府から，CNAなる組織に関与していることを理由に反政府活動家として把握され，その動向を注視されていたものとは認められません。なお，あなたは，刑務所を出所した後も軍情報部にCNAなる組織の関係を疑われ捜索を受けていると聞き，ヤンゴンに逃亡した旨供述していますが，ヤンゴン市内において，約7年間に渡り平穏に暮らしていること，その後，自己名義の旅券の発給を受けて正規手続を経て本国を出国していることに照らせば，あながた本国を出国した時点においても，本国政府が殊更あなたを警戒していたものとは認められません。」

≪裁判所の判断≫

・「原告は，CNFの活動に協力したことから逮捕及び拘束され，裁判にかけられて刑務所に収容までされたのであって，このことから，ミャンマー政府は，原告のことをCNFの協力者として個別に把握しているというべきである。そして，原告は，来日後も，在日チン族協会に所属し，そのメンバーとして氏名を公開した上で，反ミャンマー政府活動を行っているのであるから，仮に，原告がミャンマーに帰国すれば，上記の活動等を理由に相当長期間拘束されるなど，迫害を受けるおそれが高いというべきである。」

・また前掲のとおり，「原告が出所後身柄拘束等をされなかったからと言って，ミャンマー政府がおよそ反政府活動家として関心を寄せる存在ではなかったということはできない」とした。

・日本の活動について，「被告は，原告の本邦で行った程度の活動を理由として，ミャンマー政府が原告を反政府活動家として注視し，迫害の対象として関心を寄せているとは解されない」と主張したことに対して裁判所は，「確かに原告が本邦で行った活動だけを見れば，ミャンマー政府が原告を迫害の対象として関心を寄せる程度のものとまではいえないとしても，原告は，ミャンマーにおいて，CNFの活動に協力したことで逮捕され，裁判を受けて刑務所に収容されたことがある人物であって，そのような原告が，今度は日本において，在日チン族協会のメンバーとして，同協会のホームページで氏名を公表して反ミャンマー政府活動を行っており，同協会の

183

委員としても活動していたというのであるから，これらのことを併せ考えれば，ミャンマー政府が原告を反政府活動家として把握し，迫害の対象として関心を寄せることは十分に考えられるというべきである。」とした。

(6) 過去の迫害体験
言及なし

(7) 適法な旅券発給・更新

一次	・「…2005年4月に自己名義旅券の発給を受け，同年10月に当該旅券を用いて出国手続を受けたことなども併せ考えれば，少なくとも本国出国当時，あなたは本国政府から反政府活動家として殊更関心を寄せられる対象であったとは認められません。」
異議	・「…自己名義の旅券の発給を受けて正規手続を経て本国を出国していることに照らせば，あなたが本国を出国した時点においても，本国政府が殊更あなたを警戒していたものとは認められません。」

≪裁判所の判断≫

・「ミャンマー政府が反政府活動家に対する旅券の発給および出国手続を相当程度厳格に実施しているとの見解があること〔証拠〕などからすれば，原告が正規旅券を取得して問題なく出国した事実は難民該当性を否定する事実の一つということができる。しかし，他方で，ミャンマーにおいては，旅券の取得の際に賄賂を強制するなど汚職が蔓延しており，賄賂は通常ブローカー経由で役人に渡され，役人がブローカーを兼ねていることすらあるといった知見〔証拠〕もあることからすれば，上記旅券の発給等にかかる事実のみをもって，直ちに原告の難民該当性に関する認定判断が左右されるものということはできない。」

◆ 4 事案の全体的・総合的評価の有無

一次	・「その他のあなたの主張等をすべて併せ考慮しても，あなたの政治活動歴が前記程度にとどまることからすれば，あなたが帰国した場合に迫害を受けるという客観的，具体的危険性は認められないことからすると，あなたは，〔難民条約〕に規定する難民とは認められません。
異議	言及なし

≪裁判所の判断≫

裁判所は日本での活動の評価をする際に，本国での経験事実を前提に，日本での活動を評価し，「これらのことを併せ考えれば」として「ミャンマー政府が原告を反政府活動家として把握し，迫害の対象として関心を寄せることは十分に考えられるというべきである」と全体的・総合的考察を示した。

◆ 5　特記事項 ── テロ組織の取締と「迫害」について

「被告は，CNFは違法な犯罪組織としての一面を有するから，ミャンマー政府がCNFの協力者を取り締まることを直ちに「迫害」と評価すべきではない」と主張したことに対して裁判所は，「CNFが国際的にテロ組織であると認識されているような証拠はなく，むしろ〔証拠〕によれば，米国の議会は，2008年（平成20年）以前のCNFの活動についてテロ活動とみなされるべきではないと宣言していることが認められる。そうするとCNFに被告が述べるような一面があるからと言って，一般にCNFの反ミャンマー政府活動に協力した者がその政治的意見を理由にミャンマー政府から生命または身体の自由の侵害または抑圧を受けても「迫害」と評価すべきでないという見解は相当とは言えない」とした。

◆ 第3　分　析

◆ 1　不認定・棄却理由と判決理由との違いについて

不認定理由及び棄却理由と判決理由との主要な違いは，次の4点である。
①出身国情報の分析，②本人の供述の信ぴょう性の評価，③本人の供述の不合理な内容に対する扱い，④迫害を受けるおそれの評価。
以下，個別に分析する。

◆ 2　出身国情報に関する分析の有無について

行政段階での理由づけにはミャンマー全体及びチン州における人権状況について何らの分析も示されておらず，CNF・CNAの存在とそれら組織に対するミャンマー政府の姿勢も語られていない。他方で，裁判所の判決理由では，ミャ

ンマー全体の人権状況への言及に加え，政府がCNFやCNAを「敵視」していること，チン州においては広範囲にわたる人権侵害が生じていることを認定している。かかる判断が，原告の供述の信憑性評価や「迫害を受けるおそれ」の評価に影響していることは言うまでも無い。

◆ 3　信憑性の判断について

不認定理由や異議棄却理由はいずれも原告の供述の信憑性を否定した。中でも，異議棄却理由は，裁判については判決書等の客観的証拠がないことをその理由としてあげている。しかし，判決書等の入手がチン州において果たして可能なのかについて客観的な証拠に基づいた判断は何ら示されておらず，かかる理由付けは，日本における社会常識や経験則をそのまま本国情勢に当てはめ，申請者に対して不能ともいえる高度な立証を求めていると言わざるを得ない。この点，異議棄却理由は，母親が兵士に暴行を受けたことについて，その主張を裏付ける具体的かつ客観的な資料はないことをも指摘しているが，そのような証拠は仮に当該事情が日本で起きたとしても入手が困難なものであると考えられ，まさに申請者に不能を強いていると言わざるを得ない。

他方で，裁判所の判決理由では，このように過度に客観的資料の提出を求めず，重要な事実の根幹部分について供述の一貫性が認められること，信用できる証人の供述と整合していることを理由に信用性を認めた。

とりわけ重要な判示は，原告の供述に多少の変遷があったものの，10年以上前の出来事であり時の経過とともに記憶が曖昧になることや母語ではないミャンマー語の通訳で調査が行われたこと，調査では代理人弁護士の援助も得られず，特殊な雰囲気の中で行われること等から，供述の信用性が直ちに否定されるものではないとした点である。かかる判示は，本件に限らず，他の案件においても汎用性があるものであろう。

◆ 4　不合理な内容の供述に対する扱いについて

不認定理由及び棄却理由では，本人が本国での裁判に勝って反政府団体との関係が否定されたとの供述を前提にしているが，判決理由では，かかる事実は認められないとしている。原告が逮捕・拘禁・裁判を経て刑務所に収監されていることを前提とすれば，CNFとの関係性があったものと認定されたと考える方が自然であるが，この点について一次と異議申立手続では釈明が十分に行われなかったことと推測する。

◆ 5 迫害を受けるおそれの評価について

　不認定理由及び異議棄却理由におけるのと同様，判決理由も，原告が個別に政府から把握され，反政府活動家として関心を寄せられていることを求める表現ぶりをしているところ，最終的な結果は異にしている。

　しかし，行政段階では，判決書や母親が暴行を受けたことを裏付ける資料といった客観的具体的な証拠を求めていた上，出身国情報の分析が示されていないことから，かかる「おそれ」の評価は，これらの客観的具体的な証拠に依拠せざるを得ず，そのハードルは非常に高く設定されていたと考えらえる。

　他方で判決理由は，チン族やCNFに関する出身国情報の分析を行い，さらに逮捕や収監に関する原告の供述の信憑性を肯定したことから，ミャンマー政府が原告のことをCNFの協力者として個別に把握しているとした。出身国情報及び原告の供述の信憑性に関する丁寧な分析が，最終的に「迫害を受けるおそれ」の評価判断のを別けたと考えられる。

　もっとも，裁判所の判断過程に問題無しとはいえない。「迫害を受けるおそれ」を認定するにあたって「迫害主体から個別に把握され，関心を寄せられていること」を求めること自体，同要件の解釈として狭きに失するものである。本件においては，原告が逮捕され収容されたという過去の迫害体験が認定できたことが重要な勝因であったと考えられるが，かかる迫害体験が無い者についても「迫害を受けるおそれ」が認定され得るのが国際水準に沿った解釈であり，今後，裁判所に期待したいところである。

事例 13

研修生として来日後に本邦で反政府活動に関与したミャンマー出身の男性

事例	出身国	民族・宗教	性別	年齢（認定時）
申請者 13	ミャンマー	ビルマ・イスラム教徒	男性	30 代前半
入国日	入国の状況	経由国		
2000 年 10 月○日	研修生	ミャンマー／空路／／空路／日本		
難民申請日	申請の場所	不認定日（処分）	不認定日（告知）	
2006 年 7 月 31 日	名古屋	2007 年 11 月 29 日	2007 年 12 月 18 日	
異議審尋日	審尋の曜日・場所	異議棄却（処分）	異議棄却（告知）	
2008 年 8 月 26 日	火・名古屋	2009 年 2 月 2 日	2009 年 2 月 24 日	
提訴				
2008 年 5 月 20 日（難民不認定取消・退令取消・在特不許可取消）				
地裁判決（確定）				
裁判所：名古屋地方裁判所　民事第 9 部 事件番号：平成 20 年（行ウ）36 判決日：2010 年 12 月 13 日 裁判官：増田稔，鳥居俊一，杉浦一輝				
公刊物未掲載				
訴訟後の状況				
2011 年 1 月頃難民認定				
その他の特記事項				
異議審は，審尋の場所は名古屋だが，大阪入管の管轄（当時）。難民審査参与員 1 名は申請者の難民性を認める意見。				

◆ 第 1　事案の概要

　本件は，日本における反政府活動を理由に難民該当性が認められた後発的難民の事案である。

　申請者は，2000 年 9 月に「研修生」として来日し，2002 年 3 月に日本での反政府活動に関わるようになった。2003 年 6 月ころ研修先から逃げ出した後，LDB（ビルマ民主化同盟）のメンバーと知り合い，2004 年 12 月 9 日には，LDB 名古屋事務所における交流会に参加した。

■ 事例13 ■ 研修生として来日後に本邦で反政府活動に関与したミャンマー出身の男性

　その後も申請者は，当初LDBに加入こそしていなかったものの（2009年にLDB加入），デモや集会において先頭に立って日本語によるスピーチを行い，会議にも参加して積極的に意見を述べ，インターネットを通じて不買運動や海外留学中の士官候補生を反政府運動へ勧誘するなど，LDB名古屋支部長経験者と同程度に積極的にLDBの活動に参加した。その活動には，駐日ミャンマー大使館前での活動が含まれており，雑誌に写真入りで紹介されたこともある。

　主にこのような反政府活動により，ミャンマーに帰国すれば政治的意見等を理由としてミャンマー政府から迫害を受けるおそれがあるとして，2006年7月31日，法務大臣に対し難民認定申請を行うに至ったという事案である。

　ただし，難民審査参与員1名は，要旨「申立人の政治活動は，1988年の民主化運動への参加に始まり，大学生当時の反政府活動，来日後，2004年末以降のビルマ民主化運動への参加を挙げることができ，申立人の本邦におけるデモ参加等の政治活動は本国当局により確実に把握されているものと思われることからも，申立人の迫害を受けるおそれがあるという恐怖には十分理由があるものと認められる。」として，申請者の難民該当性を認める意見を出した。

◆ 第2　行政と司法の判断の比較

◆ 1　出身国情報の分析評価

一次	・「…あなたは研修生として来日したものの，本国政府との誓約書に違反している研修先から逃亡したため，帰国すれば迫害を受ける旨申し立てていますが，あなたの本国政府との誓約書に関する供述内容は提出資料と齟齬することから直ちに信用できません。」 ・「…あなたはイスラム教徒であることを理由に迫害を受けるおそれがある旨申し立てていますが，あなたの供述を前提としても，あなたは単に差別を受けたことを述べるのみであって，各種関係資料等によれば，イスラム教モスクの存在，礼拝等が全面的に禁じられている状況は認められないこと，そもそも，あなた自身，イスラム教徒であることを理由に迫害を受けたことをはない旨自認していることなどから，これらの事情のみをもって迫害を受ける客観的，具体的危険性があるとは認められません。」
異議	・「…イスラム教徒であることについて，関係資料等によれば，ミャンマー

において，宗教のみを理由として迫害を受ける具体的客観的な危険性があるものとは認められません。」
・「あなたは，誓約に違反して研修先を逃亡したために，違反金を2回要求された母親が2回目の支払いを断ったところ，弟が代わりに投獄された旨申し立てています。しかしながら，誓約に違反して研修先を逃亡したことによる何らかの制裁があったとしても，それは難民条約上の迫害には該当しません。」

≪裁判所の判断≫

・「ミャンマーの政治情勢について」と題して，1988年の全国的な民主化要求デモがあり，1990年総選挙とNLDの圧勝，アウンサンスーチーの自宅軟禁，2003年5月のディペイン事件，2007年9月の全国的な僧侶デモ等について触れ，「以上によれば現在においては，スー・チー女史の自宅軟禁が解除されるなど，反政府活動に対する弾圧は緩和する傾向が見られるものの，平成19年の本件各処分当時，ミャンマー政府は，同年に行われたデモに対する姿勢に見られるように，反政府活動に対しては相当強い姿勢で臨んでいたものと認められる」とまとめている。
・ただ，イスラム教徒である点については「原告は，本国においてイスラム教徒であることを秘匿し，国民登録証の宗教欄に『仏教』と記載していた上〔証拠〕，原告本人の供述を前提としても，イスラム教徒であることを理由として，政府から迫害を受けた経験があったと認められない。確かに，ミャンマーにおいては，イスラム教徒に対する信教の自由は制限される傾向にあることは否定できないが〔証拠〕，上記事情の下では，原告がイスラム教徒であることを理由に迫害を受けるおそれがあるという恐怖心は，原告の主観なものにすぎず，通常人が原告の立場に置かれた場合にも迫害の恐怖を抱くような客観的事情が存在するとまでは認められない」としている。

◆ 2　信憑性の判断

一次
・「…あなたは，研修生として来日したものの，本件政府との誓約書に違反して研修先から逃亡したため，帰国すれば迫害を受ける旨申し立てていますが，あなたの本国政府との誓約書に関する供述内容は提出資料と齟齬することから直ちに信用できません。」

■ 事例13 ■ 研修生として来日後に本邦で反政府活動に関与したミャンマー出身の男性

異議	言及なし

≪裁判所の判断≫

・「原告がインターネットを通じて反政府活動をしていたことを示す客観的な証拠はないが，インターネットを通じての活動は実名を明らかにする必要がないから，その活動をしていたことを客観的に示す証拠を提出できないことは，ある意味で仕方のないことである。原告は，難民認定申請書〔証拠〕にはインターネットを通じての反政府活動について言及していないが，平成19年5月9日に行われた入国警備官による取調べにおいて，インターネットを通じての反政府活動を行った旨を供述し〔証拠〕，本件訴訟においてもその旨を一貫して供述しており，〔人名A〕も原告がインターネットを通じて反政府活動をしていたと供述していること〔証拠〕に照らせば，原告の供述は信用出来るというべきである。」

◆ 3 主な不認定・棄却理由の考察

(1) 申請の遅延
言及なし

(2) 難民該当事由発生時点からの期間経過
言及なし

(3) 就労目的
言及なし

(4) 本国の家族の状況

一次	言及なし
異議	言及なし

≪裁判所の判断≫

・裁判所は，本国の家族が政府当局から危害を受けていることについて，申請者の迫害の危険性の評価において積極要素として考慮した。
「原告の弟がミャンマー政府に拘束された平成16年2月ころ，原告は研修先から逃亡していたものの，本格的に反政府活動を行っていなかった時期であるので，原告の弟に対する拘束が，原告の反政府活動に対する弾圧の

191

一環として行われたとまでは認められないが，少なくとも，原告が逃亡したことに関連して拘束された可能性は否定できない。そして，ミャンマー政府は，その後原告が日本において反政府活動を本格的に行い，これを認識するにようなった可能性が極めて高いところ，原告の父は，平成18年当時，原告が帰国すれば，原告に対する迫害の危険が現実的に生じると感じていたと認められるから，原告が帰国した場合にミャンマー政府から迫害を受ける危険性を感じることには，相応の根拠があるものと認められる。」

(5) 個別把握

一次	・本国での活動について 「…1998年当時は若年である上，一参加者としてデモに参加したりビラを配布したりする程度であること，その後，1998年に学生連盟に加入するまでの間，政治活動を行っておらず，学生連盟での活動も4か月で解散しているところ，その活動内容も，一参加者としてデモに参加する程度であることからすれば，<u>殊更本国政府から感心を寄せられる態様とは認められない</u>」 ・来日後の活動について 「…あなたが行ったとする活動は，〔LDB〕名古屋支部の交流会に参加したこと，デモに一参加者として参加する程度であることに加え，そもそも，LDBのメンバーではなく，今後も加入する予定はない旨供述しているのであって，<u>本国政府から反政府活動として関心を寄せられる態度とは認められません。</u>」
異議	・本国での活動について 「…あなたは，1988年の民主化運動に参加した当時10歳だったこと，1998年7月から反政府活動を行った際もあなたの所属した学生連盟は4か月程度で解散し，その後，政治活動を行わなかったこと，…などからすると本国における活動を理由として，<u>あなたに対して本国政府が殊更に関心を寄せているものと認めることはできません。</u>」 ・来日後の活動について 「…あなたは，LDB名古屋支部の会員とともに政治活動を行っている旨申し立てていますが，その活動内容は一参加者としてデモや祭りに参加する程度に過ぎないこと，あなた自身は政治組織に所属していないことなどからすると<u>本国政府が殊更に注視しているものと認めることはできません。</u>」

■ 事例13 ■ 研修生として来日後に本邦で反政府活動に関与したミャンマー出身の男性

≪裁判所の判断≫

・元LDB名古屋支部長［A］および［人名B］が証人として出廷しており，これらの証言によれば，［A］の本国にいる家族は，官憲から，政治活動を止めさせるよう脅迫され，続ければミャンマーで家族の経営している店を示させるなどと脅され，実際に閉鎖に追い込まれたこと，［B］の家族にも同じようなことが起きていたこと，平成20年頃，ミャンマー大使館職員が憲法承認のための国民投票の勧誘のため名古屋を訪れた際，LDB等の反政府組織に加入している人には勧誘をせず，それらの人が待ち合わせしている場所に［A］が行ったところ大使館職員が逃げ出したこと，LDBはミャンマー大使館前で抗議活動をしたこと，名古屋に来た大使館職員に抗議活動をしたこと，LDBがデモなどの活動をしているときに，見知らぬ人間がその活動状況をビデオや写真で撮っていたことがあり，ミャンマー政府による監視活動であると考えていること，駐日ミャンマー大使館の門扉の前は監視カメラがあること等の各事実を認定したうえで，原告について以下のとおり判断している。

・「［A］及び［B］は，LDB名古屋支部に加入し，原告と共に反政府活動を行っていた者で，両名ともLDB名古屋支部長を経験し，熱心な活動家であったと認められる。他方，原告も，当初LDBに加入こそしていなかったものの，…LDBのデモや集会においては先頭に立って日本語による演説をするなどしており，目立つ存在であったと認められる。…［A］と［B］はともにその活動状況がミャンマー政府に認識されていたと認められるところ，原告の上記の活動状況にかんがみれば，原告も，同様にその活動状況がミャンマー政府に認識されている可能性は極めて高いものと認められる」。

「これに対し，被告は，原告がスピーチを担当していたのは他に日本語を話せる人物がいなかったためであり，単なる技術的理由にすぎない。また，原告がインターネットを通じて反政府活動をしていたことを裏付ける証拠はないと主張する。

　…しかし，原告は，積極的にデモや集会等に参加し，先頭に立って自らの言葉でスピーチをしていたと認められるのであり，被告の上記主張は採用できない。また，…インターネットを通じての活動は実名を明らかにする必要性はないから，その活動をしていたことを客観的に示す証拠を提出できないことは，ある意味で仕方のないことである。…原告は，（インター

193

ネットを通じての政治活動について）一貫して供述しており，［A］も原告がインターネットを通じて反政府活動をしていたと供述していること〔証拠〕に照らせば，原告の供述は信用できるというべきである。」

・「被告は，『その他大勢の活動家』については，ミャンマー政府がその活動を認識していたとしても，その者に対する迫害の可能性はない等と主張し，その根拠として横田洋三教授の陳述書〔証拠〕を援用する。上記陳述書は，要旨①ミャンマー政府は，国内外に広範な諜報網を広げ，民主化運動のほぼ全容を把握しており，国外での民主化運動に参加した者についても，氏名のみならず活動内容の実態についてもかなり正確に把握していると考えられる，②しかし，ミャンマー政府は，これらすべての活動家を迫害の対象としているのではなく，その者に自由な活動を許しておくことで他の活動家に影響を与え，民主化運動全体が活発化するような危険性のある人物を迫害の対象としている，…要するに「その他大勢の活動家」にすぎないものであって，このような者は，ミャンマーに帰国しても迫害を受ける可能性はまずないというものである。

　しかしながら，これまで判示したとおり，原告は，LDB 名古屋支部長を経験した［A］や［B］と同程度に積極的に，日本国内で反政府活動を行ってきており，上記陳述書にいう「その他大勢の活動家」にとどまるものではないから，原告が帰国した場合，ミャンマー政府から迫害を受ける危険性を感じることには，相応の根拠があるというべきである。』

(6)　過去の迫害体験

一次	言及なし
異議	言及なし

≪裁判所の判断≫

・「原告は，［大学名C］大学1年に在学中のころ（1997年），学内の政治活動の組織である「赤い飛び掛かる孔雀学生連盟」に参加し，ビラ配りやスー・チー女史その他の政治犯の釈放を要求する活動を行っていたところ，学長に呼ばれ，鞭で打たれた上，もし今度活動をしたら警察に通報すると警告された。その後，原告は，ミャンマー国内では政治活動をしていない」。

■ 事例13 ■ 研修生として来日後に本邦で反政府活動に関与したミャンマー出身の男性

(7) 適法な旅券発給・更新

一次	・「…自己名義旅券を取得した後，その更新許可を受け，当該旅券を用いて出帰国手続を繰り返し受けていることなどからすれば，少なくとも最後に本国を出国した時点において本国政府から迫害の対象として注視されていたとは認められません。」
異議	・「…1998年3月に自己名義旅券を取得し，2000年3月に有効期限の延長許可を受け，2000年9月には同旅券を使用して何ら問題なく本国を出国していること，2002年10月に本国に一時帰国して再び本邦に入国していることなどからすると，本国における活動を理由として，あなたに対して本国政府が殊更に関心を寄せているものと認めることはできません。」

≪裁判所の判断≫

・「原告は，本邦に入国する前，ミャンマー国内において一時的に反政府活動をしていたことが認められる。しかしながら，ミャンマー政府は，反政府活動をしているなど政府にとって危険人物と考える者に対して旅券を発給していないと認められるところ〔証拠〕，原告は，ミャンマー政府の発行した旅券を使用して出国し，一旦帰国した後再出国したから，再出国した平成14年10月ころまでは，ミャンマー政府は原告を反政府活動家として取り締まり，あるいは弾圧すべき対象として扱っていなかったものと認められる。」

◆ 4　事案の全体的・総合的評価の有無

一次	・「その他のあなたの主張等をすべて併せ考慮しても，あなたの政治活動歴が前記程度にとどまることからすれば，あなたが帰国した場合に迫害を受けるという客観的，具体的危険性は認められないことからすると，あなたは，〔難民条約〕に規定する難民とは認められません。
異議	言及なし

≪裁判所の判断≫

・言及なし（ただし，判決では，全体的・総合的評価についての直接的な言及はないものの，判断における総合的評価が見受けられる。前記第2の5「個別把握」のところでも論じたように，裁判所も申請者が政治活動家としてハイプロファイルなものであることを論じており，その判断の手法は別途論ずるとしても，その認定に至るまでの情報の収集と評価は，難民該当性の判断のあり方と

195

して参考になろう。また，後記第3の4で「『十分に理由のある恐怖』の判断方法」にて論じるが，特にLDB名古屋支部に属する支部長等の活動家を取り巻く状況を分析し，また実際にLDBを含めた活動家が駐日ミャンマー大使館員らによってどのように扱われているかを論じる中で，LDBの活動に関与していた申請者の迫害のおそれを論じたのである。同様の立場にある者がどのように扱われているのかをみることは，難民性判断のうえでも極めて重要な点であり，この点も含めた総合的な判断が裁判所においてはなされたといってよい。)

◆ 第3　分　析

◆ 1　不認定・棄却理由と判決理由の違いについて

　裁判所の判断と不認定・棄却理由との違いは大きく分けると3つある。第一に，原告のLDBにおける活動内容に関する事実認定の精密さである。第二に，インターネットでの反政府活動に関する経験則の合理性である。第三に，「十分に理由のある恐怖」についての判断方法である。

◆ 2　LDBにおける原告の活動内容に関する事実認定

　異議棄却理由においては，原告のLDBでの活動に関する事実については，「一参加者としてデモや祭りに参加する程度」とだけ言及するのみで，デモへの参加の態様や果たした役割といった個別具体的事情に踏み込むことなく，抽象的な認定にとどまっている。そして，こうした限られた事実認定を基に「本国政府が殊更に注視しているものと認めることができません」と形式的な評価をしている。

　一方で，判決では，原告のLDBでの活動に関して，「証拠によれば，①LDB名古屋支部のメンバーには日本語を話せる者が1名しかおらず，原告は，デモや集会において，日本語によるスピーチを担当していたこと，②その際，原告は，予め決められた原稿に沿って話すのではなく，先頭に立って自らの言葉で話すようにしており，また，デモにおいても先頭に立つなどしていたこと，③原告は，LDBの会合にもできるだけ参加して，積極的に意見を述べていたこと，④原告は，インターネットを通じて，ミャンマー政府側の人間が関与している雑誌等の不買を呼びかけるメールを配信し，その結果，これらの雑誌の売

り上げは減少したこと，⑤原告は，ミャンマー国内で反政府的な考え方や意見を持つ人たちを探す目的で開設されている各種ホームページの書き込み欄を利用して，国内の若者たちに国内にいては分からない情報を提供するとともに，この方法で知り合ったロシア留学中の士官候補生とチャットを通じて対話をし，民主化陣営に参加するように説得をしていたこと」というように合計 5 点につき，単に「デモに参加」といった抽象的事実にとどまることなく，具体的にどのような形でデモや集会に参加していたのか，活動の実態を捉えた認定を行っており，具体的事実に即した判断を行っているという意味で評価できる。また，インターネットにおける活動も，後述のように，その特性を踏まえて詳細な事実認定を行っている点も評価されよう。

◆3　インターネットでの反政府活動に関する経験則

異議棄却理由では，原告がインターネットでの反政府活動について入国警備官による取調べにおいて供述していたにもかかわらず，インターネットでの反政府活動の存在を認定していない。

判決では，客観的証拠を提出できないことを「インターネットを通じての活動は実名を明らかにする必要性がないから，その活動をしていたことを客観的に示す証拠を提出できないことは，ある意味で仕方のないことである」とした上で，入国警備官による取調べ以降の供述が一貫しており，供述と一致する証言も存在することから，インターネットでの反政府活動の存在を認めている点は，インターネットでの活動の特性を踏まえた経験則による評価方法であり，合理的であると評価しうる。

◆4　「十分に理由のある恐怖」についての判断方法

異議棄却理由においては，「自身は政治組織に所属していない」ということが，「本国政府が殊更に注視しているものと認めることができません」とする根拠の 1 つに挙げられている。

判決では，原告は LDB に加入していなかったものの，原告が LDB の活動に積極的に参加していたこと，元支部長と同様に目立った活動をしていたことなどから，「外部の人間から見れば，中心的活動家の 1 人であったと評価されうる」とした。このように加入の有無という形式的な面ではなく，活動実態に照らして，さらには，迫害主体からどう映るかという視点をもって事実評価を行っている点は評価されよう。

また判決は，元LDB名古屋支部長［A］と［B］の経験をもとに，同程度の活動をしていた原告も，同様にミャンマー政府に認識されている可能性が高いと判示した。これは，原告個人に体験が欠けていても，原告と類似した属性，社会的地位，活動経験を有する者の体験から，早晩，原告についても同様のことが起こりうるとの考え方をもとにしており，「十分に理由のある恐怖」の国際的理解に適合する。

　さらに判決は，原告の「十分に理由のある恐怖」の有無を判断する上で，「原告がミャンマー政府に帰国した場合の迫害の可能性について」という独立項目をあげており，将来的評価・判断を明示的に展開している。これは，難民該当性の判断手法としては適当である。その中で，原告弟が原告の政治的活動を理由に拘束されたとまでは認められないものの，原告の日本における活動から，政府が原告のことを認識するようになった可能性が極めて高いこと，原告の父が，原告に対する「迫害の危険が現実的に生じると感じていた」ことを理由に，原告が感じる危険には，「相応の根拠」があるとした。

　このように，［A］，［B］の証言や原告父からの手紙などの客観的事情・証拠をもとに，「相応の根拠」があるか否かをもって，恐怖が「十分に理由のある」ものか否かを判断している裁判例は希少であり，評価される。

　他方で，本判決は，個別把握論を前提においた判断を展開しており，認定としては『原告は，LDB名古屋支部長を経験した［A］や［B］と同程度に積極的に，日本国内で反政府活動を行ってきており，上記（横田）陳述書にいう「その他大勢の活動家」にとどまるものではない』との判断を示している。その意味で「その他大勢の活動家」に含まれると評価される者の難民該当性についての限界がある。

事例 14

ヤンゴン出身のミャンマー・ロヒンギャ族男性

事例	出身国	民族・宗教	性別	年齢（認定時）
申請者 14	ミャンマー	ロヒンギャ	男性	24 歳
入国日	入国の状況	経由国		
2006 年 5 月○日	不法入国（旅券不所持）	ミャンマー／陸路／タイ／空路／福岡		
難民申請日	申請の場所	不認定日（処分）	不認定日（告知）	
2006 年 5 月 25 日	福岡空港	2006 年 6 月 27 日	2006 年 7 月 7 日	
異議審尋日	審尋の曜日・場所	異議棄却日（処分）	異議棄却（告知）	
2006 年 10 月 4 日	水・大村（収容中）	2007 年 1 月 16 日	2007 年 1 月 30 日	
提訴				
2007 年 7 月 30 日提訴（難民不認定取消・退令無効確認・裁決無効確認・在特不許可取消／無効確認）				
地裁判決（申請者の勝訴）		高裁判決（原審を維持：確定）		
裁判所：福岡地方裁判所　第 1 民事部 事件番号：平成 19 年（行ウ）38 判決日：2010 年 4 月 22 日 裁判官：高野裕，南場裕美子，設樂大輔		裁判所：福岡高等裁判所　第 5 民事部 事件番号：平成 22 年（行コ）17 判決日：2011 年 3 月 24 日 裁判官：西謙二，脇由紀，桂木正樹		
公刊物未登載		公刊物未登載		
訴訟後の状況				
2011 年 5 月 26 日難民認定				
その他の特記事項				
大村入国管理センターで収容（福岡入管での収容と通算して約 15 ヶ月）				

◆ **第 1　事案の概要**

　本件は，アラカン州北部出身でヤンゴンに移住した両親の子として出生し，ヤンゴンで生活していたロヒンギャ族男性の事案である。申請者の父は，ヤンゴンで不動産業を営みながら，1988 年ころに NLD に加入し，ヤンゴンのロヒンギャ支部の代表者などをしていたが，民主化デモに参加したことにより約 6 ヶ月間投獄されたことがあり，2002 年に死亡した。申請者は，ロヒンギャ族

◆第2部◆ 事例ごとのまとめ

であることを隠し，国民登録証の更新を申請中であると偽って2003年に大学に入学した。申請者は，大学の民主化組織に所属して反政府活動を行っていたところ，2005年12月，諜報機関から取調べを受けたため，今後政治活動をしないという誓約書に署名し，釈放された。申請者は，その後の2006年3月，友人らとアウンサンスーチーの自宅軟禁が解除された場合に迎えに行くデモを準備していたところ，所持していた運動のビラを大学教授に押収され，教授から退学になる旨を告げられた。申請者は，怖くなり自宅に戻らずにいたところ，親族から警察が家に来た旨の話を聞かされたために恐怖を抱き，バンコクにいる兄の助言もあって，ミャンマーを陸路で出国してタイに逃れ，その後，タイから本国に送還される恐怖から，ブローカーを使って旅券，査証及び航空券を取得して空路で来日した。申請者は，福岡空港に到着後，上陸前にブローカーに旅券と航空券を渡し，その後空港にて自身が難民であることを申し立てた。

◆ 第2　行政と司法の判断の比較

◆ 1　出身国情報の分析評価

一次	・「あなたは，ロヒンギャであることを理由に迫害を受けるおそれがある旨申し立てていますが，米国国務省報告等関係資料からは，ミャンマーにおいて少数民族であることのみをもって迫害を受けるとは認められない…」
異議	・「あなたは，ロヒンギャであることを理由として迫害を受けるおそれがある旨主張しています。しかしながら，関係資料からは，ミャンマーにおいて少数民族であることのみを理由として迫害を受けるおそれがあるとは認められません。」

≪裁判所の判断－地裁≫
・ミャンマーの一般情勢等について，アメリカ国務省の人権状況に関する国別報告書を引用するなどして具体的に認定した上，以下のとおり要約している。
「ミャンマー国内においては，当局による反政府活動家等に対する不当な身柄拘束や不当に重い処罰等の迫害が行われており，この迫害の対象は，必ずしも反政府活動等の中心人物にとどまらず，広範囲に及んでおり，ま

■ 事例14 ■ ヤンゴン出身のミャンマー・ロヒンギャ族男性

た，当局が民主化運動の中心となっている学生運動に対しても厳しく対処している」
・ミャンマーにおけるロヒンギャ族の状況についても，国連特別報告官報告書，米国国務省報告書，アムネスティ・インターナショナル報告書等を引用するなどして具体的に認定した上，以下のとおり要約している。
「ミャンマーにおいては，ロヒンギャ族は，1982年国籍法により，そのほとんどが国民として認められず，不法に滞在する外国人として扱われており，そのため，国民が携帯することを義務付けられている国民登録証の発給を受けることができず，ロヒンギャ族以外の別の民族名を名乗るなど虚偽の陳述をして，国民登録証の発給を受ける者も存在すること，ラカイン州北部に居住するロヒンギャ族に対しては，移動の自由の制限，強制労働等が課せられ，それらが原因となって，1991年から1992年にかけて25万人以上ものロヒンギャ族が隣国のバングラデシュに流出する事態が起こり，このようなラカイン州北部におけるロヒンギャ族に対する差別的取扱いは，本件各処分の時点においてもなお存在していた」

≪裁判所の判断－高裁≫
・地裁の判断に付加して，ミャンマーにおけるロヒンギャ族の状況について，以下のとおり認定している。
「ミャンマーにおいては，現在でも，軍事政権により，宗教の自由が制限されており，特にロヒンギャ族は，最も過酷な差別を経験し続けた旨，米国国務省報告書によって報告されている〔証拠〕」

◆ 2 信憑性の判断

| 一次 | ・「…あなたは，2006年3月に，［大学名A］大学内で所持していた反政府ビラを発見され休学処分となった後，諜報機関からあなたに対して逮捕状が発付された旨申し立てていますが，逮捕状については親族からの伝聞に過ぎない上，逮捕状についての正確な情報は無く，逮捕状が出ていると思う旨述べるにとどまっていること，さらに，上記あなたの本国における活動内容にも照らせば，あなたに対して逮捕状が発付されているとの申立てはにわかには信じ難い」
・「あなたは，父親が本国においてNLDのヤンゴン市内ロヒンギャ支部代表という役職であったことについて申し立てていますが，NLDにそのような支部・組織があるか疑問がある…」 |

異議	・「…あなたは，2006年3月に［A］大学を休学処分になった後，諜報機関から逮捕状が発付されている旨主張していますが，これを証明する客観証拠は存在せず，あなたの主張はいずれも親族からの伝聞に基づくものであって，あなたの活動内容が上記程度［約1000人いる組織の一員として，主としてビラ配りやメンバー勧誘に従事］にすぎないことをも考慮すれば，事実であるとは認められません。」 ・「あなたは，あなたの父親がNLDのヤンゴン市内ロヒンギャ支部代表であったことを理由として，迫害を受ける恐れがある旨主張し，父親のNLD党員証なるものを証拠として提出しています。しかしながら，ビルマ人社会におけるロヒンギャの位置付けを考えれば，ビルマ族中心の組織であるNLDにおいてそのような組織・支部が存在するのか疑問がある上，原処分に係る審査及び口頭意見陳述・審尋期日における供述状況を見る限り，あなたのNLDに関する知識は極めて曖昧かつ貧弱であり，父親がNLDの要職にあったとはにわかに信じがたいものです。」

≪裁判所の判断－地裁≫

■ 通訳の問題を考慮

・（福岡入管入国警備官によって作成された供述調書等の信用性について）「福岡入国警備官が，通訳人を介さずに，原告の母国語ではない英語で取り調べを行ったものであるから，内容の正確性が十分に担保されているとは言えず，その信用性には疑問が残ると言わざるを得ない」

■ 入管手続段階における供述調書の信用性が低いとして変遷をもって供述の信用性を否定するには慎重な検討が必要と判断

・（福岡入管においてビルマ語の通訳人を通じて作成された供述調書等について）「原告は，…福岡入管において供述調書等の読み聞かせは一度もなかったと供述しているところ，この供述は特段不自然，不合理なものとまではいえない。原告に対する事情聴取を行った福岡入管難民調査官［人名B］作成の陳述書〔証拠〕には…客観的事実と矛盾部分があることからすれば，原告以外の難民認定申請者に対する取り調べ状況と混同しているものと認められるから，採用することができず，他に原告の調書作成時に読み聞かせがされなかった旨の上記供述に反する的確な証拠はない。そうすると，結局のところ，原告の上記供述を虚偽であるとして排斥することはできない。したがって，〔証拠〕以外の供述調書等［ビルマ語の通訳人を通じて作成された供述調書等］についても，その信用性は低いと言わざるを得ず，これら供述調書等に録取されている供述からの変遷をもって，原告の供述

■ 事例14 ■ ヤンゴン出身のミャンマー・ロヒンギャ族男性

の信用性を否定するには慎重な検討が必要というべきである」
■ 客観的証拠がないことへの評価
・「原告の個別事情に関する事実の認定は、原告本人尋問の結果、原告作成の陳述書〔証拠〕等、原告自身の供述に負うところが大きく、特に原告のミャンマー国内における活動の状況等については、専ら原告の供述等が証拠としてあるのみで、それを個別に裏付ける客観的な証拠は存在しない。しかし、真に難民として本国政府から迫害を受ける危険のある者に対して、難民該当性に関する十分な証拠を持って本国を出国することを要求することは極めて酷であり、他方で、難民該当性についての誤った認定判断が、その者の生命、身体等に対して極めて深刻な結果をもたらすおそれがあることを考慮すると、本人の供述等が客観的な裏付けを欠いていたり、ささいな点で供述が変遷し、あるいは合理性を欠いていたりしても、それだけでその供述等の信用性を否定することはできず、その信用性については慎重な検討が必要であるというべきである」
■ 供述の変遷について、中核部分の供述の一貫性等を考慮
・「以上の観点から原告の供述等を検討するに、原告の供述等を全体的にみると、…認定した事実［前記第1「事案の概要」を参照］に関する限り、原告の供述等は、具体的で迫真性があるだけでなく、…ミャンマー国内における活動等の根幹部分に関する供述等は、ささいな点で変遷がないわけではないものの、原告が本邦への入国直後に作成した難民認定申請書において、既にそれら事実について自ら記載しており、その後に原告が作成した本件不認定処分に対する異議申立てに係る申述書及び本件訴え提起後に原告が作成した陳述書における各記載、並びに原告本人尋問における供述を通じて、おおむね一貫している（さらに、前記のとおりその信用性に疑問のある福岡入管における供述調書等にも、おおむね同様の供述が録取されており、これらを含めても、その供述等の根幹部分は一貫しているということができる）。そして、前記に認定したミャンマーの一般情勢やロヒンギャ族の状況等に照らしても、これら供述等の内容に特段不自然な点はない」
■ 中核部分とは直接関わりのない部分の供述の信用性に疑問があるとしても、供述全体の信用性を覆すに足りないと判断
・「他方で、福岡入管において作成された供述調書等…における旅券取得経緯に関する供述内容は、度々変遷しており、…不自然な内容も見られる。また、旅券の内容や搭乗した航空機等、本邦への入国経緯に関する供述等

にも，不自然，不合理な点があることは否めないところである。しかし，これらの点は，原告のミャンマー国内における活動等とは直接かかわりのない部分であること…，原告がロヒンギャ族でり，国民登録証を有していないため，第三者が介在した上で正規のものではない旅券を使用して本邦に入国した可能性が高く，この点についてはありのままを供述することを期待しにくい面があることを考慮すれば，これらの点は，原告の供述全体の信用性を覆すに足りるものではない」

≪裁判所の判断－高裁≫

・（地裁の判断に付加して，入管手続段階における供述の信用性について，以下のとおり判断）

「たとえ読み聞けがされたとしても，どの程度厳密に行われたか，その際の通訳の正確性などは不明である上，母国語によらないやり取りについては，細かな点においては，必ずしも意思疎通が十分にできない場合があることも否定できないところであり，このことを考慮すれば，入管手続段階における被控訴人の供述調書の信用性は必ずしも高いとはいえない」

◆ 3　主な不認定・棄却理由の考察

(1) 申請の遅延
言及なし

(2) 難民該当事由発生時点からの期間経過
言及なし

(3) 就労目的
言及なし

(4) 本国の家族の状況

一次	・「…あなたの供述を前提としても，父親が官憲により身柄を拘束されたとの申し立てはないこと，父親は不動産業により家族以外に自身のきょうだい7名を養うほどの収入を得ていたこと等からすれば，あなたの父親が本国政府から反政府活動家として関心を寄せられていたとは認められない…」
異議	・「…父親がミャンマー政府当局に逮捕等身柄拘束されたことがあるなど迫害の兆候を伺わせる供述等はないのであって，むしろ上記の通り，あなた

の家族はミャンマーにおいて比較的恵まれた生活をしていたと評価できることからすれば，あなたが父親の事情を理由として迫害を受けるという客観的・具体的危険性があるとはおよそ考えられません。」

≪裁判所の判断－地裁≫
・（前記のとおり，原告の供述の全体的な信用性を認めた上で）「原告の父は，ヤンゴンで不動産業を営む一方で，NLDに入党しヤンゴンのロヒンギャ支部の代表者をしていたことがあった。…原告の父は，民主化運動のデモに参加したことにより，約6か月間投獄されたこともあった。」

≪裁判所の判断－高裁≫
・第一審判決を引用

(5) 個別把握

一次	・「あなたは，本国において，2004年2月頃から，［A］大学の学生民主主義組織に所属していたことについて申し立てていますが，あなたの供述を前提としても，あなたは<u>約1000人いる同組織のメンバーの中で末端メンバーにすぎず，その活動内容も殊更本国政府から注視される態様のものであったとは認められない</u>…」
異議	・「あなたは，［A］大学在学中に学生民主主義組織に所属して反政府活動を行っていたことを理由として，迫害を受けるおそれがある旨主張しています。 　しかしながら，あなたの活動たるや，<u>約1000人いる組織の一員として，主としてビラ配りやメンバー勧誘に従事していたにすぎない</u>というのであって，あなた自身，口頭意見陳述・審尋期日において『組織の方針に従って活動していた』旨自認しているところです。したがって，あなたは，組織の末端メンバーにすぎず，その活動内容はおよそ<u>他の反政府活動家に影響を及ぼし得るような性質のものではありません。</u>」

≪裁判所の判断－地裁≫
・「前記認定事実によれば，原告は，［A］大学内の民主化組織に所属し，同組織幹部の指示に従って，他の学生に対してビラを配布したり，同組織に勧誘するなどの活動をしていたものであるが，…原告が学生民主化組織において日常的に行っていた活動は，下部構成員としての活動にとどまるもので，それ自体直ちにミャンマー政府によって敵視されるような性質のものであるというには疑問が存するところである

しかし，…原告は，一度諜報機関の取調べを受けた際に，政治活動をし

ないことを誓約する書面に署名したうえで釈放されていたにもかかわらず，原告が民主化運動にかかわっていたことを裏付ける明確な証拠を押収され，また，実際に逮捕状を見たわけではないものの，自己に対する逮捕状が発付されている事実を同居の親族から聞かされたため，…本邦に逃れたものと認められる。

そして，ミャンマー国内においては，当局による反政府活動家等に対する不当な身柄拘束や不当に重い処罰等の迫害が行われており，この迫害の対象は，必ずしも反政府活動等の中心人物にとどまらず，広範囲に及んでおり，また，当局が民主化運動の中心となっている学生運動に対しても厳しく対処しているという<u>ミャンマーの一般情勢等を考慮すれば，客観的にみて，原告が，その民主化運動に関する活動を理由として逮捕され，更にその後，不当な処遇や処罰を受ける恐れがあることは否定できないというべきである</u>。

加えて，原告はロヒンギャ族であり，本邦入国後，ロヒンギャ族であると述べて難民認定申請をしているものであり，…原告について，ロヒンギャ族であることのみを理由として迫害を受けるおそれがあったとまでは認めるには足りないとしても，…ミャンマー国内におけるロヒンギャ族に対する迫害状況も考慮すれば，上記のような活動を行い，その結果として逮捕状を発付されるような状況に至った原告が，ロヒンギャ族であることにより，更に強い迫害の対象とされるおそれも否定し難い」

≪裁判所の判断－高裁≫

・第一審判決を引用

(6)　過去の迫害体験

一次	前記2「信憑性の判断」を参照
異議	前記2「信憑性の判断」を参照

≪裁判所の判断－地裁≫

・(前記2のとおり，原告の供述の全体的な信用性を認めた上で)「原告は，一度諜報機関の取調べを受けた際に，政治活動をしないことを誓約する書面に署名したうえで釈放されていたにもかかわらず，原告が民主化運動にかかわっていたことを裏付ける明確な証拠を押収され，また，実際に逮捕状を見たわけではないものの，自己に対する逮捕状が発付されている事実を同

■事例14 ■ ヤンゴン出身のミャンマー・ロヒンギャ族男性

居の親族から聞かされたため，迫害を受けるおそれがあるという恐怖を抱き，本邦に逃れたものと認められる。」

≪裁判所の判断－高裁≫
・第一審判決を引用

(7) 適法な旅券発給・更新

一次	・「…2005年4月頃に自己名義旅券を取得したと述べていることも併せ考えれば，少なくとも旅券取得時点において，本国政府から反政府活動家として関心を寄せられていたとは認められない…」
異議	・「ブローカー及び兄の助けがあったとはいえ2005年4月ころに自己名義の旅券が発給されていることも併せ考えれば，あなたの出自等を考慮してもなお，少なくともその当時ミャンマー政府があなたを殊更危険視していたとは考えられません。」

≪裁判所の判断－地裁≫
・言及なし

≪裁判所の判断－高裁≫
・「真正有効な旅券が発行されていたか否かは，難民該当性を判断するうえでの重要な一事情となり得る…しかしながら，被控訴人に対して真正な旅券が発行されたと断ずる証拠はなく，むしろ被控訴人名での搭乗記録がないことなどに照らせば，第三者が介在した上での正規のものでない旅券を使用した可能性が高く，この点で真実を供述しにくい面があったことや，被控訴人がミャンマー国内において旅券を取得していたとしても，被控訴人のミャンマー国内における政治活動等は，主としてその後のことであって，この点が被控訴人の供述性の信用性を否定するものではない」

◆ 4 事案の全体的・総合的評価の有無

一次	・本国で学生組織に所属しての活動に関する事情，申請者の父のNLDヤンゴン市内ロヒンギャ支部に関する事情，申請者がロヒンギャであることに関係する事情を分断して評価した上で，「1ないし3を総合的に考慮しても，前記評価を覆すには至らない…」
異議	言及なし

◆第2部◆ 事例ごとのまとめ

≪裁判所の判断－地裁≫
　※　前記3(5)「個別把握」を参照。
≪裁判所の判断－高裁≫
・第一審判決を引用

◆ 第3　分　析

◆1　不認定・棄却理由と判決理由の違いについて

　本件は，入国警備官によりミャンマー語通訳を通じてまたは通訳なしに作成された供述調書の信用性が認められなかったこと，信憑性の評価で難民認定判断の特殊性が考慮されたこと，また，供述や証拠を全体的にみて信憑性が評価がされていること，さらに，迫害を受けるおそれについても全体的考察がなされていることに特徴がある。

◆2　供述調書等の信用性について

　異議審を含む行政段階では，前段階で作られた供述調書の内容に疑問がもたれることなく事実として評価判断に使われる傾向にあるが，判決理由では，供述調書等の内容の正確性について疑義を投げかけている。判決は，「通訳人を介さずに，原告の母国語ではない英語で取調べを行ったものであるから，内容の正確性が十分に担保されているとはいえず，その信用性には疑問が残るといわざるを得ない」とし，また，調書の読み聞かせがされなかった旨の申請者の主張については，「たとえ読み聞かせがされたとしても，どの程度厳密に行われたか，その際の通訳の正確性などは不明である上，母国語によらないやり取りについては，細かな点において，必ずしも意思疎通が十分にできない場合があることも否定できないところであり，このことを考慮すれば，入管手続段階における被控訴人の供述調書の信用性は必ずしも高いとはいえない」と述べ，難民認定手続における異文化をめぐる課題や通訳を通じて作業をすすめなくてはならない問題を正しく指摘している。

◆ 3　信憑性の評価について

(1) 難民認定判断の特殊性

　行政段階では，個別に裏付ける客観的な証拠がないことをもって信憑性を否定する傾向にあり，また，裁判においても国はそのように主張する。この点について，判決は，「しかし，真に難民として本国政府から迫害を受ける危険のある者に対して，難民該当性に関する十分な証拠を持って本国を出国することを要求することは極めて酷である」と申請者が補強証拠をなかなか提示できないことに理解を示した上で，「他方で，難民該当性についての誤った認定判断が，その者の生命，身体等に対して極めて深刻な結果をもたらすおそれがあることを考慮すると，本人の供述等が客観的な裏付けを欠いていたり，些細な点で供述が変遷し，あるいは合理性を欠いていたりしても，それだけでその供述等の信用性を否定することはできず，その信用性については，慎重な検討が必要であるというべき」と論じている。

(2) 証拠・供述の全体的な考察

　難民の特殊性および難民認定がもたらす結果の重大性から，信憑性の判断においては，難民である事情の中核となる主張を全体的に見ることが必要である。判決理由は，上記(1)について言及した上で，申請者の学生民主化組織に所属しての反政府活動，諜報機関から取調べを受けたこと，大学退学に至る経緯とその後の事情について，原告の供述等が具体的で迫真性があるだけでなく，「些細な点で変遷がないわけではないものの，…おおむね一貫している」とし，本国の一般情勢やロヒンギャ族に関する客観情報に照らして，供述等の内容に特段不自然な点はないと述べている。

◆ 4　迫害を受けるおそれの評価の全体的考察について

　不認定理由では，本国で学生組織に所属しての活動に関する事情，申請者父のNLDヤンゴン市内ロヒンギャ支部に関する事情及び申請者がロヒンギャであることに関係する事情を分断して評価する一方，これらを「総合的に考慮」すると言いながら，具体的な考慮の内容を一切示さないままに申請者の難民該当性を否定した。また，棄却理由でも，それぞれの事情が分断的に評価され，全体的／総合的な観点からの具体的な検討がされなかった。
　一方で，判決理由は，本国におけるロヒンギャ族が置かれている状況を出身

国情報から分析し,「ミャンマー国内におけるロヒンギャ族に対する迫害状況も考慮すれば,上記のような活動を行い,その結果として逮捕状を発付されるような状況に至った原告が,ロヒンギャ族であることにより,更に強い迫害の対象とされるおそれも否定し難い」とし,ロヒンギャ族出身である背景と政治活動に関する事情を全体的かつ総合的に考察し,迫害を受けるおそれの的確な判断となった。

事例 15

スリランカ北部からコロンボ周辺に移住したタミル人男性

事例	出身国	民族・宗教	性別	年齢（認定時）
申請者 15	スリランカ	タミル	男性	50 歳代
入国日	入国の状況	経由国		
2006 年 9 月〇日頃	不法入国（旅券不所持）	スリランカ／空路／シンガポール［乗継］／空路／マレーシア［乗継］／空路／日本		
難民申請日	申請の場所	不認定日（処分）	不認定日（告知）	
2006 年 10 月 2 日	中部空港	2006 年 11 月 9 日	2006 年 12 月 1 日	
異議審尋日	審尋の曜日・場所	異議棄却日（処分）	異議棄却（告知）	
2007 年 3 月 12 日	月・西日本（収容中）	2007 年 5 月 8 日	2007 年 5 月 15 日	
提訴				
2007 年 8 月 3 日提訴（難民不認定取消・退令無効確認）				
地裁判決（確定）				
裁判所：大阪地方裁判所　第 2 民事部 事件番号：平成 19 年（行ウ）146 判決日：2011 年 3 月 30 日 裁判官：山田明，徳地淳，直江泰輝				
公刊物未登載				
訴訟後の状況				
2011 年 12 月に再び一次不認定となり，人道配慮を理由とする在留特別許可。				
その他の特記事項				
口頭審理請求放棄案件。第三国への出国を理由とする和解について協議したが，カナダでの難民認定の具体的見通しが立たなかったことから和解に至らなかった。				

◆ 第 1　事案の概要

　本件は，スリランカ北部のジャフナ出身のタミル人男性の事案である。申請者は，コロンボ近郊で会社を設立・経営していた。2004 年，申請者の会社の製品が爆弾を仕込まれた状態で発見され，警察署で取り調べを受けたが，無関係であると説明し，翌日に釈放された。その後，LTTE やタミル人従業員に

◆第2部◆ 事例ごとのまとめ

関する情報を求めて警察が会社を訪れるようになると，警察に賄賂を渡すようになった。2005年には，申請者の会社の製品の原材料に火薬が混入しているとの疑いで2日間事情聴取を受けたが，疑惑が晴れて解放された。2006年にLTTEによるテロが頻発すると，コロンボ在住のタミル人に網羅的に行われていた聴取を受け，ジャフナを来訪したことやLTTEとの交渉の有無について事情聴取を受けた。また，同年半ば頃から白色のバンに乗った何者かがタミル人を誘拐・殺害する事件が頻発するようになった。同年7月には，申請者の知人が白色のバンに乗った者たちにより連れ去られ，殺害されたが，その知人は，LTTEに申請者の住所と電話番号を伝えてしまったと聞いていた。同年8月，申請者は転居したが，申請者の知人のタミル人が拉致されて行方不明になり，申請者は身の危険を感じ，カナダ行きの渡航の準備を始めた。数日後，申請者の親戚のシンハラ人が何者かに殺害されたが，申請者は行方不明の知人のことでこの親戚に相談を持ちかけたことがあった。同年9月，申請者は，カナダで難民申請をする予定でスリランカを出国したが，経由地の中部空港で航空機への搭乗を拒否され，名古屋入管中部空港支局に連行され，その後，難民認定の申請をした。なお，申請者の出国後，白色のバンに乗った者たちが数回にわたって本国の申請者の自宅を訪問し，申請者の所在を訪ねるなどしていた。

◆ 第2 行政と司法の判断の比較

◆ 1 出身国情報の分析評価

一次	言及なし
異議	・「あなたの代理人が提出した『スリランカ出身の庇護要請者への国際的保護の必要性に対するUNHCRの見解』によれば，コロンボ地域のタミル人については，もっぱらタミル派を支持する者に対する拉致や殺害の事例が指摘されており，スリランカ北部・東部のタミル人については，LTTEにより殺害された者が多く存する旨指摘されているものの，『その多くは彼らの政治的反対者だとみなされたタミル人である』とされています」 ・「関係資料からは，少なくともスリランカ政府がLTTEの人権侵害を放置ないし助長しているとまで認めるに足る証拠はなく，LTTEは『迫害』の主体たり得ません」

■ 事例15 ■ スリランカ北部からコロンボ周辺に移住したタミル人男性

≪裁判所の判断≫

※　判決は，スリランカの一般的な情勢について，UNHCR「スリランカ出身の庇護要請者への国際的保護の必要性に対するUNHCRの見解」（2006年12月），「指針」（2009年4月）及び「2009年スリランカ指針の妥当性に関する注記」（2009年7月）を引用して具体的に認定した上，以下のとおり要約している。

・「本件不認定処分当時，スリランカにおいては，政府軍とLTTEとが深刻な内戦状態にあり，LTTEによるテロ行為が連続したことも加わって，両者間の緊張が非常に高まっていたところ，UNHCRの報告によれば，スリランカ北部及び東部出身のタミル人は，政府軍，LTTE，民兵組織又は武装集団らによって嫌がらせや脅迫，逮捕，監禁，拷問，拉致や殺害といった危害を加えられており，とりわけ，LTTEとの関係が疑われる人物は，政府又は治安当局から支援を受けているといわれる『白いバン』（white ban）という民兵組織又は武装集団による人権侵害の危険にさらされており，コロンボ地域においても，平成18年8月20日から9月2日までの短期間に26人以上のタミル人が誘拐されていたとの指摘がされていた」

◆ 2　信憑性の判断

一次	・「あなたは，本国において，本国政府及びLTTE双方に協力しなかったため，帰国すれば両者から命を狙われる旨申し立てていますが，あなたの供述は著しく具体性に欠け，供述の重大な変遷も認められ，信ぴょう性に疑義があります。」
異議	・「…タミル人の知人をかくまった旨の主張については，あなたは，口頭意見陳述・審尋期日において，『かくまったわけではない。イギリス行きのビザを取得する手伝いを頼まれただけである』旨供述し，自ら否定しています。」 ・「…あなたは，国外逃亡を勧めてくれた知人が殺害されたなどと主張していますが，口頭意見陳述・審尋期日では，同人はLTTEのメンバーで，殺害したのは武装した政府のグループと思われると供述しています。そもそも同人がLTTEのメンバーであったとすれば，あなたに対してLTTEから逃れるための国外逃亡を勧めるというのは，いささか不自然です。」 ・「…あなたは，妻の姉の夫がLTTEに殺害されたなどとも主張していますが，具体的な根拠に基づくものではなく，LTTEのあなたに対する人権侵害のおそれを基礎づける事情として十分ではありません。」

> ・「…あなたは，異議申立手続において，LTTE関係者が実家に来てあなたの所在を尋ねているなどと主張していますが，その根拠とされるのはあなたの家族からの私信のみである上，かかる私信の内容も，あなたの実家を訪れたのがLTTE関係者であると認めるに足るものではありません。」

≪裁判所の判断≫

■ 供述の信憑性の判断の方法

・「難民申請をした者の供述の信用性（信憑性）については，裏付け証拠入手の困難さ，経験則の相違や意思疎通の困難性等から慎重に評価すべきことは否定できないとしても，それを超えて，難民該当性の立証の程度自体を緩和すべき理由はないといわざるを得ない」

■ 供述の一貫性，出身国情報との整合性を考慮

・「本件では，原告の難民該当性に関する各事実を直接証明する基本的証拠として，原告の供述や作成した書証等〔証拠〕があり，これらの信用性を検討する必要がある。この点，原告が，カナダで難民認定申請をするため，スリランカを出国し，他人名義のカナダ旅券で渡航しようとして，経由地の中部空港で飛行機への搭乗を拒否され，不法入国により収容された経緯に関する原告の供述等は，客観的に認められる原告の収容に至る経緯や後に原告が取得して書証として提出した原告名義の正規旅券の記載内容に合致するものであり，スリランカで身の危険を感じ，兄が難民認定を受けているカナダに渡航して難民認定を申請しようと考えスリランカを出国した旨の原告の供述等は十分信用できるものである。また，<u>スリランカでの原告及びその周辺の事情に関する原告の供述等は，違反調査の当初から基本的な事実関係について一貫しているところであって，原告が提出する各書証〔証拠〕の内容とも整合し，格別不自然な点はない。これらの点を総合考慮すれば，原告及びその周辺の事情に関する原告の供述等は，基本的に信用できるものというべきである</u>」

◆ 3 主な不認定・棄却理由の考察

(1) 申請の遅延

言及なし

(2) 難民該当事由発生時点からの期間経過

言及なし

■ 事例15 ■ スリランカ北部からコロンボ周辺に移住したタミル人男性

(3) 就労目的

一次	言及なし
異議	言及なし

≪裁判所の判断≫

・（原告が 2006 年 9 月に出国する以前にインドに渡航しており，同月に出国後もシンガポールやマレーシアにおいて庇護を求めていないこと等からすれば，原告の真の出国目的は，外国での稼働若しくは事業運営にあるという被告の主張に対し）「しかしながら，政府による迫害の恐怖を有していることと，難民としての庇護を受けた後に稼働又は事業運営をすることとは何ら矛盾するものではないし，前記のとおり，原告にはカナダ及びニュージーランドには親族が居住しているものの，インド，シンガポール及びマレーシアにはいないことを考慮すれば，カナダ以外の国々において庇護を求めなかったことが直ちに不自然とはいえない」

(4) 本国の家族の状況
言及なし

(5) 個別把握

一次	・「仮にあなたの供述に一部事実が含まれているとしても，あなたは何ら反政府活動を行っておらず，LTTE のメンバーでもない上，あなた自身，拷問等の具体的な迫害は受けたことはない旨自認しているのであって，…あなたが帰国した場合に迫害を受ける客観的・具体的危険性があるとは認められません。」
異議	・「…本国の警察との関係を見るに，あなたは，過去再三身柄を拘束された旨供述していますが，その一方で，そのたびに事情を説明して嫌疑は晴れた旨供述しています。とりわけ 2004 年 8 月か 9 月に警察で取り調べられた際は，あなたの経営する会社が製造した人形の中に爆弾が仕込まれた状態で発見され，疑わしい状況に置かれていたにも関わらず，結局は嫌疑が晴れて釈放されたと供述しています。 　その後の警察との関係も，一次審査では『警察官が立ち寄るたびに金をあげるようになった。警備会社に警備を頼むより安く済んだ』などと述べているところであって，少なくとも警察官は金目当てであったことが窺われます。 　また，あなたは，一貫して『三兄が 1983 年に逮捕されたが，それは三

兄の身の安全のための保護措置であった』旨述べているところであって，むしろ警察から庇護を受ける立場であったことが窺われます。
　これら事情に加え，あなた自身，口頭意見陳述・審尋期日において，『最も怖いのはLTTEからの攻撃であって，政府からの攻撃ではない』旨供述していることなども考えれば，あなたが帰国した場合に本国警察から迫害を受けるという具体的な危険性は認められません。」

・「…LTTEとの関係を見るに，そもそもあなたがLTTEから人権侵害を受けるおそれがあるとする根拠自体，判然としません。
　あなたの供述によれば，あなた自身が直接体験したのは，あくまで2004年9月ころ，出身地のジャフナを訪れた際，LTTEから協力を要求されたという事実のみです。しかし，かかる要求はあくまで抽象的なものにとどまっており，その後具体的な協力の要求がなされた形跡はありません。とすれば，仮にこれが事実であるとしても，協力しなかったということであなたが攻撃の対象にされるという危険性は見いだしがたいところです。
　…あなた自身は，特段の政治活動を行ったこともない，単に比較的恵まれたタミル人にすぎないのであって，あなたが，執拗にLTTEにつけねらわれるというのは，客観的に見て，いささか不自然であると言わざるを得ません。
　以上からすれば，あなたがLTTEから迫害と比肩し得るほどの人権侵害を受けるという客観的かつ具体的な危険性までは認められません。」

≪裁判所の判断≫

・「原告は，平成16年9月頃にジャフナを訪れた際，LTTEの尋問を受けて協力を求められ，自分が経営する会社の情報等を提供しており，その後，ジャフナへの渡航について警察から事情聴取を受け，[人名A]からは，LTTEに原告の住所や電話番号を教えたと聞いていたことに加え，平成18年5月又は6月頃からはコロンボ市内における治安が悪化し，ナンバープレートのない白色のバンに乗った何者かがタミル人を誘拐・殺害する事件が頻発するようになり，[A]が白色のバンに乗った者らによって連行・殺害され，知人の[人名B]が誘拐され，原告の親戚で[A]とも交流があった[人名C]も何者かに殺害された上，原告の出国後にも，白色のバンに乗った何者かがスリランカの原告宅や原告が経営していた会社を複数回訪れて原告の所在を訪ねていたというのである。
　以上の事情を総合考慮すれば，本件不認定処分当時において，原告が，自己がスリランカ北部のジャフナ出身のタミル人でLTTEからも協力を求められていた以上，スリランカに帰国すれば，スリランカ政府又はその

事例15 スリランカ北部からコロンボ周辺に移住したタミル人男性

関係当局の支援を受けているといわれる武装集団『白いバン』から，LTTEの協力者ではないかとの疑いを持たれ，連行・殺害されるおそれがあると考えても不合理とはいえないし，一般人であっても，原告と同様のおそれを抱くものと認めるのが相当である。」

(6) 過去の迫害体験
　※　前記 (5)「個別把握」を参照。

(7) 適法な旅券発給・更新

一次	・「…その後，自己名義旅券を用いて本国を出国していることなどを併せ考えれば，あなたが帰国した場合に迫害を受ける客観的・具体的危険性があるとは認められません。」
異議	言及なし

≪裁判所の判断≫
・（正規旅券でスリランカを出国した後，他人名義の旅券をわざわざ入手してカナダへの不法入国を試みたことは，真に政府による迫害を受ける恐怖を有している者の行動としては不自然であるという被告の主張に対し）「しかしながら，他人名義の旅券を入手した点については，直ちにカナダに脱出したいと考え依頼したエージェントの指示に従ったにすぎず，スリランカ旅券ではなくカナダ旅券の方がカナダに入国しやすいと考えた可能性もあり，これらを直ちに不合理ということはできない」

◆ 4　事案の全体的・総合的評価の有無

一次	言及なし
異議	言及なし

≪裁判所の判断≫
　※　前記 (5)「個別把握」を参照。

◆ 5　特記事項

本件はその後も特異な経過をたどる。
国は判決に対して控訴せず，地裁段階で勝訴が確定した。
ケースは入管に戻ったが，2011年12月に「平成18年11月9日付け難民不

217

認定処分当時において，あなたは難民に該当します」としながら再度不認定となった。申請者は異議申立てをしたが，これも2015年4月に棄却された。

　スリランカのタミル人について，難民の認定をしたくない入管の徹底した姿勢が如実に表れている。

　申請者はこれを不服として2015年8月に改めて不認定処分の取消と，法務大臣に対して難民認定を司法から命ずる義務付けを求めて提訴した。

◆ 第3　分　析

◆ 1　不認定・棄却理由と判決理由の違いについて

　本件は，一次・異議申立において難民該当性の中核となる主張が正確に理解されなかったために，裁判段階と同じ出身国情報が参照されたはずにも関わらず，一次・異議申立では誤った結論となったという特性を有する。

　難民該当性の中核となる主張は，スリランカ北部のジャフナ出身のタミル人男性が，LTTEの協力者と疑われたことにより，政府の後援を受けているといわれる武装集団「白いバン」によって迫害を受けるおそれであるが，棄却理由においては，個々の事情が分断的に評価されたことにより，中核となる主張を読み間違え，その結果，信憑性の判断および出身国情報の分析においても大きく判断が分かれた。

◆ 2　信憑性の評価について

　難民認定手続における信憑性の評価については，裏付け証拠の入手の困難性や意思疎通の困難性などが考慮され，難民となる事情の中核的な部分の供述が一貫し，関連する出身国情報と矛盾しなければ，信憑性が認められるのが一般的である。

　本件でも，それ以上の立証程度の緩和は認めていないものの，「裏付け証拠入手の困難さ，経験則の相違や意思疎通の困難性等から慎重に評価すべきことは否定できない」とし，「スリランカでの原告及びその周辺の事情に関する原告の供述等は，違反調査の当初から基本的な事実関係について一貫しているところであって，原告が提出する各書証の内容とも整合し，格別不自然な点は無い」として供述の信憑性を認めている。

■ 事例15 ■ スリランカ北部からコロンボ周辺に移住したタミル人男性

　これに対して，棄却理由は，そもそも難民となる事情についての前提が間違っているという問題があるが（後述3を参照），この点をおくとしても，「LTTE関係者が実家に来てあなたの所在を尋ねているなどと主張していますが，その根拠とされるのはあなたの家族からの私信のみである上，かかる私信の内容も，あなたの実家を訪れたのがLTTE関係者であると認めるに足るものではありません」とし，私信であるということをもって信憑性を否定しており，裁判所も慎重に評価すべきとしている難民の置かれている困難性への配慮が欠けると言わざるを得ない。

◆ 3　出身国情報の分析について

　本件では，同じ出身国情報が参照されているにも関わらず，一次・異議申立と裁判所で異なる分析がなされた。

　下記4で述べているように，不認定・棄却理由では，難民となる事情の中核となる主張が誤って理解された。棄却理由では，もっぱら本国警察やLTTEによる迫害を受けるおそれを論じ，出身国情報は，「スリランカ政府がLTTEの人権侵害を放置ないし助長しているとまで認めるに足る証拠はない」ことについて論じ，LTTEは迫害の主体足りえないという評価に使われた。

　一方で，判決理由は，「白いバン」による迫害を受けるおそれを難民となるの事情の中核となる主張として論じ，それに相応した箇所の出身国情報の分析をした。たとえば，UNHCRによる「スリランカ出身の庇護要請者への国際的保護の必要性に対するUNHCRの見解」（2006年12月），「指針」（2009年4月）および「2009年スリランカ指針の妥当性に関する注記」（2009年7月）を引用し，「本件不認定処分当時，スリランカにおいては，政府軍とLTTEとが深刻な内戦状態にあり，LTTEによるテロ行為が連続したことも加わって，両者間の緊張が非常に高まっていたところ，UNHCRの報告によれば，スリランカ北部及び東部出身のタミル人は，政府軍，LTTE，民兵組織又は武装集団らによって嫌がらせや脅迫，逮捕，監禁，拷問，拉致や殺害といった危害を加えられており，とりわけ，LTTEとの関係が疑われる人物は，政府又は治安当局から支援を受けているといわれる『白いバン』という民兵組織又は武装集団による人権侵害の危険にさらされており，コロンボ地域においても，平成18年8月20日から9月2日までの短期間に26人以上のタミル人が誘拐されていたとの指摘がされていた」と認定した。その前提に基づき，申請者がLTTEから協力を求められていたことから，「白いバン」から，LTTEの協力者ではな

219

いかとの疑いを持たれ，連行・殺害されるおそれがあると考えたとしても不合理とはいえず，申請者と同じ状況に置かれた一般人でも同様のおそれを抱くと認めるのが相当であるとの正しい判断につながった。

◆ 4　全体的考察について

　判決理由において「全体的考察」の重要性が言及されているわけではない。しかし，棄却理由における分断的な考察と，判決理由における全体的な考察の違いが，申請者の難民該当性の主張を捉える上で決定的な差を生んだことは明らかである。

　判決理由では，経営していた工場から生産された製品に絡む爆弾事件と警察による事情聴取，北部訪問の際のLTTEからの依頼とその後の経過，「白いバン」によるものと推察される知人の失踪と親戚の殺害，出国後の「白いバン」による自宅訪問など申請者の一連の事情を踏まえ，関連する出身国情報を参照しながら，「白いバン」による迫害を受けるおそれという申請者の中核となる難民該当性の主張を的確に論じている。

　一方で，棄却理由では，それぞれの事情について分断して評価したことで，中核となる難民該当性の主張を的確に捉えられなかった。たとえば，警察との関係に関する主張については，警察による事情聴取で「結局は嫌疑が晴れて釈放された」，または，「警備会社に警備を頼むより安く済んだ」と述べている部分を挙げ，本国警察との関係で迫害を受けるおそれはないとした。他方，LTTEとの関係については，申請者とLTTEの関係から申請者がLTTEにつけねらわれるということは客観的に見て不自然という評価になった。結果として，棄却理由では，「白いバン」による迫害を受けるおそれについて論じることなく，もっぱら本国警察又はLTTEによる迫害を受けるおそれについて論じられた。なお，LTTEとの関係については，スリランカ政府がLTTEの人権侵害を放置ないし助長しているとまで認めるに足る証拠はなく，LTTEは迫害の主体足りえないとして，不認定・棄却理由で頻繁に見られる「迫害の主体」論に絡めて難民該当性が否定されている。

事例 16

アラカン州からヤンゴンに移住したミャンマー・ロヒンギャ族男性

事例	出身国	民族・宗教	性別	年齢（認定時）
申請者 16A	ミャンマー	ロヒンギャ	男性	41 歳
入国日	入国の状況	経由国		
2006 年 6 月○日	不法入国（旅券不所持）	ミャンマー／空路／マレーシア／空路／日本		
難民申請日	申請の場所	不認定日（処分）		不認定日（告知）
2006 年 6 月 21 日	福岡空港	2006 年 8 月 4 日		2006 年 8 月 11 日
異議審尋日	審尋の曜日・場所	異議棄却日（処分）		異議棄却（告知）
2006 年 12 月 21 日	木・大村（収容中）	2007 年 2 月 27 日		2007 年 3 月 12 日
提訴				
2007 年 8 月 24 日提訴（難民不認定取消・退令無効確認・裁決無効確認・在特不許可取消／無効確認）				
地裁判決（申請者の勝訴）			高裁判決（原審維持・確定）	
裁判所：福岡地方裁判所　第2民事部 事件番号：平成 19 年（行ウ）45 判決日：2010 年 3 月 23 日 裁判官：西井和徒，塚田奈保，益留龍也			裁判所：福岡高等裁判所　第3民事部 事件番号：平成 22 年（行コ）13 判決日：2011 年 4 月 28 日 裁判官：小山邦和，石原直弥，中園浩一郎	
公刊物未登載			公刊物未登載	
訴訟後の状況				
2011 年 5 月 26 日難民認定				
その他の特記事項				
大村入国管理センター収容（福岡入管での収容と通算して約 14 ヶ月）。原告 3 人の集団訴訟で，1 人は途中で帰国し（申請者 16C），もう 1 人は高裁で敗訴が確定した（申請者 16B）。地裁の西井裁判長は，事例 19 の高裁の裁判官でもある。				

◆ 第1　事案の概要

　本件は，アラカン州出身のロヒンギャ族男性の事案である。1988 年 8 月 8 日，アラカン州の町で民主化デモに参加したところ，1 週間後に警察と軍が自

宅に来たので，逃亡を開始し，その後，偽造した国民登録証を使用してヤンゴンで約17年間稼働していた。2006年5月，ヤンゴンの自宅から出たところで，警察官から逮捕状を示され，30万チャットの賄賂を支払ってその場を逃れた。このためミャンマー出国を決意し，ブローカーに依頼し，妻のいとこのロヒンギャ族男性とともに，2006年6月，日本に入国しようとしたが，空港で不法入国により収容され，同月21日に難民申請をしている。なお，申請者は，偽造パスポートを自ら破棄したと供述しており，その正確な入国経路は明らかではない。

◆ 第2 行政と司法の判断の比較

◆ 1 出身国情報の分析評価

一次	・「…仮にあなたがロヒンギャであるとしても，米国国務省報告書等関係資料からは，ミャンマーにおいて少数民族であることのみをもって迫害をうけるとは認められない…」 ・「…米国国務省報告書等関係資料からは，イスラム教モスクの存在，礼拝等が全面的に禁じられている状況は認められず，イスラム教徒であることを理由とした迫害のおそれは認められない…」
異議	・「…ロヒンギャの帰還事業といった歴史的経緯からも明らかなように，およそロヒンギャであるというだけで迫害を受けるという具体的危険性は認められません。」 ・「…関係資料によれば，およそミャンマーにおいてイスラム教徒であるというだけの理由で迫害を受けるおそれがあるとは認められません。」

≪裁判所の判断－地裁≫

　ミャンマーの政治状況やミャンマーにおけるロヒンギャ，イスラム教徒の状況等について，具体的に認定した上，以下のとおり要約。
・「ミャンマーの軍事政権の情勢等に鑑みれば，かなり広い範囲で反政府勢力を弾圧しているものであると認められ，かかる弾圧が特定の1回のデモの一般参加者にまで及んだとしても不自然ではない」
・「確かに，仏教徒が多数を占めるミャンマーにおいて少数派のイスラム系住民であるロヒンギャに対する社会的差別が存在し，強制労働に徴用され

ることもあったこと，イスラム教徒に対する暴動がたびたび起きていたことは前記のとおりである。しかし，他方で，…1992年（平成4年）4月，ミャンマー政府とバングラデシュ政府との間で二国間協定が調印された結果，バングラデシュに流出したものはミャンマーに帰還し始めるなどしたため，UNHCR は過去に大量流出を招いた原因はほぼ解決されたとの見解を示している」

≪裁判所の判断－高裁≫
・第一審判決を引用

◆ 2 信憑性の判断

一次	・「…上記活動〔1988年8月8日の反政府デモへの参加〕を理由として，警察官があなたを捕まえるために自宅に来たものの逃亡したために，あなたに対して逮捕状が発付されている旨申し立てていますが，あなたの供述には不自然・不合理な点が認められること，逃亡後約17年もの長期間にわたり問題なく本国に滞在していたこと，あなたの本国における活動が上記程度にとどまることなどを併せ考えれば，その供述の信用性には疑義が認められる…」 ・「あなたは，1988年に発生した警察官殺害事件で逮捕された伯父の共犯者としてあなたが指名手配されていることについて申し立てていますが，その供述は具体性に乏しい上，その後約17年もの長期間にわたり問題なく本国に滞在していたことなども併せ考えれば，あなたの申立てはにわかに信じ難い…」
異議	・「あなたは，本国において，1988年8月8日のデモに参加したため，逮捕状が発付されており，また，2006年5月○日，偽造された国民登録証を使用していることや不法にヤンゴンに居住していることなどを理由に逮捕されそうになり，逮捕状を発付されていることを理由として，迫害を受けるおそれがある旨主張しています。 　　しかしながら，この点に関するあなたの供述は，これまで繰り返し逮捕されそうになりながら，そのたびにうまく逃げ出したというものであり，いかにも不自然です。」 ・「…1988年8月8日のデモへの参加を理由とした逮捕状については，あなたはデモに1回参加したにすぎず，それも他の参加者の後をついていくだけであったというのですから，当時民主化デモに数百万人が参加したといわれていることも併せ考えれば，およそこのようなあなたの行為に対して逮捕状が発付されるとは信じられません。あなたが逮捕状発付から17年

- 「…2006年5月○日に逮捕されそうになったという件についても，あなたは，現に逮捕状が発付されていると主張していますが，原処分における審査ではそのような主張を一切することなく，異議申立手続において突如上記のような主張をするに至ったものです…。あなたは，原処分における審査では，1989年1月○日に発生した警察官殺害事件の共犯者として指名手配されていたなどと主張していましたが，異議申立手続ではこの主張をせず，このように主張しないことについて，単に共犯者であり，自ら実行したとされていないから主張しないなどと弁解しています。このように，あなたの主張は，重要な部分において変遷が著しく，変遷理由について合理的な説明もされていないことからすれば，その供述はおよそ信用に値するものではなく，上記逮捕状発付の事実を認めることはできません。」

以上にわたって本国にとどまり続け，その間，ヤンゴンで木材加工工場に勤務したり，バスの車掌やタクシー運転手など不特定多数の客に顔をさらすような業務に従事していたことからも，あなたに対して逮捕状が発付されていたとは考えられません。」

≪裁判所の判断－地裁≫

■ 個別に裏付ける客観的証拠のない供述の評価

・「原告らの個別事情に関する事実の認定は，本件訴訟における原告ら自身の供述に負うところが大きく，特に原告らのミャンマー本国での状況等についての証拠としては，原告らの供述のみであり，それを個別に裏付ける客観的証拠は存在しない。

　しかしながら，原告ら本人の供述が客観的な裏付けを欠いていたり，些末な点で供述が変遷し，あるいは合理性を欠いていたとしても，それだけでその供述全体の信用性を否定してしまうことは相当ではないというべきである。

　このような観点から，原告らの供述及び供述態度を検討すると，例えば，原告らが中国を出発し，途中2回航空機を乗り換えて福岡空港に到着した際，旅券は1度も出すことはなかった旨供述している。かかる供述は，海外渡航の際には航空会社の搭乗手続又は官憲による出入国手続があり，その都度身分事項等の確認のために旅券の提示が求められることは国際的な常識であり，原告らがアジア諸国圏内で2回も航空機を乗り換えていることも考え合わせれば，1回も旅券を提示しなかったというのは考えにくいといわざるを得ず，この点に関する原告らの供述部分はにわかに措信しがたい。

■ **事例 16** ■ アラカン州からヤンゴンに移住したミャンマー・ロヒンギャ族男性

　しかしながら，その一方で，前記に認定した事実（前記第 1「事案の概要」参照）の限りにおいては，本件訴訟における原告らの供述はそれなりに具体性を備え，特に不自然とも言えない内容であり，先に認定したミャンマーの一般情勢とも矛盾しないから，以下に検討するような被告の主張する点を考慮しても，本件訴訟における原告らの供述について，これを信用できないものとして排斥すべき理由はないというべきである」

■ 出身国情報の具体的な検討

・（逮捕状が発付されていたという原告の供述は信用できない旨の被告の主張に対し）「前記のようなミャンマー情勢からすれば，ミャンマー政府は，反政府勢力と認められる者について，かなり広い範囲にわたって弾圧する傾向がみられる。そうであるとすると，民主化デモに参加した原告について，ミャンマー政府が身体拘束しようとしたとしてもあながち不自然であるとはいえない。また，原告がバス車掌やタクシー運転手として働いていたのはヤンゴンにおいてであり，原告は警察等から捕まるのを避けるためにヤンゴンへ赴いていたのであるから，ヤンゴンは比較的安全であると考えていた可能性もあるし，一方で，一か所にとどまらず，移動している仕事のほうが安全であると考えてバスの車掌やタクシー運転手等の仕事を選んだというのも十分首肯しうるところである。したがって，被告の主張する事情は，原告に逮捕状の発付があったことと必ずしも矛盾するものではなく，これらの点に関する被告の主張はいずれも採用することができない」

■ 供述調書の信用性について，通訳の問題を考慮

・（本件訴訟提起後の原告の主張及び供述は，入管で作成された供述調書等の内容と異なる点が数多く見受けられるという被告の主張に対し）「原告は，アラカン州出身のロヒンギャであり，ビルマ語はロヒンギャ語と比べ 20 ないし 30% 程度しか理解できず，書くことはもちろん読むことも十分にできないし，英語についてはほとんど理解することができない。しかし，原告に係る入管での供述調書はビルマ語や英語による通訳を介して作成されたものと認められる。

　実際に，…入管で作成された調書は，その内容［結婚前の新婦が足や爪を染める葉の名前や，ロヒンギャの有名な伝統的菓子の名前］に明らかな誤りがあると言わざるを得ず，その誤りは原告が通訳の内容を正確に理解していなかったか，もしくは通訳人の聞き取りないし通訳が十分でなかったためであると思われる。

そうであるとすれば、原告について、入管で作成された調書は記載に誤りのある箇所があり、したがって、その全体について信用性の高いものであるとは言えず、その記載がそのまま原告の入管における供述を正確に記載したものと認めることはできない。

以上によれば、原告の本件訴訟における供述が、従前の供述調書とそごのあるものであるとしても、前記のとおり、本件訴訟における供述はそれなりに具体性を備え、特に不自然とも言えない内容であり、先に認定したミャンマーの一般情勢とも矛盾しないのであるから、原告の本件訴訟における供述の信用性を減殺するものではないというべきである」

≪裁判所の判断－高裁≫

■ 個別に裏付ける客観証拠のない供述の評価

・「ミャンマーの政治的・社会的状況や一審原告の置かれた状況に鑑みれば、その個別的事情、特に一審原告のミャンマーにおける身分関係や活動状況等については、一審原告の供述だけしかないところ、これを裏付ける客観的証拠の提出を期待することは困難というべきである。したがって、<u>一審原告の供述が客観的な裏付けを欠いていることだけでその供述全体の信用性を否定してしまうことは相当とはいえず、その供述の信用性の有無を慎重に吟味することが必要である</u>」

■ 供述の変遷について、手続の過程や通訳を介していること等を考慮

・（一審原告の原審における供述内容は、細部の事項について、入管における供述調書等の内容と対比すると一致しない点が見受けられ、あるいは供述過程における変遷も窺われることについて）「しかしながら、<u>一審原告において、本邦に入国し、福岡入管での不法入国の審査等の過程や難民認定の調査等の過程で当初意を尽くせずに大まかな対応をしていたが、推移するにつれ徐々に子細な事情を供述するに至るということは十分にあり得ることである</u>。また、福岡入管の審査等では原告の供述は、通訳を介しているところ、一審原告は、もともとアラカン州出身のロヒンギャであり、ビルマ語が得意ではなく、英語はほとんど分からないというのであるから、たとえ録取した調書の読み聞かせがされたとしても、どこまで具体的かつ正確にやりとりが行われたのか疑問が残らないではない。…そうすると、…福岡入管で作成された調書は、その信用性が必ずしも高いものということはできない」

■ 出国の経路等の供述に不自然な点があるとしても、主要な供述部分の信

■ 事例16 ■ アラカン州からヤンゴンに移住したミャンマー・ロヒンギャ族男性

　用性には影響せず
・（一審の途中で取り下げて帰国した［人名A］（前記第1「事案の概要」参照）が，出国の経路等に関し，原審等では一審原告と同趣旨の供述をしていたにもかかわらず，ミャンマーに帰国するに当たり，従前と異なる供述をしたことについて）「これによると，［A］は，ミャンマーを合法的に出国することが可能であり，［A］の原審等での出国経路に関する供述部分は信用性に疑問があるだけでなく，一審原告と口裏合わせをしたふしがないでもない。しかしながら，一審原告に対して真正な旅券が発行されたと断ずるに足る証拠はないこと，一審原告の搭乗記録もないこと等に照らせば，<u>一審原告においては，第三者が介在した上で正規のものでない旅券を使用した可能性が高いし，そのため出国の経路について真実を供述し難い面があることも否定し得ないところである。</u>

　…そうだとすれば，一審原告の出国の経路や旅券の取得の経緯についての供述には不自然な点があることが否めないものの，これによって一審原告の主要な供述部分の信用性が直ちに左右されるものではない」

◆ 3　主な不認定・棄却理由の考察

(1)　申請の遅延
　言及なし

(2)　難民該当事由発生時点からの期間経過

一次	・「あなたは，1989年に発生した警察官殺害事件で逮捕された伯父の共犯者としてあなたが指名手配されていることについて申し立てていますが，その供述は具体性に乏しい上，その後約17年もの長期間にわたり問題なく本国に滞在していたことなども併せ考えれば，あなたの申立てはにわかに信じ難い…」
異議	・「あなたが逮捕状発付から17年以上にわたって本国にとどまり続け，その間，ヤンゴンで木材加工工場に勤務したり，バスの車掌やタクシー運転手など不特定多数の客に顔を晒すような業務に従事していたことからも，あなたに対して逮捕状が発付されていたとは考えられません。」

≪裁判所の判断≫
※　前記2「信憑性の判断」を参照。

(3) 就労目的
言及なし

(4) 本国の家族の状況
言及なし

(5) 個別把握

一次	・「…1988年に一般参加者としてデモに参加したことのみであって、あなたの本国における活動がことさら本国政府から注視される態様であったとは認められません。」
異議	・「…1988年8月8日のデモへの参加を理由とした逮捕状については、あたなはデモに1回参加したにすぎず、それも他の参加者のあとをついていくだけであったというのですから、当時民主化デモに数百万人が参加したと言われていることも併せ考えれば、およそこのようなあなたの行為に対して逮捕状が発付されるとは信じられません。」

≪裁判所の判断－地裁≫
・（原告が、1988年の反政府デモにおいて扇動的、指導的な立場にはなく、あくまで一般参加者にすぎなかったことについて）「ミャンマーの軍事政権の情勢等に鑑みれば、かなり広い範囲で反政府勢力を弾圧しているものであると認められ、かかる弾圧が特定の1回のデモの一般参加者にまで及んだとしても不自然ではないことが窺われる。そうであるとすれば、<u>原告がデモに1度しか参加したことがなく、また、デモの扇動的・指導的立場になかったとしても、迫害を受けるおそれがないと直ちに判断することはできない</u>」

≪裁判所の判断－高裁≫
・第一審判決を引用

(6) 過去の迫害体験
※ 前記第2「信憑性の判断」を参照。

(7) 適法な旅券発給・更新
言及なし

◆ 4 事案の全体的・総合的評価の有無

一次	・1988年8月8日に一般参加者としてデモに参加し、逮捕状が発付されて

■ 事例 16 ■ アラカン州からヤンゴンに移住したミャンマー・ロヒンギャ族男性

	逃亡したことに関する事情，警察官殺害事件で逮捕された伯父の共犯者として指名手配されたことに関する事情，ロヒンギャであることに関係する事情及びイスラム教徒であることに関係する事情を分断して評価した上で，「上記1ないし4を総合的に考慮しても，あなたの反政府活動の内容が上記程度にすぎないことなどからすれば，迫害を受ける客観的危険性があるとは認められない…」
異議	言及なし

≪裁判所の判断－地裁≫
・「原告は，ミャンマーを出国する以前にデモに参加するという反政府活動をし，そのために逮捕状が発付され，それによって実際に身柄を拘束されそうになっているのであるから，原告は反政府活動を行った者としてミャンマー政府に把握されていたものと認められる。また，身柄拘束されそうになったのは，2006年（平成 18）年のことであり，その時点でも原因となったデモから 15 年以上を経過していることからすると，現在に至るまで，原告が反政府活動を行った者としてミャンマー政府に把握されていることが強く推認される」

≪裁判所の判断－高裁≫
・第一審判決を引用

◆ 第3 分 析

◆ 1 不認定・棄却理由と判決理由の違いについて

　本件は，アラカン州出身のロヒンギャ族イスラム教徒という背景を持つ男性が，1988 年に政治運動に参加したこと等に関連して逃亡し，その後ヤンゴンに非正規移住して約 17 年間にわたって生活していた事例である。【事例 14】と同様に，判決では，通訳人の能力を介することの問題によって入管手続段階の供述調書等の信用性を慎重に検討すべきとされたこと，また，供述や証拠を全体的にみて信憑性の判断がされていること，さらに，迫害を受けるおそれについても全体的考察がなされていることに特徴がある。

◆ 2　供述調書等の信用性について

　異議申立を含む行政段階では，退去強制手続を含む前段階で作成された供述調書の内容に疑問がもたれることなく事実として評価判断に使われる傾向にあるが，判決理由では，その内容の正確性について審理がなされ，信用性が否定されている。地裁判決は，ロヒンギャ語を母語とする申請者がビルマ語については 20 ないし 30% の理解しかなく，英語についてはほとんど理解できないにもかかわらず，ビルマ語や英語の通訳を介して調書が作成され，実際に通訳人の聞き取りないし通訳が十分でなかったことがうかがわれる事情があることから，調書は全体的に信用性が高いものとは言えず，その記載内容の正確性については信用できないとしている。また，高裁判決も，供述の変遷について，手続の過程や通訳を介していることを考慮すべきであるとしている。このように，判決においては，難民認定手続において通訳を通じて作業をすすめなくてはならないことの問題点が再確認されたといえる。

◆ 3　信憑性の判断について

　本件は，出身国情報による本国情勢の分析を踏まえて申請者本人の行動と供述を分析している。判決は，出身国情報の分析から，「…ミャンマー政府は，反政府勢力と認められる者について，かなり広い範囲に渡って弾圧する傾向が認められる。」とし，民主化デモに参加した申請者についても，「ミャンマー政府が身柄拘束しようとしたとしてもあながち不自然ではない」と判断している。これに対し，不認定理由・棄却理由においては，申請者が多数の中の一人としてデモに参加したに過ぎないことを理由に，逮捕状が発付されたとは考え難いとしている。

　また，逮捕状発付後のヤンゴンに移住してからの生活についても，行政段階では，逮捕状が発付されている者の行動としては不自然であるとして信憑性を減じる事情として使われているのに対し，判決においては，申請者がヤンゴンは比較的安全であると考えていた可能性があると指摘した上で，逮捕状の発付と矛盾するものではないと判断している。

◆ 4　全体的考察について

　不認定・棄却理由では，ロヒンギャ族の出身である，イスラム教徒であるという事情，政治活動に関連した事情などそれぞれの事情が分断的に評価され，

■ 事例 16 ■ アラカン州からヤンゴンに移住したミャンマー・ロヒンギャ族男性

それらを「総合的に考慮しても」と言及するものの，全体的な考察が具体的にされることなく，申請者の難民該当性を否定する誤った判断となった。

一方で，判決理由では，1988年のデモに参加するという反政府活動を行った事情，そのために逮捕状が発付され，それによって実際に身柄を拘束されそうになったという事情，その後，2006年にも身柄を拘束されそうになったという事情を総合的に考察した上，原因となったデモから17年を経過した現在に至るまで，原告が反政府活動を行った者としてミャンマー政府に把握されていることが強く推認されるとしている。

また，上記3の逮捕状発付に係る事実認定からも読み取れるように，入管行政段階においては，指導的立場にいない又は多数の中の一人に過ぎないという理由で難民該当性を否定されることが多い。しかしながら，難民該当性の判断においては，本判決のように，出身国情報の分析に基づいた個別事情の分析により評価される必要があるといえる。

事例 17

ミャンマー少数民族チン族出身のキリスト教聖職者

事例	出身国	民族・宗教	性別	年齢（認定時）
申請者 17	ミャンマー	チン	男性	35 歳
入国日	入国の状況	経由国		
2006 年 3 月○日	偽造旅券で不法入国	ミャンマー／陸路／インド［3ヶ月］／空路／日本		
難民申請日	申請の場所	不認定日（処分）	不認定日（告知）	
2006 年 3 月 27 日	東京	2008 年 9 月 1 日	2008 年 9 月 8 日	
異議審尋日	審尋の曜日・場所	異議棄却（処分）	異議棄却（告知）	
2009 年 10 月 6 日	火・東京	2010 年 7 月 28 日	2010 年 8 月 9 日	
提訴				
2011 年 2 月 7 日提訴（難民不認定取消・退令取消・裁決取消・在特不許可無効確認）				
地裁判決（申請者の勝訴：確定）				
裁判所：東京地方裁判所　民事第 38 部 事件番号：平成 23 年（行ウ）73 判決日：2012 年 4 月 13 日 裁判官：定塚誠，菅洋輝，波多江真史				
新・判例解説 Watch　12 号；LEX/DB				
訴訟後の状況				
2012 年 5 月 25 日難民認定（同年 6 月 13 日告知）				
その他の特記事項				
代理人は退令手続（口頭審理）から。難民手続にはつかず。異議申立および本人尋問は，チン語とビルマ語の二重通訳で行われた。				

◆ 第 1　事案の概要

　本件はビルマ国籍チン民族の宗教関係者の事案である。申請者は 2003 年に牧師となり，［A］村において教会に赴任した。2004 年 5 月に父とともに軍に身柄を拘束され，村長が解放のために金員を準備し，3 日後に解放された。申請者としては，かかる拘束は CNF との関与を疑われたことが原因であると考えていた。

■ 事例17 ■ ミャンマー少数民族チン族出身のキリスト教聖職者

　2005年12月に，申請者はCNFから依頼を受け，クリスマスと新年の宗教行事をすることになり，インド国内にあるCNFのキャンプに赴いて活動をした。しかし，その間に，［A］村では父と村長が軍に連行され，村長は数日後に解放されてすぐに死亡してしまったとのことであった。母親の依頼を受けた［A］村村民がキャンプに来て，申請者に村に戻らないように伝えられたため，申請者はそのままCNFの協力を得て偽造のインドパスポートを取得し，2006年3月に来日を果たし，来日後ただちに難民申請に至った。

◆ 第2　行政と司法の判断の比較

◆ 1　出身国情報の分析評価

一次	・「あなたは，チン族であること及びキリスト教徒であることを理由に迫害を受けるおそれがある旨申し立てていますが，関係資料等によれば，少数民族であることをもって迫害を受けるとは認められず，また，キリスト教の教会の存在，礼拝，説教等が全面的に禁じられている状況は認められないことなどから，これらの事情のみをもって〔難民条約〕上の迫害のおそれがあるとは認められません。」
異議	・「…国内におけるチン民族に対しての一般情勢については，1948年の独立以降，ミャンマーにおける多数民族であるビルマ族とチン民族，カレン民族，カレンニ民族，シャン民族等の少数民族との間には対立があり，多くの少数民族は，本国政府に対し組織的に抵抗を行い，これらの対立を背景とし，本国政府は宗教的少数者であるキリスト教徒のチン族を仏教徒に改宗するように強要したり，布教その他の宗教活動を妨害したのみならず，軍の兵士等（主に陸軍兵士）による少数民族に対する虐待として，むち打ち，強姦等が行われ，殺害に至ることもあり，また，軍が少数民族の村を強制移住させることもあった旨報告されています（東京地判平成20年9月26日）。しかしながら，あなたの個別の事情について判断すれば，あなたは，チン族であることで拘束や暴行を受けたことはないと自認していることからも，迫害を加えられるという客観的・具体的な危険性は認められません。」 ・「…米国国務省報告等の関係資料によれば，ミャンマー政府は宗教活動や宗教団体の表現と結社の自由を制限し，政府の治安部隊が宗教団体を含むすべての団体に実質的に潜入していることや，宗教団体の会合や活動を監

233

> 視したり，教会の修繕や建築の許可を得るためには宗教省や地元の当局から承認を受ける必要があるという報告があるものの，同報告書によれば，チン州内のいくつかの地域には新しいキリスト教の教会が存在することも認められ，ミャンマー政府がキリスト教徒であることのみをもって迫害を加えるといった事実は存在しません。」

≪裁判所の判断≫

- （ヒューマン・ライツ・ウォッチが2009年1月付で発表した報告書に記載された内容を引用したうえで），「ミャンマー政府が，本件難民不認定処分がされた2008年（平成20年）ころまでの間，チン州における反政府勢力であるCNF及びCNAを強く敵対視し，これらの組織に協力した者のみならず，関与が疑われる者についても，身柄を拘束して暴行や拷問を行ったり，殺害したりし，また，村長には，村にこれらの組織の関係者が来たことを軍に知らせるなどの責任を負わせ，それを守らなかった場合には村長に暴行や拷問を加えることなどがあったと認めることができる。」

- 「2008年（平成20年）9月19日付け米国国務省報告書〔証拠〕には，ミャンマーにおける宗教弾圧について，ミャンマーに正式な国教はないもののミャンマー政府は，独立以来2008年の時点においても，仏教を事実上優遇する一方で，その他の宗教の信仰を制約してきており，その制約は，国家統一又は中央権力を脅かすものか否かという観点から行われる傾向があったこと，ミャンマー政府当局は，宗教組織の会合と活動に潜入し，それを監視し，説教や宗教関連の出版物を管理し，検閲し，宗教団体の集会に干渉し，チン州のキリスト協会が宗教儀式を行うには数カ月前に開催許可を受けなければならなかったこと，一部の地域においては，キリスト教聖職者による改宗の活動を禁止し，キリスト教への新規改宗者への国民登録証が没収されたり，聖職者の逮捕，家庭教会の閉鎖及び宗教礼拝の禁止などキリスト教団体に対する措置を採り続けたことがそれぞれ記載され」ている。

- 「前記のヒューマン・ライツ・ウォッチ作成の報告〔証拠〕には，…宗教規制やミャンマー政府の要求に従わないチン民族の宗教的指導者やキリスト教徒は逮捕，投獄のみならず死の危険があり，たとえば，2004年2月付けの資料によれば，宗教的指導者等がその信仰する宗教と活動を理由に逮捕された件数が136件以上あり，うち少なくとも2件は殺害があったとされていることがそれぞれ記載されている」

■ 事例17 ■ ミャンマー少数民族チン族出身のキリスト教聖職者

・「これらによれば、ミャンマー政府は、本件難民不認定処分がされた2008年ころまでの間、およそキリスト教徒であることから直ちにその生命や身体に対し危害を加えるようなことまではしていなかったものの、宗教組織の会合や活動に潜入して監視や検閲を行うなどして、宗教活動に対してたえず警戒をし、軍政府の活動を脅かすような場合には改宗活動を禁止したり、家庭教会の閉鎖や宗教礼拝の禁止などキリスト教団体に対する措置を行い、宗教規制やミャンマー政府の要求に従わないチン民族の宗教指導者やキリスト教徒を逮捕して投獄したり、殺害したりしたことがあったことが認められる。」

◆ 2　信憑性の判断

一次	言及なし
異議	・「あなたが2005年12月にCNFのキャンプに赴いたことが原因でミャンマー軍に追われるようになったという申立てについては、その理由として自宅に軍の兵士があなたを逮捕するために来たこと、父と地元の村の議長が国軍の兵士に逮捕され、議長はその後拷問を受け死亡したこと等述べていますが、これらについては<u>客観的証拠がないことに加え、人づてに聞いた伝聞に過ぎないこと</u>、また、自宅に兵士が来たときの状況や具体的な兵士の人数、父や議長が逮捕され釈放された時期や逮捕中の父の状況についても難民性を立証する重要な部分であるにもかかわらず何ら承知していないことからすれば、これらの申立ては曖昧かつ不可解で直ちに信用することはできません。」

≪裁判所の判断≫

■ 供述の変遷について、中核／周辺部分の区別

・「被告は、原告が供述する原告の父の身柄拘束期間が矛盾すると主張するが、上記認定事実に関する原告の供述の<u>核心</u>は、原告の父及び村長の拘束や村長の死亡の事実の点にあり、<u>この点について原告の供述は一貫しており</u>、2004年（平成16）に原告の行った誓約を村長が保証したことや、ミャンマーにおいてはCNFなどの反政府組織の関係者が来たことを軍に知らせるなどの責任を村長に負わせることがあるとの<u>一般情勢にも合致している</u>ところであって、原告の父親の正確な身柄拘束期間については、そもそも原告にその情報をもたらした原告の母親等ですら正確に認識していたのか疑問もあるから、この点について正確性を欠くことをもって原告の上記

235

◆第2部◆ 事例ごとのまとめ

供述の信用性を否定すべき事情であるということはできない。」
■ 供述の変遷について，中核部分の一貫性を考慮
・「被告は，原告がCNFのキャンプに行った理由が，依頼を断った場合の恐怖により仕方なく半ば強制的に連れて行かれたとの供述から，民族的使命に駆られていくこととした旨の供述に変遷していると主張するが，原告は，CNFから依頼を受け，CNFのキャンプに行きたくないと思ったが，最終的には聖職者としての信念からいくことにしたという趣旨のことを繰り返し述べ，難民認定申請書にも，最初拒否したが，あまりに強く求められて，牧師としての責任があるから，最終的に彼らの願いを受け入れたと記載しているのであって，原告がこのような心理的な葛藤を経た上でCNFのキャンプに赴いたことをそれぞれ力点の置き方を変えて表現した場合には上記のような供述になることも十分に考えられるのであり，<u>むしろ原告の供述は，上記のとおりその中核部分においてほぼ一貫している</u>」

■ 供述が変遷しているとの指摘について，変遷には当たらないと評価
・「被告は，原告がCNFに協力したとの疑いをもたれた理由に関して，当初原告はCNFとの関わりがなかったと供述していたにも関わらず，その後の尋問においてCNFのメンバーも原告の教会の礼拝に参加することがあったと供述を変遷させており，CNFへの関与が疑われて逮捕されたとの供述は信用できないと主張する。しかし，そもそも原告がCNFと関わりがなくとも，CNFのメンバーが教会の礼拝に参加することは十分にあり得ることであって，それが供述の変遷であるとは必ずしも言い難いことはもとより，前記（3）で述べたように，原告が実際にCNFに関与していなくとも，ミャンマー政府がその疑いを抱いて尋問や拷問をすることは十分に考えられるのであって，この点についての被告の主張は採用できない。」

・「確かに原告は，本人尋問において，誓約書にCNFと関係する内容があった旨供述したものの，本人尋問より前の時点で，誓約書にCNFに関係する記載があったことを端的に述べていなかったことが窺える。しかしながら，証拠によれば，原告は，難民認定申請書の「亡命を求める理由」として，CNFの政策を広める政治家であるとして告発され，逮捕されたが，多くの民衆を集めて神の御言葉を説かないという条件付きで解放された旨記載し，また，異議申立ての審尋においても，反政府組織と接触を持ったことにより軍事政権に拘束されて逮捕され，釈放される際「もう二度とし

■ 事例17 ■ ミャンマー少数民族チン族出身のキリスト教聖職者

ない」という誓約書に署名をさせられたと述べているのであって、反政府活動と疑われるような言動をしないという趣旨の誓約書を書かされて釈放されたということでほぼ一貫しており、これらは本人尋問の際に述べた誓約書の内容と特に矛盾するものではなく、この点をもって原告が身柄を拘束され暴行を受けたことに関する供述の信用性に疑いを抱かせるほどの変遷があったということはできない。」

◆ 3　主な不認定・棄却理由の考察

(1)　申請の遅延
言及なし

(2)　難民該当事由発生時点からの期間経過
言及なし

(3)　就労目的
言及なし

(4)　本国の家族の状況
言及なし

(5)　個別把握

一次	・「あなたは、本国において〔CNF〕のキャンプに赴いたことを理由に帰国すれば迫害を受けるおそれがある旨申し立てていますが、あなたの活動を理由に拘束された父親は、大きな暴力も受けず1週間で解放されていること、その後、あなたの家族に本国政府から接触があったとは供述していないことなどからすれば、本国政府から殊更注視されている態様のものとは認められません。」 ・「あなたは、本邦において、〔CNC〕に加入し反政府活動を行っていることを理由に迫害を受けるおそれがある旨申し立てていますが、あなたの活動内容は、一般メンバーとして在京ミャンマー大使館前等でのデモや会合に参加している程度にとどまり、本国政府が反政府活動家として関心を寄せる態様のものとは認められません。」
異議	・「あなたは、本邦において、チン青年キリスト教協会に加入したことを述べているものの、この組織は反政府組織ではないこと、ここでの活動も民族の向上を図るためのボランティアとしての活動であることを自認しており、さらに協会で活動を行っていたとする時期もミャンマー政府からは何

237

> らの接触も受けてはいないこと，現在は同協会との連絡は途切れていることからすれば，この団体に加入していることでミャンマー政府の迫害の誘因になるとは考えられず，また，あなたをミャンマー政府が反政府活動家として関心を寄せているものとも認められません。」
> ・「…あなたは，父親が軍から釈放された後，本国在住の家族を再度軍や警察の情報部が訪れたとの話は確認していない旨述べていることから，あなたが当局から注目される存在とは認められません。」

≪裁判所の判断≫

- 「原告は，2004年（平成16年）ころ，［A］村バプティスト教会の牧師として，礼拝等の宗教活動を行っていたところ，同年にミャンマー政府からCNFへの協力を疑われたことから，逮捕され，厳しい拷問にあったものであるが，同時点では，軍の示した誓約書への署名と原告の父及び［A］村の村長の保証，村人の集めた5万チャットの賄賂の支払によって釈放されたものであり，その後2005年（平成17年）12月に至るまでの間，原告が軍から拘束等を受けていないことや，実際にもその間原告がCNF等反政府勢力に協力したことは窺われないことからすると，2005年（平成17年）12月までの間の事情の下では，通常人が原告の立場に置かれた場合に，迫害の恐怖を抱くような客観的事情が存在していたとはいえない。しかしながら，その後の原告の来日までの活動についてみると，2005年（平成17年）12月にCNFのキャンプに赴いて礼拝等を行ったところ，軍政府の関係者が，その直後である2006年1月頃，原告の自宅を訪れて原告の父親及び村長を拘束して，村長を拷問して死亡させ，キャンプに滞在していた原告が，そのころ，その知らせを聞いたことから村に戻ることなくCNFの協力を得て，CNFが用意した偽造のインド旅券を用いて，インドから日本に渡り，渡航後約2週間で難民認定申請をせざるをえなくなったものである。」

- （前述の通り，ミャンマー政府がチン民族に対して厳しい対応をとっていた状況の下では），「上記のような原告の活動は，まさにCNFに対して協力を行ったものであり，しかもCNFはそのメンバーの大半がキリスト教を信仰している反政府組織であることから，ミャンマー政府としては看過し難い事態と認識せざるを得ず，現に，ミャンマー政府としても原告のそのような活動を把握して原告に制裁を加えることを企図して原告の自宅を訪れており，そのような緊急事態にあったからこそ，［A］村において牧師として

■ 事例17 ■ ミャンマー少数民族チン族出身のキリスト教聖職者

平穏に活動していた原告も，わざわざインドを経由し偽造の旅券を用いるなどの不法な手段を用いて出国し，日本において保護を求めなければならなかったものということができるのであって，原告が，本国に帰国すれば，CNFに協力するチン族の宗教的指導者として，ミャンマー政府から逮捕，拷問，裁判を経ない死刑等の制裁を受けるであろうと認められる。」

・「しかも，原告は，来日後に，在日チン族協会，在日ミャンマー連邦少数民族協会といったチン民族又はミャンマーの少数民族のための団体に加入し…牧師として活動するなど，ミャンマーの少数民族たるチン民族の中における牧師としての信念をいささかも揺らがせることなく持ち続けて公然と活動しているのであって，これらの活動をミャンマー政府が把握する可能性は十分あるうえ，これらの活動はミャンマー政府からみると，原告がミャンマー出国後も活発に自らの信念に基づいてチン民族の自決権等のために活動していることを示すものといえ，原告に対する制裁の必要性を強く感ずるものといえる。」

(6) 過去の迫害体験

一次	言及なし
異議	・「…あなたは，キリスト教徒であることを申立て，その理由として2004年5月に3日間，軍の基地において逮捕され，暴行を受けたことを述べていますが，逮捕後暴行を受けたとする件については，3日後には5万チャットを払い解放されていること，その後は軍や警察から何ら逮捕等の身体の拘束や暴行や監視を受けていないことを自認していること等を併せて考慮すれば，あなたが迫害を受けるという客観的具体的な危険性は認められません。」

≪裁判所の判断≫
・逮捕・拘束について事実認定（前記2「信憑性の判断」を参照）。

(7) 適法な旅券発給・更新

言及なし（本件は偽造旅券事案）

◆ 4　事案の全体的・総合的評価の有無

一次	言及なし
異議	言及なし：但し，裁判所の判断と以下の分析上異議棄却の内容を以下のとお

り紹介する。
　以下のような順で不認定理由が述べられている（①乃至④の番号は引用者）。
① 2004年5月に3日間，軍の基地において逮捕され暴行を受けたことを述べていますが，…あなたが迫害を受けるという客観的・具体的な危険性は認められません。
② さらに，あなたは本邦において，チン青年キリスト教協会に加入したことを述べているものの，この組織は反政府組織ではないこと…，あなたをミャンマー政府が反政府活動家として関心を寄せているものとも認められません。
③ あなたが2005年12月にCNFのキャンプに赴いたことが原因でミャンマー軍に追われるようになったという申立てについては，…客観的証拠がないことに加え，…これらの申立は曖昧かつ不可解でただちに信用することはできません。
④ さらに，本邦において2006年3月からCNCに加入し，…本邦での活動がミャンマー政府からの迫害の誘因になると認めることは困難です。

≪裁判所の判断≫

・裁判所は上記①の点だけでは，2005年12月までの間の事情の下では「迫害の恐怖を抱くような客観的事情が存在していたとはいえない」としつつ，「しかしながら，その後の原告の来日までの活動について」分析を加えて最終的に迫害のおそれがあると導いている。すなわち，第1・1「出身国情報の分析」のところで指摘したような詳細な出身国情報をもとに「そのころのミャンマー政府は，反政府組織であるCNFを強く敵対視し，その協力者あるいは協力者と疑う者の身柄を拘束し，暴行を加え，拷問をし，場合によっては裁判を経ないで死刑にするなど厳しい対応をとっていたことに加え，キリスト教などの少数民族が信仰する宗教を弾圧しており，宗教規制やミャンマー政府の要求に従わないチン民族の宗教的指導者の身柄を拘束し，暴行を加え，拷問し，場合によっては殺害するなどやはり厳しい対応をとっていた」と分析・評価したうえで，「そのような状況の下では，上記のような原告の活動は，まさにCNFに対して協力を行ったものであり，…ミャンマー政府としても原告のそのような活動を把握して原告に制裁を加えることを企図して原告の自宅を訪れており，…原告が，本国に帰国すれば，CNFに協力するチン族の宗教的指導者として，ミャンマー政府から逮捕，拷問，裁判を経ない死刑等の制裁を受けるであろうと認められる」と判断している。

■ 事例17 ■ ミャンマー少数民族チン族出身のキリスト教聖職者

　さらに，日本での活動についても，出国後もチン民族又はミャンマーの少数民族のための団体に加入し，牧師として活動していることから，「ミャンマー政府に，原告に対するさらなる制裁の必要性を感じさせる」としており，母国での経験事実と日本での活動をあわせて考慮し，判断している。

◆ 第3　分　析

◆1　不認定・棄却理由と判決の違いについて

　裁判所の判断と異議棄却の理由との違いは大きくわけて，3点ある。
　第1に，出身国情報の分析・評価である。裁判所はヒューマン・ライツ・ウォッチの報告書と米国国務省報告書を中心に，ミャンマー政府によるチン民族の宗教者や村長等に対する迫害の事実を詳細に分析し，原告もその状況のもとで同様の迫害体験を受けるにいたったと評価している。
　第2に，第1の点とも関連するが，客観的証拠の有無，評価・分析評価の問題である
　第3に，当人の経験事実を総合的にとらえて迫害のおそれを判断するか否かである。裁判所は［申請者］が経験した2004年5月の身柄拘束事件と2005年12月のCNFへの協力行為を結び付けて一連の経験事実の流れの中で，［申請者］の迫害のおそれを認定し，［申請者］の活動全般を総合的に評価しているが，異議申立の棄却理由では，経験事実が個別に評価され分断されている。

◆2　出身国情報について

　異議申立の棄却理由では，出身国情報について，チン民族に対する一般的な情勢を過去の裁判例から引用しているものの，本件において裁判所が行ったような宗教家や村長等に対する迫害の事実についての分析が見られない。また，「あなたの個別の事情について判断すれば，あなたはチン族であることで拘束や暴行を受けたことがないと自認していることからも，迫害を加えられるという客観的・具体的な危険性は認められません」と申請者の主観的な表現に依拠して判断をするという手法がとられている。しかし，迫害のおそれはあくまでも客観的に判断されるべき事項であり，申請者の認識とは別に評価されるべきものである。仮に，申請者が手続きの中で「私はチン民族であることを理由に

241

迫害を受けたことはありません」と述べていたとしても，角度を変えて「チン民族であり，キリスト教の宗教家でもあるから迫害を受けたのか」と問えば，異なる回答がなされたはずである。十分な釈明の機会も与えず，迫害を受ける理由に関する申請者の主観的な認識に基づき，判断すること自体不合理であるといわざるをえず，出身国情報の分析・評価が不十分であるというべきである。

◆ 3 客観的証拠等の問題について

また，この出身国情報の分析・評価は，難民認定手続きにおける証拠評価の問題とも密接に関連する。

異議申立の棄却理由には2005年12月に［申請者］が行ったCNFへの協力活動を原因としてミャンマー政府から追われることになったという事実について「これらについては客観的な証拠がないことに加え，人づてに聞いた伝聞に過ぎない」と述べて，［申請者］の申立は信用できないとした。しかし，2005年12月の「CNFのキャンプに赴いたこと」その後「自宅に軍の兵士があなたを逮捕するためにきたこと」「父と地元の村の議長が国軍の兵士に逮捕され」たこと，「議長はその後拷問を受け死亡しこと」等について，そもそも［申請者］が客観的な証拠を提出しうる状況ではないことは本件において明白である。このような申立ての内容について客観的な証拠を求め，その不存在をもって事実を認めないとするならば，難民認定へのハードルは著しく高くなり，およそ認定を受けることは不可能となってしまう。この点，判決は，非政府機関や米国務省の報告書等をもとに出身国情報を詳細に分析し，これと原告本人の供述を照らし合わせて分析することによって，原告の供述の信ぴょう性を認め，原告の供述内容を事実としてそのまま認定し，個別的な体験事実を裏付ける客観的な証拠まで要求することはなかった。もとより証拠を持参して出国することが困難であり，証拠を持ち合わせていない難民の特殊性を踏まえると，このような事実認定こそ，難民認定手続きにおける申請者の供述の評価として適正なものと評することができるのである。

◆ 4 全体的・総合的な考察について

異議申立の棄却理由では，上記第2・4で示したとおり，①2004年5月の身柄拘束事件と③2004年12月のCNFへの協力活動を原因として追われるようになったこととの間に②として，日本での活動が個別に評価され判断されており，2004年5月の身柄拘束事件と2005年12月を起点した経験事実は，

完全に分断されてしまっている。本件では，2004年5月の身柄拘束があり，父親も村長もともに誓約をして原告が解放されたという点が重要であり，その事実があるからこそ，2005年12月に原告がCNFに協力行為を行った際，軍政府の関係者が自宅を訪れて，父と村長が連行されて拷問を受けて村長が釈放後に死亡するという状況が生まれたのである。①（2004年5月）と③（2005年12月）を分断して検討するということ自体があり得ないことである。判決ではこの点について「村長の死亡は，村長が原告の父親とともに2004年に原告の誓約を保証したものであるところ原告がこの誓約を破ってCNFのキャンプにおいて礼拝を行ったことに加えて，村長が村の出来事の責任を負う立場にあり，CNFを援助したと疑われる村長はミャンマー政府によって投獄，尋問，殴打，拷問されるというミャンマーの上記一般情勢をも考慮すると，ミャンマー政府の軍がその身体に暴力等を加えたことによるものと推認される」として，出身国情報の分析とからめて，この二つの経験事実の関連性を認め，事実を認定している。

　これに対して，異議申立の棄却理由では，申請者の経験事実が，時系列を踏まえず文脈を無視して，個別的にとらえられているのであり，このような判断では当人に対する迫害のおそれを適正に評価することはできないと言わざるを得ない。

事例 18

ミャンマー少数民族チン族出身の女性

事例	出身国	民族・宗教	性別	年齢（認定時）
申請者 18	ミャンマー	チン	女性	31 歳
入国日	入国の状況	経由国		
2003 年 10 月○日	短期滞在（90 日）	ミャンマー／空路／／空路／日本		
難民申請日	申請の場所	不認定日（処分）	不認定日（告知）	
2005 年 2 月 25 日	東京	2007 年 7 月 3 日	2007 年 7 月 19 日	
異議審尋日	審尋の曜日・場所	異議棄却日（処分）	異議棄却（告知）	
2008 年 5 月 12 日	月・東京	2008 年 9 月 4 日	2008 年 9 月 24 日	
提訴				
2009 年 3 月 27 日提訴（難民不認定取消・退令取消・裁決取消・在特不許可無効確認）				
地裁判決（申請者の勝訴）		高裁判決（原審を維持：確定）		
裁判所：東京地方裁判所　民事第 3 部 事件番号：平成 21 年（行ウ）144 判決日：2010 年 6 月 8 日 裁判官：八木一洋，中島朋宏，衣斐瑞穂		裁判所：東京高等裁判所　第 24 民事部 事件番号：平成 22 年（行コ）228 判決日：2012 年 4 月 26 日 裁判官：三輪和雄，小池喜彦，松村徹		
LEX/DB		LEX/DB		
訴訟後の状況				
2012 年 5 月 29 日難民認定（同年 6 月 8 日告知）				
その他の特記事項				

◆ 第 1　事案の概要

　本件は，ビルマのチン民族の女性の政治活動の事案である。

　専門学校の学生時代に CNF に協力し，その後専門学校卒業後自宅に戻り，2003 年 NLD に加入。父親も NLD［地名 A］支部の役職にあった。

　2003 年 4 月○日にアウンサンスーチー氏がチン州［A］で遊説を行っており，申請者はこの準備と当日の遊説の支援活動をした。遊説後 MI の尋問を 2

回受けるなどした。ちょうどその後5月30日にディペイン事件が起き，申請者は活動仲間とともに，ディペイン事件に関する手書きの文書を々に配った。仲間の一人が一部（申請者の名前も掲示されていた）を当局に届けるようなことをしてしまったため［A］を去りヤンゴンに出て，同年6月○日にパスポートを取得し，9月○日に査証を取得して10月○日にビルマを出国した。

なお，来日後の2004年12月に原告の父からミャンマーに帰国することが危険であるなどと告げられた。

◆ 第2　行政と司法の判断の比較

◆ 1　出身国情報の分析評価

一次	・「…関係資料等によれば，ミャンマーにおいて，少数民族であることのみをもって迫害を受けるおそれがあるとは認められません。」 ・「…関係資料等によれば，ミャンマーにおいて，キリスト教の信仰や教会の建設が可能であり，キリスト教徒であることのみを理由に迫害を受ける客観的，具体的な危険性は認められません。」
異議	言及なし

≪裁判所の判断－地裁≫

・「ミャンマー政府は，平成2年（1990年）以降，集会，結社及び言論，出版等の表現の自由を厳しく制限し，NLDや他の政党が通常の政治活動を行うことを妨げ，反政府活動家に対する厳しい取締りを実施している。

　また，現在に至るまで，NLDの代表であるアウンサンスーチーを断続的に軟禁するなどしている。平成15年（2003年）5月30日には，アウンサンスーチー及びその支持者が襲撃されるというディペイン事件がミャンマー北部で発生し，同事件を契機に，アウンサンスーチーを含むNLD幹部の身柄が拘束されたほか，NLDの本部及び支部の閉鎖が命じられるなどした。アウンサンスーチーは，その後に釈放されたが，現在に至るまで同人に対する自宅軟禁状態が続いている。

　さらに，アメリカ合衆国の政府機関及び非政府団体が作成した報告書等により，ミャンマー政府による多数の反政府活動家ないし民間人の殺害，

失そう，又は拷問ないし虐待等が報告されるとともに，<u>少数民族に属する住民が居住する地域におけるミャンマー国軍ないしその関係者による多数の民間人の殺害又は虐待及びその財産の強奪等が発生</u>している旨が報告されており，国際連合総会において平成15年（2003年）に採択された決議においても，ミャンマー国民の市民的，政治的，経済的，社会的，文化的諸権利の組織的な侵害が継続していること等に対する強い懸念を表明すること等を内容とする決議が採択されている。〔証拠〕」

- 「チン民族は，ミャンマー北西部のチン州ないしその周辺に居住する少数民族であり，その多くはキリスト教を信仰している。ミャンマーが独立して以降，同民族が居住する地域では，武装反政府勢力が活動していた。これらのグループは，昭和63年（1988年）の民主化運動の際にミャンマー全土で軍部の勢力が増大してからは，反政府運動の主要な勢力の一つとなった。CNFは，昭和63年（1988年）3月20日，インドのミゾラム州において創立され，CNFとその武装組織であるCNAは，上記の地域においていわゆる地下活動を行う現存する最大の組織であるとされている。これに対し，<u>ミャンマー政府は，CNF及びCNAを敵対視し，両組織及びこれに協力する者等に対する厳しい取締りを行っている</u>（なお，CNFは，平成19年（2007年）3月12日付けで，自らのウェブサイトにおいて，同月15日にミャンマー政府との和平会談を実施する旨を発表したものの〔証拠〕，下記の報告書〔証拠〕が平成20年（2008年）10月までの調査を基に平成21年（2009年）1月に公表されていることを含め本項の末尾に掲記した証拠及び弁論の全趣旨に照らし，かかる事実が発表されたことのみをもって，ミャンマー政府のCNF及びCNAに対する取締りが行われなくなったなどの事情があるとまでは認められない。）。

  また，非政府機関の作成した報告書〔証拠〕においては，チン州において，ミャンマー国軍による，裁判を経ない死刑，し意的な逮捕，拘束及び拷問，強制労働，集会及び結社の自由に対する制限，宗教弾圧，移動の制限，軍事訓練及び徴兵の強制，個人財産の恐喝及び没収並びに性的虐待及び暴行等の虐待が行われている旨が報告されている〔証拠〕。」

≪裁判所の判断－高裁≫

（控訴人の主張）

- 「平成19年（2007年）3月にミャンマー政府とCNFが和平会談を実施し，良好な結果が得られたとのCNF側の発言も報道されていること〔証拠〕

などから，本件不認定処分当時，ミャンマー政府がCNFを一方的に弾圧する意図を有していなかったのであり，ミャンマー政府がCNF及びその構成員等を敵対視してはいなかった」

(裁判所の判断)
・「前記認定（原判決の引用部分）のとおり，平成20年（2008年）10月までの調査に基づき平成21年（2009年）1月に公表された非政府機関の報告書〔証拠〕において，チン州において，ミャンマー国軍による，裁判を経ない死刑，恣意的な逮捕，拘束及び拷問，強制労働，集会及び結社の自由に対する制限，宗教弾圧，移動の制限，軍事訓練及び徴兵の強制，個人財産の恐喝及び没収並びに性的虐待及び暴行等の虐待が行われている旨が報告されていることや〔証拠〕によれば，ミャンマー政府とCNFとが上記のとおり和平会談を実施し，その後も交渉を継続していたとしても，ミャンマー政府とCNFとの敵対関係は依然として継続していたことが認められ，本件不認定処分当時，ミャンマー政府のCNF及びその協力者に対する取締りが行われなくなったなどの事情があったとは認められない。」

◆ 2　信憑性の判断

一次	・「…あなたは，チン州［A］郡区〔NLD〕青年部に所属し反政府活動を行ったため，軍情報部員から取調べを受けたことなどを申し立てていますが，あなたの供述には不自然・不合理な点が見られ，信ぴょう性に疑義があります。」
異議	・「…あなたは本国において，大学在学中にCNFへの支援を依頼されビラ配布や寄付金を募り，CNFの青年メンバーに渡すなどの行為をしたことにより軍情報部より2回の尋問を受けた旨述べますが，仮に，尋問があったとしても，あなた自身については何ら聞かれていないとしています。また，あなたは，異議申立手続きにおいて，CNFメンバーであった者が軍事政権に帰順し，あなたがCNFの支援活動を行っていたことを告発したことにより，軍情報部と告発者があなたの家へやって来て，あなたの父に対しあなたの居所に係る尋問を行った旨主張した上で，父から「お前は絶対に帰国するな」と言われ，自らの安全のために日本で難民認定申請をした旨主張していますが，この主張は，難民認定申諸に対する調査においてはなされておらず，具議申立手続おいて突如として主張されたものであり，信ぴょう性があるものとはいえません。」 ・「…チン州［A］郡区NLD青年部党員であった旨の主張については，あな

247

> たは NLD から党員証の発給ないし党員であることの証明をしてもらえなかったものと考えられることから，党員であったと認めることは困難です。」
> ・「あなたが，ディペイン事件に係る告発文を自らの署名入りで作成，配布したこと及び同文書が政府当局に把握されたことについては，これらを認めるに足りる客観的な資料は提出されておらず，仮にあなたの供述を前提にしても，正確性の担保を欠く再伝聞を根拠とするあなたの主観的なおそれを述べているにすぎません。」

■ 中核部分・周辺部分の区別

≪裁判所の判断－地裁≫

（被告の主張）

・「CNF の元構成員がミャンマー政府に対し原告が CNF の活動を支援したこと等を供述したことについて，本件難民認定申請の際にはかかる事実について漠然とした供述をしていたことや，原告に対する逮捕状の発付の有無について原告の主張と原告が提出した本件難民認定申請時の申立書における記載との間に整合しない点がある」

（裁判所の判断）

・「確かに，本件難民認定申請の際の難民認定申請書〔証拠〕等や難民調査官による調査の際の供述調書〔証拠〕にはかかる CNF の元構成員の供述等につき記載ないし記録がされていないと認められるものの，上記難民認定申請書や上記調査の際の供述調書には，原告が平成 16 年（2004 年）12 月に父親に連絡を取った際に，原告がミャンマーに帰国することは危険であり，帰国すべきでない旨を告げられたこと，ミャンマー軍情報部が原告が専門学校在籍当時に行った活動やアウンサンスーチーの遊説の際に行った活動などを知っていると告げられたことなど，本件訴訟における原告の主張に沿う記載ないし記録はあり，原告の主張するところについては，<u>その枢要な点において一致しているものといえる</u>ことから，上記の事情をもって本件訴訟における原告の主張ないしこれに沿う供述等を排斥することは相当とはいい難いものと考えられる。」

≪裁判所の判断－高裁≫

・「本件における被控訴人の供述を検討すると，〔1〕被控訴人の父親がチン州〔A〕郡区における NLD の幹部であったこと，〔2〕〔学校名 B〕学校に在学中に協力を要請されて CNF のために寄附金を集めたり，CNF が作成

した政治宣伝チラシを配布し，その後これに関してミャンマー軍情報部の職員から取調べを受けたこと，〔3〕[B] 学校を卒業後，チン州 [A] 郡区の NLD に加入し，アウンサンスーチーの地方遊説の際にその準備活動に従事し，これに関連してミャンマー軍情報部の職員から取調べを受けたこと，〔4〕ディペイン事件発生後，同事件について記載した宣伝ビラを作成，配布し，これがミャンマー政府に知られるおそれがあると考え，ミャンマーからの出国を決意したこと，〔5〕平成 16 年（2004 年）12 月に父親に連絡を取った際に，父親からミャンマーに帰国することは危険であり，帰国すべきでない旨を告げられたことなどの<u>重要な事実の根幹部分については，本件難民申請当初から概ね一貫しており，その内容に不合理な点はない。</u>また，前記認定のミャンマー国内の客観的情勢とも矛盾はみられない。

そして，控訴人が指摘する被控訴人の供述の変遷については，難民調査という特殊な雰囲気の中で，代理人弁護士の付添といった援助もなく，通訳を介して調査が行われていたや（ママ），難民認定がされなかった場合の難民調査において供述した内容によって将来自分が被る可能性のある不利益への不安等の心理的状況などを考慮すれば，ある程度の供述の変遷がみられたとしても，そのことが前記根幹部分に係る被控訴人の供述の信用性を直ちに否定するものとはいえない。

したがって，以上の諸点を総合考慮して判断すると，被控訴人の前記根幹部分に係る供述は十分に信用することができるというべきであ」る。

■ 個別に裏付ける客観証拠のない供述の評価

≪裁判所の判断－高裁≫

・「難民認定においては，申請者の国籍国と本邦との政治体制，文化，言語の各相違があり，また，申請者においては証拠収集の困難性を伴うのが通常であるから，申請者の供述の信用性を評価するにあたっては，慎重な検討がなされるべきである。そして，まず難民申請をする者は，多くの場合，自分が難民であることを示す客観的な証拠を持たずに本国から逃げてくるものであるから，難民に自身の供述を裏付ける客観的証拠を求めることは，過大な負担を強いる場合もあり，そのような場合において，客観的証拠がないことは直ちにその供述の信用性を否定する事情とならない」とした上で，

① 父親がチン州 [A] における NLD の幹部であること
② 学校在学中に CNF に協力して，その後ミャンマー軍情報部の職員か

ら取調べを受けたこと
③ 学校を卒業後チン州［A］のNLDに加入し，アウンサンスーチーの地方遊説の際にその準備活動に従事し，これに関して軍情報部から取調べを受けたこと
④ ディペイン事件発生後同事件のビラを作成，配布し，これが政府に知られるおそれがあると考えて出国の決意をしたこと
⑤ 2004年12月に父親から帰国は危険であると告げられたこと

などについて，供述が「重要な事実の根幹部分については，本件難民申請当初から概ね一貫しており，その内容に不合理な点はない。また…ミャンマー国内の客観的情勢とも矛盾はみられない」として事実を認定した。

3 主な不認定・棄却理由の考察

(1) 申請の遅延

一次	・「あなたは，本邦入国後1年4ヶ月にわたり合理的な理由もないのに難民申請に及ばず，継続して就労し，本国の家族に送金していたことなどに照らせば，あなたが迫害への恐怖から本国を出国したものとは認められません。」
異議	言及なし

≪裁判所の判断－地裁≫

・「原告は，自らに係る難民認定申請手続等において，本邦に入国した当初はミャンマーに帰国することを考えていたものの，平成16年（2004年）12月に原告の父からミャンマーに帰国することが危険であるなどと告げられたため，難民認定申請をすることを決意した旨の供述等をし，本件訴訟においても同様の供述等をするとともに，来日当初は難民認定制度についてよく知らなかった旨を供述するところ〔証拠〕，既に述べた平成16年（2004年）12月の原告の父との電話に係る事実を含め他の証拠により認定できる本件の事実経過に照らし，これらの供述等はあながち不自然であるとまではいえないことからすれば，原告が本邦に入国してから本件難民認定申請に至るまでの期間が約1年5か月であることや，その間に原告が不法に就労していたことをもって，原告の難民該当性に関する前記の認定判断が左右されるものということはできない。」

≪裁判所の判断－高裁≫

・「被控訴人は，自らに係る難民認定申請手続等において，本邦に入国した当初はミャンマーに帰国することを考えていたものの，平成16年12月に被控訴人の父親からミャンマーに帰国することが危険であるなどと告げられたため，難民認定申請をすることを決意した旨の供述をし，原審における本人尋問等でも同様の供述をするとともに，来日当初は難民認定制度についてよく知らなかった旨を供述するところ〔証拠〕，前述した平成16年12月の被控訴人の父親との電話に係る事実その他前記認定の事実経過に照らし，これらの供述はあながち不自然であるとまではいえない。したがって，被控訴人が本邦に入国してから本件難民認定申請に至るまでの期間が約1年5か月であることや難民認定申請に至る経緯によっても，被控訴人の難民該当性に関する前記認定判断は左右されない。」

(2) 難民該当事由発生時点からの期間経過
　言及なし

(3) 就労目的

一次	前記（1）「申請の遅延」を参照
異議	言及なし

≪裁判所の判断－地裁≫

・「原告が不法に就労していたことをもって，原告の難民該当性に関する前記の認定判断が左右されるものということはできない。」

≪裁判所の判断－高裁≫

・「被控訴人が本邦に入国後しばらく難民認定申請をしていなかった理由に関する上記説示や前記認定（原判決の引用部分）のとおり，本邦においてミャンマーの民主化運動及び反政府活動をしているミャンマー人のうち，上記活動に専従する者はその一部であり，多くの者は本邦において就労する傍ら，空いた時間に政治活動に従事しているといった実情に照らすと，控訴人が本邦において就労を継続し本国に送金等をしていることは，被控訴人の難民該当性を否定する事情とまではいえない。」

(4) 本国の家族の状況

一次	言及なし

◆ 第2部 ◆ 事例ごとのまとめ

異議	言及なし

≪裁判所の判断－地裁≫
・「被告は，原告の兄らが現在においてもミャンマーにおいて平穏に生活していることを指摘するものの，かかる事実があることのみをもって直ちに原告の難民該当性が否定されるとはいえない。」

≪裁判所の判断－高裁≫
・「控訴人は，被控訴人の難民該当性を否定する事情としてミャンマー在住の被控訴人の家族が現在も平穏に生活していることを指摘するが，そのような事実があることのみをもって直ちに被控訴人の難民該当性が否定されるものとはいえない。」

(5) 個別把握

一次	・本国での活動 「…あなた自身はCNFのメンバーではなく，活動内容も2回のビラ配布及び寄付金集めにとどまること，2回の（軍情報部からの）尋問は，ともに30分間ほどで終了している上，尋問の内容もあなたにビラ配布を依頼した男子学生に関することを聞かれたことなどに照らせば，あなたの同組織に関わる活動内容は，本国政府から<u>殊更注視</u>されるものとは認められません。」 「…あなたの活動内容は，文書を届けるなどした程度にすぎず，取調べの際も，拷問・身柄拘束等は受けなかった旨自認していること，その後，自己名義旅券の発給を受け，当該旅券を用いて出国手続を受けたことなども併せ考えれば，<u>少なくとも本国出国当時，あなたは本国政府から反政府活動家として殊更関心を寄せられる対象であったとは認められません。</u>」 ・来日後の活動 「…あなたの活動内容は，組織の会合でのスピーチや，在京ミャンマー大使館前のデモへの<u>一参加者としての</u>参加程度であること，また記事（注：雑誌［雑誌名C］に自身に関する記事が顔写真付きで掲載されたこと）の内容もあなた自身の政治的意見が掲載されたものではなく，殊更本国政府から危険視されるものとは認められず，写真も大勢の中の一人にすぎず，あなたが<u>主導的役割を担う反政府活動家とは認め難い</u>ことなどを併せ考えれば，あなたが帰国した場合に迫害を受ける客観的，具体的危険性があるとは認められません。」
異議	・「…アウンサンスーチー氏がチン州において遊説を行った際に人集めや送迎などの支援行為を行ったことにより，軍情報部から取調べを受けた旨の

252

■ 事例18 ■ ミャンマー少数民族チン族出身の女性

主張について…その態様からすれば，本国政府があなたを反政府活動家として把握した上，逮捕・拘束等を行う程のものとは認められません。」
・「…ディペイン事件に係る告発文を自らの署名入りで作成，配布したこと及び同文書が政府当局に把握されたことについては…その内容は海外メディアによってミャンマー国内で公になっている報道を基にしており，あなた自身による政治的意見・思想を表現するものではありません。上記の活動態様に加えて…などを考慮すれば，少なくとも本国を出国した当時において，本国政府から殊更警戒されていたものとは考えられません。」

≪裁判所の判断－地裁≫

・「(原告は，専門学校に在籍中にCNFのために寄附金を集めるとともに，CNFが作成した政治宣伝チラシを配布する活動に従事していたところ，CNFないしCNFの構成員はミャンマー政府からその政治的意見等を理由に敵対視されており，CNF及びこれに協力する者に対する厳しい取締りが行われているものであるから，原告の上記活動がミャンマー政府の知るところになれば，原告は，その政治的意見を理由に身柄を拘束されるなどして生命又は身体の自由の侵害又は抑圧を受ける相当程度のがい然性があるということができる。その上で，原告の父がチン州H郡区におけるNLDの幹部であったことや，原告自身もCNFの活動に従事していたBとの関係やNLDの構成員としての活動等に関し数回ミャンマー政府当局者から取調べを受けていることなどからすれば，原告がミャンマー政府ないしその政策等に批判的な意見を有する者であることをミャンマー政府に把握されている可能性が高いということができることに加え，原告が本邦に入国した後に，CNFの元構成員がミャンマー政府当局者に対し原告がCNFの活動を支援したこと等を供述したというのであるから，これらの事情は，通常人が原告の立場に置かれた場合にもその政治的意見を理由に迫害されるとの恐怖を抱くような客観的事情であるということができる。」

≪裁判所の判断－高裁≫

・「確かに，被控訴人が[B]学校在学中にしたCNFに関するビラの配布や活動資金を集めるなどの活動については，前記認定（原判決の引用部分）のとおり，被控訴人はCNFに入会したこともなく，CNFの名前を出して活動することもなかった〔証拠〕のであるから，被控訴人とCNFの関わりは希薄なものといえるし，被控訴人が配布したというビラの内容も，チン州には大学レベルの国立学校が1校もなく，村の学校もないためチン族

が教育面で損失を被っているというものであり〔証拠〕，CNFの活動資金を集める活動についても，その回数は2回であり，同活動における被控訴人の役割は，集まった金員のインドのCNFに渡すというものである〔証拠〕。しかも，被控訴人は，上記活動を理由に軍情報部から尋問を受けた後も［B］学校に通い続けて卒業し，卒業後は［大学名D］大学への入学も許可されており〔証拠〕，また，アウンサンスーチーの地方遊説の際にビラを配布し，聴衆を集めたという被控訴人の活動についても，その活動内容は，歓迎のために人を集めたり，スピーチを聞いてくれと呼び掛けたり，見送りのために人を集めたり，アウンサンスーチー氏を支持しましょうという文書を作成して配布したというものであり〔証拠〕，被控訴人がディペイン事件に関する内容を記載した宣伝ビラを作成して配布したという点についても，その内容は外国のラジオ放送を介してミャンマーの多数の人々に周知済みのものであるし，かつ，被控訴人が配布した宣伝ビラの部数も仲間の分を合わせて30枚程度であった〔証拠〕。

　そうすると，被控訴人が本国に行った上記活動だけをみれば，ミャンマー政府が被控訴人を迫害の対象として関心を寄せる程度のものとまではいえないということもできるが，被控訴人の父親がチン州［A］郡区におけるNLDの幹部であり，被控訴人自身もNLDの構成員であることや被控訴人が本邦に入国後，ミャンマー政府当局者がミャンマー政府に帰順したCNFの元構成員が被控訴人の父親宅を訪れ，被控訴人の所在について訪ねていたという事実関係も併せ考慮すれば，本国における被控訴人の上記活動は，ミャンマー政府にとって被控訴人を反政府活動家として注視し，迫害の対象として関心を寄せている反政府活動であったものと評価することができる。」

・「ミャンマー政府は被控訴人のことをCNFの協力者として把握していたものとみるべきところ，このような被控訴人が来日後もCNC-JAPANやAUN-JAPANに加入し，反政府活動を行っているのであるから，仮に被控訴人が帰国すれば，身体拘束などの迫害を受けるおそれが高いというべきである。」

(6)　過去の迫害体験
言及なし

(7) 適法な旅券発給・更新

一次	・「…自己名義旅券の発給を受け，当該旅券を用いて出国手続を受けたことなども併せ考えれば，少なくとも本国出国当時あなたは本国政府から反政府活動家として殊更関心を寄せられる対象であったとは認められません。」
異議	・「…自己名義旅券を取得し，同旅券を行使して特段の問題なく本国を出国していることなどを考慮すれば，少なくとも本国を出国した当時において，本国政府から殊更警戒されていたものとは考えられません。」

≪裁判所の判断－地裁≫

・「ミャンマー政府が反政府活動家に対する旅券の発給手続及び出国手続を相当程度厳格に実施しているとの見解があること〔証拠〕などからすれば，上記のような事情があったことは，難民該当性を否定する方向に働く事実の一つであるということはできるものの，ミャンマーにおいては，コンピュータシステムが発達しておらず，情報の伝達がそれほど円滑ではないと指摘する知見や，旅券の発給手続が必ずしも厳格には行われておらず，旅券の発給を受ける際に賄ろの授受がされていると指摘する知見，その他ミャンマー政府は特に学生の活動家を出国させることをいとわないとの知見等もあること〔証拠〕に加え，本件においては，アに述べたように，特に，原告が本邦に入国した後に，CNFの元構成員が原告がCNFの活動を支援したこと等をミャンマー政府当局者に供述したとの事情があることなどに照らせば，上記の旅券の発給等に係る各事実のみをもって，直ちに原告の難民該当性に関する前記の認定判断が左右されるものということはできない。」

≪裁判所の判断－高裁≫

・「在日ビルマ人難民申請弁護団が2004年4月21日付けで作成した資料〔証拠〕によれば，同日現在で同弁護団が扱った54件の難民認定事例（異議申立段階での認定を含む。）のうち50件が，申請者が正規の旅券又は船員手帳を所持し，合法的に本邦に入国した事例であると認められること，ミャンマー政府においては，反体制活動家が活動をやめる限りは彼らが出国することは政府にとって都合がよいとの理解の下，反体制活動家，特に学生活動家を出国させることを厭わないという知見もあること〔証拠〕，さらに，前記認定（原判決の引用部分）のとおり，CNFの元構成員が被控訴人がCNFの活動を支援したこと等をミャンマー政府当局者に供述した時期

は被控訴人が本邦に入国した後のことであるから，被控訴人がミャンマーから出国する時点においては，ミャンマー政府は被控訴人を反政府活動家として把握していなかった可能性も否定できないことからすれば，上記の旅券の発給等に係る各事実によっては，直ちに被控訴人の難民該当性に関する前記の認定判断は左右されない。」

4 事案の全体的・総合的評価の有無

一次	・本国および来日後の個々の事情についての各々消極的に評価した上で，「その他のあなたの主張等をすべて併せ考慮しても，あなたの政治活動歴が前記程度にとどまることからすれば，あなたが帰国した場合に迫害を受けるという客観的，具体的危険性は認められないことからすると，あなたは，〔難民条約〕に規定する難民とは認められません。」と判断。
異議	言及なし

≪裁判所の判断－地裁≫

・「原告は，専門学校に在籍中にCNFのために寄附金を集めるとともに，CNFが作成した政治宣伝チラシを配布する活動に従事していたところ，CNFないしCNFの構成員はミャンマー政府からその政治的意見等を理由に敵対視されており，CNF及びこれに協力する者に対する厳しい取締りが行われているものであるから，原告の上記活動がミャンマー政府の知るところになれば，原告は，その政治的意見を理由に身柄を拘束されるなどして生命又は身体の自由の侵害又は抑圧を受ける相当程度のがい然性があるということができる。その上で，原告の父がチン州［A］郡区におけるNLDの幹部であったことや，原告自身もCNFの活動に従事していた［人名E］との関係やNLDの構成員としての活動等に関し数回ミャンマー政府当局者から取調べを受けていることなどからすれば，原告がミャンマー政府ないしその政策等に批判的な意見を有する者であることをミャンマー政府に把握されている可能性が高いということができることに加え，原告が本邦に入国した後に，CNFの元構成員がミャンマー政府当局者に対し原告がCNFの活動を支援したこと等を供述したというのであるから，これらの事情は，通常人が原告の立場に置かれた場合にもその政治的意見を理由に迫害されるとの恐怖を抱くような客観的事情であるということができる。

■ 事例18 ■ ミャンマー少数民族チン族出身の女性

　以上によれば，本件不認定処分当時，原告は，その政治的意見を理由にミャンマー政府から迫害を受けるおそれがあるという十分に理由のある恐怖を有するために，国籍国の外にいる者であったと認められる。」

≪裁判所の判断－高裁≫

・「被控訴人は，［B］学校に在学中に協力を要請されてCNFのために寄附金を集めたり，CNFが作成した政治宣伝チラシを配布する活動をしていたこと，その後もNLDに加入し，その構成員としての活動等をしており，来日後も，CNC-JapanやAUN-Japanに加入し，ミャンマー軍事政権に反対する活動をしてきたのであるから，CNFないしCNFの構成員はミャンマー政府からその政治的意見等を理由に敵対視され，CNF及びこれに協力する者に対する厳しい取締りが行われていた本件不認定処分当時のミャンマー国内の情勢からすると，被控訴人の上記活動がミャンマー政府の知るところになれば，被控訴人は，その政治的意見を理由に身柄を拘束されるなどして生命又は身体の自由の侵害又は抑圧を受ける相当程度の蓋然性があるということができる。<u>その上で</u>，被控訴人の父親がチン州［A］郡区におけるNLDの幹部であったことや，被控訴人自身もCNFの活動に従事していた［E］との関係やNLDの構成員としての活動等に関し数回ミャンマー政府当局者から取調べを受けている<u>ことに加え</u>，被控訴人が本邦に入国した後に，［B］学校在学中に接触があったCNFの元構成員がミャンマー政府に帰順し，被控訴人がCNFの活動を支援していたこと等をミャンマー政府当局者に供述したというのであるから，被控訴人がミャンマー政府ないしその政策等に批判的な意見を有する者であることをミャンマー政府に把握されていた可能性が高いということができる。しかも，上記のCNF元構成員とミャンマー政府当局者が被控訴人の父親宅を訪問し，被控訴人の所在について尋ねたというのであるから，<u>これらの事情を併せて考えれば</u>，ミャンマー政府が被控訴人に対し政治的意見を理由に迫害に及ぶおそれは十分存在するというべきであり，このおそれは，被控訴人が迫害を受けるおそれがあるという恐怖を抱いているという主観的事情のほかに，通常人が被控訴人の立場に置かれた場合にもその迫害の恐怖を抱くような客観的事情によって裏打ちされているというべきである。」

◆ 5　特記事項──「テロ組織」の取締と迫害について

　控訴人は，CNFは違法な犯罪組織としての一面を有しているから，ミャン

マー政府がCNFの協力者を取り締まることを直ちに「迫害」と評価すべきではないと主張した。

しかし，高等裁判所は，CNFが国際的に犯罪組織ないし犯罪テロ組織であると認識されているような証拠はなく，むしろ，〔証拠〕によれば，米国の議会は，平成20年（2008年）以前のCNFの活動についてテロ活動とみなされるべきでないと宣言していることが認められることからすれば，CNFに控訴人が指摘するような一面があるからといって，一般にCNFの反政府活動に協力した者がその政治的意見を理由にミャンマー政府から生命又は身体の自由の侵害又は抑圧を受けたとしても「迫害」と評価すべきではないという見解は相当とはいえない，と判断した。

◆ 第3 分 析

◆ 1 不認定・棄却理由と判決理由の違いについて

行政段階の判断と地裁高裁を含めた裁判所との判断の違いは，大きくわけて5点挙げられる。第1は，出身国情報の分析・評価の存否である。第2に，信憑性の判断，第3に，迫害のおそれの判断，第4に，立証上の評価，第5に全体的な考察の有無である。

◆ 2 出身国情報の分析・評価

本件における2003年から2004年にかけてのミャンマー情勢の分析・評価は，同時期に出国してきた申請者の難民申請理由を検討するうえで，決定的な影響を与えるものである。

裁判所はそれぞれ，ミャンマー全体の状況はもちろん，チン州における人権状況，CNFやチン州NLDの状況などについて分析をして，このあとの信憑性判断や証拠評価，そして迫害のおそれに関する事実認定につなげている。

◆ 3 信憑性の判断

地裁では「その枢要な点において一致しているものといえる」と判断し，高裁では「重要な事実の根幹部分については，本件難民申請当初から概ね一貫しており，その内容に不合理な点はない」と判断し，それぞれ，行政段階での信

憑性の消極判断を退けている。行政段階では,「枢要」「根幹部分」についての判断をするという姿勢は見られない。その姿勢の違いについては高裁の以下の判示が説明をしている。

> 「難民認定においては,申請者の国籍国と本邦との政治体制,文化,言語の各相違があり,また,申請者においては証拠収集の困難性を伴うのが通常であるから,申請者の供述の信用性を評価するにあたっては,慎重な検討がなされるべきである。そして,まず難民申請をする者は,多くの場合,自分が難民であることを示す客観的な証拠を持たずに本国から逃げてくるものであるから,難民に自身の供述を裏付ける客観的証拠を求めることは,過大な負担を強いる場合もあり,そのような場合において,客観的証拠がないことは直ちにその供述の信用性を否定する事情とならない。」

この判示は,難民事件の特殊性をこのように基本の部分で理解するか否かが,信憑性の判断に影響を与えることを,明らかにしている。

各判決では,本人の供述が精査され吟味された結果,上記のような合理的な判断がなされているが,もちろんここには出身国情報の分析が基礎となっていることや,客観的証拠を求めることが不合理であるという見識が裁判所にあったからであると思料される。

◆ 4　迫害のおそれの判断

行政段階での判断が個別把握にあることはほとんどの事例に見られるものであるが,本件も例外ではなく,「殊更注視されるものとは認められません」「反政府活動家として殊更関心を寄せられる対象であったとは認められません」「殊更本国政府から危険視されるものとは認められず」(以上は一次不認定理由),「本国政府から殊更警戒されていたものとは考えられません」(異議棄却理由) 等,難民条約の定める難民該当性の要件にない加重要件として「殊更」な注視・関心や警戒を挙げている。しかも,出身国情報の十分な検討もなく,厳しい信憑性の判断,さらには客観的証拠の要求などと相俟って,難民として認定されるのは極めてハイプロファイルの活動家に限定するに等しい結果となる。

他方,裁判所は,地裁段階では,かかる「殊更注視」等の表現は用いず,「これらの事情は,通常人が原告の立場に置かれた場合にもその政治的意見を理由に迫害されるとの恐怖を抱くような客観的事情であるということができる」とし,高裁も同様の事実判断のもとで「(申請者)がミャンマー政府ないしその政策等に批判的な意見を有する者であることをミャンマー政府に把握されてい

た可能性が高いということができる」とした。

　少なくとも裁判所は「殊更」に注視あるいは警戒されているか等を問う姿勢は持っておらず，把握という表現を用いている高裁でも「把握されていた可能性」を論じているのであって，裁判所は，当局から確実に「把握」されているか否かを基準にして難民性を判断してはいない。

◆ 5　立証上の評価

　そもそも，異議申立の棄却理由をみると，その内容には難民性の判断をするうえで，不合理な判断をしていると見ざるを得ない部分が散見される。

> ①「大学在学中にCNFへの支援を依頼されたビラ配布や寄付金を募り，CNFの青年メンバーに渡すなどの行為をしたことにより軍情報部より2回の尋問を受けた旨述べますが，仮に尋問があったとしても，あなた自身については何ら聞かれていないとしています。」

　この記述は，迫害のおそれを判断する上で，実際のミャンマーの政治・人権状況に根差した判断とは考えられず，不合理な判断といえよう。
　申請者はCNFへの協力者として取調べを受けているのであり，「申請者自身について何ら聞かれていない」という認定そのものがありえないし（仮にそのような供述があったとしても，釈明の機会を与えられるべきである），そのように聴取してしまったとしても，政府によって反政府勢力の側にいる者として調べを受けているとみるのが合理的な判断であろう。

> ②「チン州［A］郡区NLD青年部党員であった旨の主張については，あなたはNLDから党員証の発給ないし党員であることの証明をもらえなかったものと考えられることから，党員であったと認めることは困難…」

　このような認定も客観的な証拠を求めようとする姿勢と相俟って，不合理である。申請者の父親はNLDの地方の支部の幹部であったのであり，そのようなものを立証させることは不可能を強いるものであり，娘である申請者がNLDの活動に関与していることを前提にした経験事実を語っているのに，NLD党員であることを疑うことには論理の飛躍がみられる。

> ③「あなたが，ディペイン事件に係る告発文を自らの署名入りで作成，配布したこと及び同文書が政府当局に把握されたことについては，これら

を認めるに足りる客観的な資料は提出されておらず，仮にあなたの供述を前提にしても，正確性の担保を欠く再伝聞を根拠とするあなたの主観的なおそれを述べているにすぎません。仮に同文書の存在を認めたとしても，その内容はすでに海外メディアによってミャンマー国内で公になっている報道を基にしており，あなた自身による政治的意見・思想を表現するものではありません」。

この理由付けは，ミャンマーの人権状況に関する理解を欠くものであり，以下の通り多くの問題点が指摘しうる。

まず，ディペイン事件に係る告発文について客観的な資料を求めることは，不可能を強いるものである。このような事実について難民申請者に証拠を求めようとするのは，難民申請者がほとんどの場合証拠を持たずに海外に逃れざるを得ないという難民固有の状況を理解しないものであり，難民認定手続きにおいて，過度に証拠提出を求めることなく，出身国情報に照らして供述の信ぴょう性を判断するという国際的な基準から乖離しているといわざるをえない。

次に，ディペイン事件について「その内容はすでに海外メディアによってミャンマー国内で公になっている報道を基にしており，あなた自身による政治的意見・思想を表現するものではありません」という理由も，ミャンマーにおいてはジャーナリズムがまったく機能しておらず言論統制が敷かれているという一般情勢の理解を欠くものである。ディペイン事件の存在，そしてその真相はミャンマー政府にとって伝播されてはならない情報であることは明らかであり，その内容を知らせようとする行為がいかに危険であるかは明白である。

第3に，ここでも伝聞という問題が指摘されている。しかし，直接証拠を持たない難民申請者にとって伝聞であろうが重要な証拠であり，申請者の供述の内容として意味をもつものである。いわゆる刑事における伝聞法則のような形でその価値を排斥するというような見解は難民法の分野では採られない。カナダにおける運用として紹介されているところによれば「難民であると主張している者の供述が確からしく，信憑性があり，疑う余地のないものであるかぎり，その大部分が伝聞証拠からなる場合にも，難民の地位の肯定的認定を裏づけるために必要な客観的危険の証拠」となることが論じられている[51]。

第4に，政治的意見に関する捉え方である。ディペイン事件に係る告発文に

---

[51] ハサウェイ・前掲注(15), 103頁。

ついて,「あなた自身による政治的意見・思想を表現するものではありません」という指摘は,「政治的意見」をいかに捉えるかという難民法の一般的理解からは乖離している。

これまでにもいくつかの事例で論じてきたように,政治的意見についての「決定的な判断基準は,申請者のある行動または行為が,権力の座にある当局から政治的抵抗であると現にみなされており,またはみなされてきたか否か」であり,「基本的には,政府の権威への挑戦であるとみなされるいかなる行動も政治的意見の表明であると捉えるのが適当である」とする視点が重要である[52]。

この観点で捉えるとき,ディペイン事件に係る告発は,まさに「政府の権威への挑戦であるとみなされる」ものであって,「政治的意見」そのものである。異議棄却理由にかかる上記表現は,この解釈を誤ったものである。

◆ 6　全体的考察について

出身国情報の分析の不足,そして信憑性の判断や,あらゆる面で難民を難民として保護するための姿勢を有しない結果として本件のような行政判断が下されたとしか言いようがない。くわえて全体的に申請者の経験事実を捉えようとする姿勢の欠如も行政判断と裁判所の判断とを分けたものとみることができる。

裁判所はそれぞれの経験事実を各別に論じようというのではなく,それぞれの経験事実を結びつけながら,総体としての評価を下そうとしている。

地裁判決の中には,「その上で,」…「ことに加え,」として,それぞれの経験事実をつなげている。

高裁判決も同様に事実をつなげながら,「これらの事情を併せて考えれば,」として考察評価を下しているのである。

このように事実を全体としてみて評価を下すことによって,供述の信憑性も,迫害のおそれも的確な判断につながっているということができる。

◆ 7　特記事項

本件申請者は,以下の経過をたどってようやく難民として認められた。

　　2003年10月○日　　　来日
　　2005年2月25日　　　難民申請
　　2007年7月3日付　　　一次不認定

---

[52]　ハサウェイ・前掲注(15), 181頁。

2008年9月4日付	異議棄却
2010年6月8日付	東京地裁判決（勝訴）
2012年4月26日付	東京高裁判決（勝訴）
2012年5月29日	難民認定（同年6月8日告知）

　難民として認められたのは難民申請から7年が経過していた。この間この申請者は，非正規滞在者として暮らさなければならず，仮放免で出頭するたびに入管の職員から帰国するように言われ続け，非常に辛い日々をすごした。

　ここに論じたような行政段階の過ちがなければ，この申請者は遅くとも2007年7月には難民として保護され，送還のおそれを抱くことなく平穏に暮らすことができたはずである。異議申立の段階でも2008年の認定となり，4年弱の恐怖の日々は不要であった。申請者にとっての人生の代えがたい平穏な時間を早期に実現できなかった重みを十分に認識するべきであろう。

事例 19

本国で反政府活動に関与したウガンダ出身の男性

事例	出身国	民族・宗教	性別	年齢（認定時）
申請者 19	ウガンダ		男性	30 歳代
入国日	入国の状況	経由国		
2006 年 4 月○日	短期滞在（90 日）	ウガンダ／空路／2 か国で乗継／空路／成田		
難民申請日	申請の場所		不認定日（処分）	不認定日（告知）
2009 年 1 月 6 日	名古屋入管(収容中)		2009 年 1 月 26 日	2009 年 2 月 3 日
異議審尋日	審尋の曜日・場所		異議棄却日（処分）	異議棄却（告知）
	西日本（収容中）		2010 年 7 月 26 日	2010 年 8 月 9 日
提訴				
2009 年 9 月 14 日提訴（難民不認定取消・退令無効確認・裁決無効確認・在特不許可取消）				
地裁判決（申請者の勝訴）			高裁判決（原審維持・確定）	
裁判所：大阪地方裁判所　第 7 民事部 事件番号：平成 21 年（行ウ）154 判決日：2012 年 2 月 23 日 裁判官：田中健治，尾河吉久，長橋正憲			裁判所：大阪高等裁判所　第 7 民事部 事件番号：平成 24 年（行コ）54 判決日：2013 年 2 月 27 日 裁判官：矢延正平，泉薫，西井和徒	
公刊物未登載			公刊物未登載	
訴訟後の状況				
2013 年 4 月頃難民認定				
その他の特記事項				
申請者は異議棄却後の 2010 年 9 月に仮放免を許可されました。				

◆ 第 1　事案の概要

　本件は，ウガンダ国籍の男性の政治活動の事案である。
　申請者は，ムセベニ大統領率いる「国民抵抗運動（NRM）」による権威主義的な単独政権が続くウガンダにおいて，主要野党である「Forum for Democratic Change（FDC）」（その前身である「Reform Agenda」(RA)の時代から活動。）の青少年動員担当者として，市民への政治的な啓蒙活動，党員勧誘活動

■ 事例19 ■ 本国で反政府活動に関与したウガンダ出身の男性

や選挙の際の投票監督者としての活動，加えてラジオ党論番組に出演して政府批判を行い，政府に対して武力による闘争を呼びかける等の政治活動を行った。

申請者は，2002年頃，上記ラジオ党論番組での発言により，暴力を扇動する可能性があるとの容疑で取り調べを受けた。申請者はまた，2003年頃，政府の非公開施設である「セーフハウス」において取り調べを受けたが，1か月間身柄を拘束され，暴行を受けた。申請者は，その後，政府による迫害から逃れるためにウガンダを出国したが，2004年，避難先の国においてもウガンダ政府諜報員と思われる者から脅迫を受けてウガンダへ帰国したところ，暴力を扇動した容疑で逮捕され，4か月間勾留された後，証拠不十分で釈放された。同年，申請者はウガンダを出国したが，避難先の国で再び身の危険を感じたため，ウガンダに帰国した。申請者は，2005年，当局により身柄を拘束されて暴行を受け，約6か月後に保釈された。申請者は，保釈後，隔月で裁判所に出頭した。申請者は，2005年末，FDC指導者ベシジェ逮捕に対する抗議デモに参加した際，扇動罪の容疑で逮捕され，3日間身柄拘束された。申請者は，2006年2月の大統領選の後，他人名義の旅券を使ってウガンダを出国し，数か国を経由して空路で来日した。

来日後，申請者は，2008年末に，交通事故をきっかけとして入管法違反容疑で逮捕され，2009年1月に名古屋入国管理局内の主要施設で収容中に難民申請を行った。

◆ 第2　行政と司法の判断の比較

◆ 1　出身国情報の分析評価

一次	・「…各種関係資料によれば，ウガンダにおいては，2005年7月に行われた国民投票により複数政党制への回帰が決定され，これらを受けて，2006年2月に1980年のオボテ政権下以来，初めての複数政党制下で大統領・国会議員選挙が実施され，FDC（Forum for Democratic Change）は，議会に議席を持つ政党で，政党活動も禁止されていない…などを併せ考えれば，あなたが帰国した場合に迫害を受ける具体的，客観的危険性があるとは認められません。」
異議	・言及なし（申請者がFDCメンバーであることに関係する迫害を受けるお

265

◆第2部◆ 事例ごとのまとめ

それを論じているが，ウガンダにおけるFDCメンバーに対する人権侵害等の分析は書かれていない。）

≪裁判所の判断－地裁≫

・裁判所は，米国国務省の人権報告書，英国内務省の出身国情報報告やUNHCRによる報告書のほか，国際人権団体であるRedress Trustやアムネスティ・インターナショナルの報告書を引用し，ウガンダ政府によるFDCなどの野党構成員や支持者に対する政治的動機による拉致・殺害，反テロ法容疑による不当な逮捕・拘束，「隠れ家（セーフハウス）」における超法規的な拘束や拷問などの深刻な人権侵害について以下の通りに分析している。

・「2001年（平成13年）の大統領選挙でムセベニ大統領が当選したが，対立候補であったベシジェは，同選挙後にウガンダを去り，南アフリカ共和国で亡命生活を送っていた。なお，英国内務省作成の出身国情報主要文書（2007年発行版）では，2001年（平成13年）選挙では，暴力と脅しによって妨害された場所があった旨が指摘されている〔証拠〕。ベシジェは，2006年（平成18年）の大統領選挙の準備のため，2005年（平成17年）10月にウガンダに帰国したところ，その3週間後に国家反逆罪と強姦罪で逮捕され，このことがきっかけで首都カンパラをはじめ各地で暴力的な抗議活動が発生し，ベシジェは，2006年（平成18年）1月〇日に保釈された後，選挙活動を行った〔証拠〕。」

「ウガンダ人民防衛軍（UPDF）の兵士又は警察官は，2006年（平成18年）の大統領選挙期間中の2月，ベシジェを見ようと集まった群衆に発砲し，2名を殺害した〔証拠〕。米国国務省作成の国別報告書2007年版及び2009年版では，2006年（平成18年）の大統領・議会選挙は，深刻な不正に見舞われたこと，警察の記録では同選挙期間中には450件の暴力事件が発生したとされていること，同選挙後には，100人以上の候補者が賄賂，脅迫，暴行，複数投票，票の水増し等の容疑で起訴されたことが報告されている〔証拠〕。」

・「米国国務省作成の国別報告書2007年版（2008年（平成20年）3月11日付け）では，2005年（平成17年）にベシジェを含むFDC党員は反逆罪で起訴されたが，同報告書発行時点ではその審理が未了であること，2006年（平成18年）2月にはベシジェの弁護士の一人が扇動罪で短期間身体拘束

■事例19■ 本国で反政府活動に関与したウガンダ出身の男性

されたこと，同年3月の抗議運動の際に警察がベシジェとその支援者に対し催涙ガスをかけ，死者が発生したとの報道がされたこと等が報告されている〔証拠〕。」
・「イギリスの非政府組織 Redress Trust による「ウガンダの拷問：ウガンダの拷問生存者の状況に関する基礎研究」(2007年（平成19年）4月13日付け）では，野党の党員，運動家，政党の支持者及び政策に批判的な者などの政府や政策に反する政党に所属している者や運動を行っている者に対しここ10年にわたって拷問が行われていること，1998年（平成10年）以来，政府機関が認知している野党員を「隠れ家（safe house）」と呼ばれる政府の施設に勾留し，拷問を加えていたこと，FDC支持者等は2001年（平成13年）の大統領選挙の際に暴力による拷問を受け，2006年（平成18年）の大統領選挙の際にも幾つかの拷問の事例が報告されたこと，FDC構成員が反逆罪や反逆行為の隠匿罪で告発され，裁判が開かれることもなく数か月にわたり勾留されたこと等が記載されている〔証拠〕。」
・「米国国務省作成の人権状況国別報告書2009年版（2010年（平成22年）3月11日付け）では，ウガンダにおける深刻な人権問題として，政治的動機による殺害及び誘拐，容疑者及び抑留者への拷問及び虐待，政治的動機による逮捕及び抑留，監禁及び長期間の審理前勾留，公正な裁判を受ける権利や言論・報道・集会・結社の自由に関する制限，野党への制限並びに不正選挙等が挙げられており，それぞれの項目につき，以下のような記載がある〔証拠〕。

 a 政治的動機による殺害
  …〔省略〕…
 b 政治的動機による拉致
  …〔省略〕…
 c 拷問及びその他の残虐で非人道的な虐待と刑罰
  …〔省略〕…
 d 不当な逮捕や勾留
  …〔省略〕…
 e 公正かつ公開された裁判の不在
  …〔省略〕…
 f 言論及び報道の自由
  …〔省略〕…

g 選挙及び政治参加
　　…〔省略〕…
・「国連難民高等弁務官事務所（UNHCR）のホームページに掲載された報告書（2010年（平成22年）6月2日付け）では，2009年（平成21年）において，FDC党員に対する拷問が行われたことが報告されている。また，デモやラジオ番組においてFDC推進運動を行っていた活動家が逮捕されたこと，FDC党員が勾留され，不法集会の開催及び参加の容疑で逮捕されたこと等の報道があることの報告もされている〔証拠〕。」
・「英国内務省作成の出身国情報主要文書（2007年（平成19年）10月16日付け）では，ウガンダでは不法な拘留，拷問や政治的動機による嫌がらせの申立てなど，警備機関による貧弱な警察活動や疑わしい活動を含めて法治の問題が残っていると指摘されており，アムネスティ・インターナショナルの2007年度年次報告書において司法の独立，表現の自由に対する攻撃，拷問の実行，死刑の実行等の懸念が表明されている旨記載されている〔証拠〕。」

◆ 2　信憑性の判断

一次	・「あなたは，本国において，〔FDC〕及び〔RA〕の党員として反政府活動を行ったことを理由に，帰国すれば迫害を受けるおそれがある旨申し立てていますが，あなたの供述には，不自然，不合理な点が複数見られ，信ぴょう性に疑義があります。」
異議	・「…あなたは，難民認定申請に係るインタビューにおいて，FDCの設立時期や2006年の大統領選挙におけるムセベニの得票率，キザ・ベシゲFDC党首の逮捕時期等について事実と異なる供述をしている実情に照らすと，あなたがFDCの党員として活動したこと及びそのことにより迫害を受けたとするあなたの供述に信ぴょう性があると認めることは困難です。 　　難民異議申立てに係る審尋当日において，あなたは，供述を裏付ける証拠として，FDCの党員証，保釈証等を提出し，FDCの党員証は，2006年1月に再発行されたものであり，再発行のための手続は不要であったと説明していますが，何ら手続を要することなく，再発行されるというのは不自然であり，この党員証が真正に作成されたものと認めることは困難です。また，保釈証は，2005年8月○日にあなたが治安判事裁判所に出頭することを誓約する旨の同月○日付けのあなた名義の書面及びあなたが前述の期日に治安判事裁判所に出頭することを保証する旨の同年12月○日付けのあ

■ 事例19 ■ 本国で反政府活動に関与したウガンダ出身の男性

> なたのいとこ名義の書面であるところ，出頭日より後の日に，それより以前の出頭を保証するという不自然なものとなっていることからすれば，この保釈証が真正に作成されたものと認めることはできません。
> 　仮に，あなたがFDCの党員であったというあなたの供述を前提としても，あなたは，命の危険を感じたため，2003年12月に本国に帰国しない決意で外国に逃げていながら，単に，逃亡先国で，逃亡先国にいては身の安全はないと言われただけで本国に帰国し，再び政治活動を行い，さらに，2004年11月にも，帰国しない決意で本国から逃れながら，再び宿泊先に誰かが訪ねてきたというだけで本国に帰国した上，再び政治活動を行った旨述べていることからすれば，身体の拘束や身体への暴力等といった迫害に係るあなたの供述や，迫害を逃れて本国を出国したというあなたの供述に，信ぴょう性を認めることはできません。」

≪裁判所の判断－地裁≫

（被告の主張）
- FDC党首であるベシジェの帰国，逮捕時期等の重要部分において客観的事実と齟齬していること，政府から受けた暴行についての供述が合理的理由なく変遷していること，ウガンダから出国しながら帰国しているなど迫害を受ける恐怖を有していた者の行動としては不合理な部分が多い。ウガンダにおける政治活動についての供述内容は抽象的なものであると主張。

（裁判所の判断）
- ■ 出身国情報との一致および枢要部分における一貫性，時の経過による記憶の食い違いを考慮
- 「ウガンダにおいてFDC党員として政治活動を行い，そのことが原因で政府から迫害を受けた旨主張し，これに沿う供述をするところ，かかる原告の主張及び供述は，原告名義のFDC党員証〔証拠〕及び原告に対する国家反逆行為の隠匿罪に係る本件保釈保証書〔証拠〕等の客観的裏付けがあること，FDC党員及び支持者に対して政府による不当逮捕等が行われていたとする点，非公開の政府組織に連行されたとする点やラジオ番組，その放送局及び出演者に対して政府が弾圧を加えていたという点等においてウガンダの一般情勢に関する報告書と一致すること，セミナーを開催し，ラジオ番組において政府を批判する発言を繰り返すなどの政治活動を行っていたこと，5回にわたり取調や身体拘束を受け，その際に暴行を受けることもあったこと，2005年（平成17年）に国家反逆行為の隠匿罪で起訴されていること等の枢要部分において一貫した供述をしていること〔証拠〕，

原告が身体拘束等を受けるに至った理由及びその状況に関する供述にことさら不合理な点は認められないことからすれば，これらの点に関する原告の供述は基本的に信用できるものといえる。

確かに，各出来事の時期や受けた暴行の内容等の点については被告指摘のように一部食い違いが見られるものの，その程度は決定的なものではないし，原告が本件難民認定申請をした時点において，ウガンダを出国してからすでに3年近くを経過していることをも勘案すると，上記被告主張を過大視すべきではない。」

■ 難民特有の心理状態を考慮

・「原告は，本邦で逮捕されてから本件難民申請をし，さらに不認定処分を受けるまでの間，自己の姓が「[A]」であり，その生年を1975年であることについて何ら異議を述べず，むしろ，自ら「[A]」と署名し，あるいは生年を1975年と記載していた〔証拠〕のに対し，本件不認定処分及び本件退令発付処分がされた後，これら取消等を求める本訴提起の段階になって初めて，自己の真実の姓は「[a]」であり，その生年は1974年である，本邦入国の際に使用した旅券は身分事項について虚偽の内容を申告して取得した偽造旅券であるなどと主張し始めたものであるところ，この点については後記ウのとおり「[a]」が実名である等と認めることはできず，原告の上記主張やこれに沿う供述〔証拠〕は信用できない。そしてかかる原告の態度は問題があるというほかないが，これは，本件難民認定申請に対し，原告を難民と認めない本件不認定処分がされ，また，本件在特不許可処分や本件裁決，本件退令処分がされて，原告が国籍国であるウガンダに送還されそうになったため，これを阻止しようとして行った行動とも推測されるところ，前記（イ）で検討したとおり，<u>原告がウガンダにおいて受けた迫害状況は客観的裏付けも存し，基本的に信用できるものと解される以上，上記のような原告の態度は難民特有の心理状態によるものと理解できなくもなく，この点をもって直ちに原告供述の全体について信用できないと評価するのは相当ではない。</u>」

■ 客観的事実との食い違いについて時の経過および枢要部分（事実経過）の整合性を考慮

・「ベシジェの帰国時期及び逮捕の時期については，FDC党員である原告にとって重要な事実であり，この点において原告が客観的事実と食い違い供述をしていることはその信用性を減殺させる事情とも言いうるが，前述の

■ 事例19 ■ 本国で反政府活動に関与したウガンダ出身の男性

とおりこれら原告の供述がされたのは原告がウガンダを出国し，本邦に入国した後3年近く経過してからであることに加え，原告が供述する2005年（平成17年）にベシジェが帰国し，その後逮捕されたことや，ベシジェ逮捕に対する抗議活動が起きた事実経過自体は客観的事実に合致するものであることからすれば，<u>ベシジェ逮捕の月日及び逮捕の状況に関する原告の供述が客観的事実と整合しない点をもってウガンダ政府から迫害を受けたとの原告の供述が信用できないとまではいえない。</u>」

■ 本国への帰国と勾留期間について－出身国情報との一致
・「さらに，原告は，国家反逆行為の隠匿罪について保釈された後にベシジェの逮捕に対する抗議活動に参加し，その際に扇動罪で逮捕されたが3日間で釈放された，本邦への入国前に2度ウガンダから出国したが，危険を感じたため帰国した旨供述するところ，ウガンダにおいては2006年（平成18年）の大統領選挙前に国家反逆罪で起訴されたベシジェを始めとするFDC構成員について保釈がされたとの報告がされていること（前記認定事実（1））からすれば，国家反逆行為の隠匿罪で保釈中の原告が扇動罪で逮捕された場合に数日で釈放されることも考えられなくはなく，また，原告が出国したタンザニア及びルワンダはウガンダの隣国であり，ウガンダ政府の諜報員が反政府的な立場の者を監視していた，あるいは原告が諜報員に監視されていると感じたとしてもそのことがおよそ不自然であるとまでいうことはできない。」

≪裁判所の判断－高裁≫
■ 客観的事実との食い違いについて時の経過および枢要部分（事実経過）の整合性を考慮
・「ベシジェの帰国時期及び逮捕の時期についての被控訴人の供述がされたのは被控訴人がウガンダを出国し，本邦に入国した後3年近く経過してからであること，2005年（平成17年）にベシジェが帰国し，その後逮捕されたことや，ベシジェ逮捕に対する抗議活動が起きたという事実経過自体は客観的事実に合致するものであること，ウガンダにおいては2006年（平成18年）の大統領選挙前に国家反逆罪で起訴されたベシジェを始めとするFDC構成員について保釈がされたとの報告がされていることからすれば，国家反逆行為の隠匿罪で保釈中の被控訴人が扇動罪で逮捕された場合に数日で釈放されることも考えられなくはないこと，<u>いずれも前記1引用に係る原判決「事実及び理由」の第3の2（2）イ（エ）のとおりであっ</u>

271

て，その他被控訴人の供述には一部信用し難い部分があるものの，ウガンダにおける政治活動及び迫害に関する被控訴人の供述の核心部分については基本的に信用に値するというべきであることは同(オ)のとおりである。」

■ 出身国情報との整合性を考慮
・「被控訴人名義のFDC党員証〔証拠〕は，少なくとも被控訴人がFDC党員であることを裏付けるものであり，かつ，FDCがムセベニ政権に対して批判的な政治活動を繰り広げ，ウガンダ政府から弾圧されていることは，前記1引用に係る原判決「事実及び理由」の第3の1のとおりであるから，<u>上記党員証〔証拠〕は，被控訴人がFDC党員として，同党やその支持者等に対する不当な弾圧等を行ってきた政府に対する批判を行うなどの実質的な政治活動をしていたとの被控訴人の供述を裏付ける証拠であるといえる</u>。」

≪裁判所の判断－高裁≫
・第一審判決を引用（一部，時期の補正があった）。

◆ 3　主な不認定・棄却理由の考察

(1)　申請の遅延

一次	・「あなたは，本邦入国後，何ら合理的な理由もなく約2年9か月間にわたり難民認定申請に及んでいないことなどに照らせば，あなたが，迫害への恐怖から逃れるために本国を出国したものとは認められません。」
異議	言及なし

≪裁判所の判断－地裁≫
（被告の主張）
・「直ちに庇護を求める行動を取らず，本邦において稼働し，退去強制手続開始後である入国後2年8か月以上経過した時点で難民申請に及んでいる。」

（地裁の判断）
・「原告はウガンダを出国した時点で政府による迫害から逃れることができたと考えた，本邦入国時には難民認定申請手続きについての知識がなく，法違反の容疑で逮捕される直前の平成20年11月頃に難民認定申請手続きについて知ったが，難民申請前に逮捕されたと供述しているところ，前記のとおり原告がウガンダにおいて政府から迫害を受けていたと認められる

ことに加え，退去強制手続の当初から自身が難民と主張していること〔証拠〕，退去強制手続開始から1か月もたたないうちに難民申請を行っていることからして，上記供述はあながち不自然であるということはできず，また，ウガンダ政府からの迫害から逃れるという点以外に原告が本邦に入国する積極的な動機も証拠上特に見当たらないことからすれば，原告が本件難民申請を行ったのが本邦に入国してから2年8か月以上が経過した後であり，かつ退去強制手続開始後であることや，その間稼働していたことをもって，原告が迫害を受ける恐怖を有していなかったものということはできない。」

≪裁判所の判断－高裁≫
・第一審判決を引用

(2) 難民該当事由発生時点からの期間経過
　言及なし

(3) 就労目的
　言及なし

(4) 本国の家族の状況
　言及なし

(5) 個別把握

一次	言及なし
異議	言及なし

≪裁判所の判断－地裁≫
(被告の主張)
・「仮に原告がFDCの党員としてその主張するとおりの活動を行っていたとしても，原告がFDCの活動方針や意見形成に主導的な役割を果たしているとは認められず，党員の一人として従属的に活動していたにすぎない原告がウガンダ政府から個別具体的に危険視され迫害の対象とされるとは考えがたい。」
(地裁の判断)
・言及なし

◆第2部◆ 事例ごとのまとめ

≪裁判所の判断－高裁≫
(控訴人(国)の主張)
・「被控訴人が度々正規旅券の発給を受けてウガンダから出国している経緯からは，被控訴人が国籍国の保護を受けることができない事情は全くうかがわれないのであり，かえって被控訴人は，ウガンダ政府が被控訴人に対する迫害の意思を抱いておらず，その動向についても特別の関心を払っていなかったと認識していたというべきである。被控訴人は，多数のFDCの構成員のうちの一人としてラジオのトーク番組に偽名を用いて参加する程度の政治活動をしていたにすぎず，指導的な立場で反政府的な政治活動をしていたというものでないから，被控訴人が，ウガンダ政府から個別具体的に危険視されたり，迫害の対象として関心を寄せられるような立場のものであると認識されていたと見ることはできず，被控訴人が近隣諸国の諜報員による監視にさらされるような状況にあったとは認めがたい。」

(高裁の判断)
・「被控訴人は，本邦に向けて出国するより前に，2度にわたって「[A]」名義の旅券を使用してウガンダを出国し，タンザニア及びルワンダにそれぞれ入国したが，これらの国々においてウガンダ政府の諜報員と思われる者から脅迫されるなどしたため短期間でウガンダへ帰国している(この点に関する被控訴人の供述がおよそ不自然であるとまでいうことができないことは同2(2)イ(エ)のとおりである。)のであるから，被控訴人が「[A]」名義の旅券を使用してウガンダを出国しているからといって，ウガンダ政府が被控訴人に対する迫害の意思を抱いておらず，その動向についても特別の関心を払っていなかったとすることはできない。また前記1引用に係る原判決「事実及び理由」の第3の1の事実(注：認定されたウガンダの一般情勢及び個別事情)，とりわけ，ウガンダの大統領府は政治討論番組での議論を監視し，野党構成員のラジオ番組への参加を阻止しようとしたこともあったこと(同(1)ウ(ウ)f)，ラジオ番組においてFDCの推進運動を行っていた活動家が殺害されたとの報告があること(同(エ))，被控訴人自身もラジオの討論番組での反政府的な発言が暴力を扇動する可能性があるとの容疑で，政府機関から取調べを受けたことがあること(同2(ウ))に照らすと，被控訴人が，多数のFDCの構成員のうちの一人としてラジオのトーク番組に偽名を用いて参加する程度の政治活動をしていたにすぎないことをもって，ウガンダ政府から個別具体的に危険視されたり，迫害

■事例19■ 本国で反政府活動に関与したウガンダ出身の男性

の対象として関心を寄せられるような立場の者でなかったとすることはできない。被控訴人の主張はいずれも採用することができない。」と認定。

(6) 過去の迫害体験

一次	言及なし
異議	言及はあるが、FDCの党員としての活動や逮捕・勾留などについては、信憑性が認められないと判断された。

≪裁判所の判断－地裁≫
・「原告は、2002年（平成14年）頃、ラジオの討論番組での反政府的な発言が暴力を扇動する可能性があるとの容疑で、政府機関から取調べを受けた。

　原告は、2003年（平成15年）半ば頃、帰宅途中に政府の非公開施設に連行され、取調を受けた。この取調べの際、原告は銃底で後頭部を殴打される等の暴行を受け、約1か月間身体を拘束された。政府機関は、原告が拘束されている間、原告宅の捜索を実施し、FDC関係の資料等を押収した。

　原告は、2004年（平成16年）2月、暴力を扇動した容疑で逮捕され、約4か月間刑務所に収容されたが、証拠不十分として釈放された。

　原告は、2005年（平成17年）初め頃、自宅において軍関係者から突然捜索を受け、軍の施設に連行され、その後、中央警察に移送されたが、軍の施設及び中央警察での取調べにおいて暴行を受けた。原告は、国家反逆行為の隠匿罪で起訴され、同年8月に保釈されるまでの約6か月間身体を拘束された。

　原告は、保釈された後、同月〇日から2006年（平成18年）2月までの間、約2か月に1度の頻度で裁判所に出頭した。

　原告は、2005年（平成17年）11月〇日頃に行われたベシジェ逮捕に対する抗議デモに参加した際、扇動罪の容疑で逮捕され、3日間身体を拘束された。」と認定。

≪裁判所の判断－高裁≫
・第一審判決を引用

(7) 適法な旅券発給・更新

一次	言及なし

異議	言及なし（但し，2003年と2004年の国外逃亡後に身の危険から帰国し，再び本国で政治活動を行ったことに関し，このことから拘束や暴行を受けた等の供述の信憑性は認められないと，特段の理由が示されることなく判断されている。）

≪裁判所の判断－地裁≫

（被告の主張）

・「被告は，原告は自己名義の旅券の発給を受け，2003年（平成15年）以降複数回にわたって正規の出入国手続きを受けていることから，原告は国籍国の保護をうけることができる者である旨主張。」

（裁判所の判断）

・「原告は2006年（平成18年）4月にウガンダから出国できた理由として，当時は選挙で与党が勝利した後であり，空港の警戒がそれほど厳しくなかったこと，原告が指名手配されていなかったこと，空港に遅れていって係員に賄賂を渡すことで旅券に対する注意をそらし，その結果出国することができたことなどを供述している〔証拠〕ところ，これらの供述内容が不合理であるとまではいえず，これを覆す証拠も見当たらないことからすれば，原告が自己名義の旅券を使用して出入国手続きを受けていることから直ちに国籍国からの保護を受けることができる者であるということはできない。」

≪裁判所の判断－高裁≫

（国側の主張）

・「被控訴人が度々正規旅券の発給を受けてウガンダから出国している経緯からは，被控訴人が国籍国の保護を受けることができない事情は全くうかがわれないのであり，かえって被控訴人は，ウガンダ政府が被控訴人に対する迫害の意思を抱いておらず，その動向についても特別の関心を払っていなかったと認識していたというべきである。」

（裁判所の判断）

・「前記1引用に係る原判決「事実及び理由」の第3の1（2）オ，キのとおり，被控訴人は，本邦に向けて出国するより前に，2度にわたって，「…」名義の旅券を使用してウガンダを出国し，タンザニア及びルワンダにそれぞれ入国したが，これらの国々においてウガンダ政府の諜報員と思われる者から脅迫されるなどしたため短期間でウガンダへ帰国している（この点

■ 事例19 ■ 本国で反政府活動に関与したウガンダ出身の男性

に関する被控訴人の供述がおよそ不自然であるとまでいうことができないことは同2（2）イ（エ）のとおりである。）のであるから，被控訴人が「‥・」名義の旅券を使用してウガンダを出国しているからといって，ウガンダ政府が被控訴人に対する迫害の意思を抱いておらず，その動向についても特別の関心を払っていなかったとすることはできない。」

◆ 4　事案の全体的・総合的評価の有無

一次	・「その他あなたの主張等をすべて併せて考慮しても，あなたが，〔難民条約条項〕に規定する難民に該当するとは認められません。」
異議	言及なし

≪裁判所の判断－地裁≫

・「前記認定事実によれば，ウガンダではムセベニが政権を掌握して以降2005年（平成17年）に国民投票が行われるまで複数政党制が廃止されており，2001年（平成13年）及び2006年（平成18年）の各大統領選挙の際もベシジェを始めとするFDC党員及びその支持者に対して政府機関による弾圧が加えられていた上，同年の議会選挙においてFDCが37議席を獲得した後の2009年（平成21年）1月においても同様の弾圧が加えられているとの報道が存在するところ（前記認定事実〔略〕），<u>原告は2000年（平成12年）以降，2006年（平成18年）4月にウガンダを出国するまでの間，ウガンダにおいて野党であるFDCの党員として市民を対象としたセミナーを開催し，FDCへの支持を募って新たな党員及び支持者を勧誘する等の活動に従事するとともに，ラジオ討論番組に参加し，政府を批判する発言をする等の政治活動を行っており</u>（前記認定事実〔略〕），原告がFDC党員として行ったこれらの政治活動が原因となって，政府機関から取調べを受けるにとどまらず，<u>4回にわたり身体拘束を受け，その間暴行を受けるなどしており</u>，そのうち2005年（平成17年）の身体拘束は国家反逆校医の隠匿罪で起訴され，<u>保釈されるまでの約6か月間身体拘束が続いた</u>ことが認められる（前記認定事実〔略〕）。<u>これらの事実によれば，原告は，ウガンダにおいて政府から弾圧されているFDCの党員として政府に対する批判的な政治活動を行い，当該政治活動を理由に身体を拘束され，暴行を受けるなどして身体の自由の侵害又は抑圧を受けてきたものと認められるところ</u>，前記認定事実〔略〕のとおり政府機関によるFDC党員等反政

277

府活動をする者に対する不当な逮捕勾留や拷問，虐待等の弾圧が行われていたとの各種報告がなされていることに加え，<u>原告がウガンダにおいて国家反逆行為の隠匿罪で起訴されており，保釈中ではあるもののその審理が終了したことをうかがわせる事情は存在しない</u>（前記認定事実（1）のとおり，国家反逆罪等の犯罪で起訴され保釈中である多数の者について審理が未了であるとの報告がされていることに照らせば，原告の国家反逆行為の隠匿罪についての審理も依然として継続中である可能性が高いといえる。）ことからすれば，<u>本件不認定処分当時，通常人が原告の立場に置かれた場合にも，FDC党員であること及びその政治的意見を理由に迫害されるとの恐怖を抱くような客観的事情が存在したというべきである。</u>」

「よって，原告は，…難民に該当すると認められる。」

≪裁判所の判断－高裁≫

・「当裁判所も，当審において審理の対象となっている被控訴人の請求は全て理由があるものと判断する。」

◆ 第3 分　析

◆ 1　不認定・棄却理由と判決理由の違いについて

本件については，本国で政治活動をしていた人物について，本国での逮捕や国家反逆行為に係る訴訟等の個別客観資料が証拠として提出され，それらの信憑性が争われたという特性を有する。

不認定理由・異議棄却理由と判決理由では，信憑性の判断のあり方で大きく判断が分かれている。そして，出身国情報に関する分析が十分であるかどうかが，信憑性の判断に大きくかかわっているということができる。

◆ 2　出身国情報の分析

裁判所は，米国国務省の人権報告書，英国内務省の出身国情報報告やUNHCRによる報告書だけでなく，国際人権団体であるRedress Trustやアムネスティ・インターナショナルの報告書を引用し，ウガンダ政府によるFDCなどの野党構成員や支持者に対する政治的動機による拉致・殺害，反テロ法容疑による不当な逮捕・拘束，「隠れ家（セーフハウス）」における超法規的な拘束や

■事例19 ■本国で反政府活動に関与したウガンダ出身の男性

拷問などの深刻な人権侵害について詳細に分析している。他方で、不認定理由では、ウガンダでは、2005年に複数政党制が導入され、翌年2006年には同制度下での国政選挙が実施されたこと、FDCが政党活動を禁止されていないことのみをとらえて、申請者が迫害を受ける恐怖を持つ客観的危険性がないと判断した。

判決理由においては、上記出身国情報から申請者が所属するFDCのメンバーに対する政府当局による合法・非合法な人権侵害行為について、適格に分析し、申請者のようにFDC党員として反政府的な政治活動をする者についての迫害を受ける客観的危険性の評価の基礎材料としている。

更に、裁判所は、申請者の供述に関連する出身国情報を分析し、不認定理由・異議申立の棄却理由では信憑性が否定された点について、「…FDC党員及び支持者に対して政府による不当逮捕等が行われていたとする点、非公開の政府組織に連行されたとする点やラジオ番組、その放送局及び出演者に対して政府が弾圧を加えていたという点等においてウガンダの一般情勢に関する報告書と一致する」と判断している。また、異議申立の棄却理由においては数日で釈放されたのは不自然として信憑性を否定された2006年の逮捕についても、関連部分の出身国情報の分析から「保釈されることも考えられなくはない」として、信憑性を否定していない。これに対して、行政手続きでは、審査官の独自の「常識」に基づいて判断がなされており、出身国情報を丹念に確認しながら本人の行動と供述を分析しようとする視点・姿勢が全く欠けている。

◆ 3 信憑性の評価について

本件は、出身国情報を分析しながら申請者本人の行動と供述を分析して、難民となる事情の中核的な部分について一貫性があり客観的事実と合致するとして信憑性があると判断し、時の経過による記憶の食い違いや難民特有の事情を考慮した判決理由の好例といえる。

判決理由は、上記の通り出身国情報の分析を踏まえつつ、FDCに所属する反政府活動家である申請者が身柄拘束されて弾圧されたとの供述について、「ウガンダの一般情勢に関する報告書と一致する」として信憑性を認めている。

これに対して、異議申立の棄却理由においては、申請者が与党候補者の得票率や野党FDC党首の逮捕時期について事実と異なる供述をしていることを理由に、申請者がFDC党員として活動していたとの供述の信ぴょう性を否定している。これらの数字や月日に関する部分は申請者の難民性を基礎づける事情

279

の本質的部分ではなく，判決では，事実経過事体についての供述は一貫しているとして中核的な部分について判断し，出国から3年以上経っており時の経過による記憶に食い違いも考えられるために過大視できないと的確に評価している。

また，申請者が身分事項を偽っていた事情に関し，判決は，「原告がウガンダにおいて受けた迫害状況は客観的裏付けも存し，基本的に信用できるものと解される以上，上記のような原告の態度は難民特有の心理状態によるものと理解できなくもなく，この点をもって直ちに原告供述の全体について信用できないと評価するのは妥当ではない。」と，官憲に対して懐疑的な難民特有の心理状態を的確に認識し，考慮の対象にしている。

◆ 4　全体的な考察について

本件判決中に「全体的に考察して」というような表現があるわけではない。

ただ，判決は，明らかに，信憑性の判断および迫害を受けるおそれの判断において，FDC党員として反政府活動をし，ラジオ討論番組に出演して反政府的な発言をし，政府当局により身柄を拘束されて暴行を受けた事情を持つ申請者について，それらに関連する出身国情報を確認・分析して，その中で全体的に難民性を基礎づける客観的事情を評価した。そして，出身国情報で確認しえた一般情勢のもとで，申請者の供述の迫害のおそれを基礎づける中核部分の内容について検討し，信憑性があるとの判断をした。その上で，判決は，供述のうち信用し難いことがある部分について検討を加えたり，証拠の信用性について分析を加え，時の経過による記憶の食い違いや難民特有の心理状況をも考慮したうえで，柔軟な判断を行った。結果として，出身国情報や他の客観証拠，供述の信ぴょう性を全体的にとらえて，難民性を判断したといえる。他方で，行政段階の判断では，本国の一般情勢の分析がほとんど見られない他，このような全体的に考察する姿勢が全く欠如していたといわざるをえない。

事例 20

本国で反政府活動に関与したアンゴラ出身の男性

事例	出身国	民族・宗教	性別	年齢（認定時）
申請者 20	アンゴラ	カビンダ	男性	50 歳
入国日	入国の状況	経由国		
2009 年 7 月○日	一時庇護上陸不許可	アンゴラ／／南アフリカ／空路／シンガポール／空路／日本		
難民申請日	申請の場所	不認定日（処分）	不認定日（告知）	
2009 年 7 月 21 日	成田空港	2009 年 8 月 21 日	2009 年 9 月 3 日	
異議審尋日	審尋の曜日・場所	異議棄却（処分）	異議棄却（告知）	
2011 年 11 月 15 日	火・東京	2012 年 6 月 29 日	2012 年 7 月 27 日	
提訴				
2013 年 1 月 23 日提訴（難民不認定取消・退令無効確認・在特不許可無効確認）				
地裁判決（請求認容・確定）				
裁判所：東京地方裁判所　民事第 2 部 事件番号：平成 25 年（行ウ）33 判決日：2014 年 4 月 15 日 裁判官：増田稔，村田一広，不破大輔				
裁判所 Web；判例時報 2230 号 11 頁；判例タイムズ 1409 号 336 頁；LEX/DB				
訴訟後の状況				
2014 年 7 月頃難民認定				
その他の特記事項				
空港で一時庇護上陸不許可後に難民認定申請				

◆ 第 1　事案の概要

　本件は，アンゴラ国籍の反政府活動家の事案である。申請者は，アンゴラで出生し，2 歳のときに，両親の出身地であるカビンダに移り，初等学校及び中等学校で教育を受けた。カビンダは，アンゴラの州の一つであるが，本土から切り離されたいわゆる飛び地となっており，アンゴラからの独立を求めるカビンダ解放戦線（FLEC）が，与党であるアンゴラ解放人民運動（MPLA）に対し，

反政府活動を行っている。

　申請者は，FLEC に多額の経済的な支援をしていた実業家である父の影響を受け，1997 年に FLEC のメンバーとなった。その後，申請者は，2003 年にカビンダからルアンダに移ったが，それ以降も，アンゴラの各地にあるカビンダ人のコミュニティを訪ね，密かに集会を開催してカビンダの独立の必要性を訴える活動をしたり，2008 年 9 月に実施された総選挙において，野党のアンゴラ全面独立民族同盟（UNITA）の選挙活動に協力する活動を行ったりするとともに，FLEC の集会に参加して意見を述べるなどの活動をしていた。

　そうしたところ，申請者は，2009 年 2 月，突然警察官に身柄を拘束され，暴行を受けながら，FLEC のメンバーであるかどうかや，FLEC の戦闘員の所在などを問うための取調べを受け，FLEC が国家の安全を脅かす分離主義者である旨責め立てられた。その後，申請者は，3 か月以上にわたり，国家犯罪捜査庁及び刑務所において，何らの手続を受けないまま，食事も満足に与えられず，不衛生で劣悪な収容環境の中で収容され続けていた。

　そのため，申請者は，健康状態を悪化させたところ，陸軍病院に入院することになったが，FLEC のメンバーの協力で病院から逃走し，アンゴラから空路で出国することを勧められたことを受け，2009 年 7 月，ルアンダ空港から出国し，ヨハネスブルク及びシンガポールを経由して，成田空港に到着し，一時庇護上陸許可申請を行ったが，不許可とする処分を受けたことから，不法上陸として収容された後，難民認定申請を行ったものである。

◆ 第2　行政と司法の判断の比較

◆ 1　出身国情報の分析評価

一次	言及なし
異議	言及なし

≪裁判所の判断≫
　※　英国国境局オペレーショナル・ガイダンス・ノート，米国国務省人権状況報告，ヒューマン・ライツ・ウォッチのレポートを引用しながら，アンゴラの情勢並びにカビンダの情勢及びアンゴラにおける FLEC のメン

■ 事例20 ■ 本国で反政府活動に関与したアンゴラ出身の男性

バーに関わる状況について，具体的に事実を認定した上，以下のとおり判断。
- 「カビンダにおいては，MPLA が，2002 年の内戦終結後，掃討作戦を強化し，2006 年に［カビンダ対話フォーラムの議長である］ベンベと MPLA との間で停戦合意が締結された後も，同合意がカビンダにおける信頼性を欠いていたため，FAA［アンゴラ共和国軍］と FLEC との武力衝突が散発的に継続しているところ，アンゴラ政府の治安当局が，2002 年以降も，FLEC のメンバーやその支援者と疑われた者に対する恣意的な拘禁，拷問等の人権侵害をし，2009 年の人権状況としては，治安部隊が，FLEC の活動をし，又はこれに協力していると疑われる者をカビンダやルアンダの軍や監獄に隔離して拘束したとされ，2007 年から 2009 年 3 月までにおいても，数十名の者が，軍部等に恣意的に逮捕され，留置所内で，拷問及び残虐又は非人道的な取扱いを受け，最終的に一般刑務所に移送され，『国家の安全に対する犯罪』と関連するその他の犯罪で起訴され，適正手続の基本的な権利さえ否定される状況にあったなど，いまだ FLEC に対するアンゴラ政府の人権侵害を伴う弾圧が継続している」
- 「そうすると，アンゴラにおいては，少なくとも本件不認定処分がされた 2009 年 8 月当時，FLEC に所属して活動している者について，アンゴラ政府の治安当局から迫害を受けるおそれがあったというべきである」

◆ 2　信憑性の判断

一次	・「あなたは，本国において，FLEC に加入し活動していたことなどを申し立てていますが，あなたの供述は，不自然，不合理な点が見られ，当該申立ての信ぴょう性に疑義があります」
異議	・「あなたは，本国において，1997 年に FLEC へ加入し，加入直後から地区の責任者として活動を行っていたと申し立てています。しかしながら，あなたは，審尋等において，亡くなった父が同組織の幹部であり，地区において影響力があったため，同組織加入直後から地区の責任者となった旨述べていますが，難民認定申請に係る難民調査官のインタビューにおいて，父が一般メンバーであった旨述べており，あなたの供述には整合性が認められません」 ・「あなたは，審尋等において，あなたが本国を出国した 2009 年 7 月当時の FLEC における序列 2 位はランケ・フランケであり，同人のイデオロギー

はカビンダ地区の完全独立である旨述べています。しかしながら，関係資料によれば，同人は2007年9月に死亡しており，同人は，当初はカビンダ独立を目指していたものの，1992年6月からアンゴラ政府との交渉が始まった際，カビンダ地区の自治のみで妥協するようになったことが報告されており，あなたの供述とは齟齬があります」
- 「あなたは，武力闘争について否定的な立場であったことを述べていますが，同組織が武力闘争を行っていることはあなたも自認しているところ，武力闘争に否定的立場を取っているあなたが，地区の責任者として10年以上活動を行っていたことは不自然であることも併せ考慮すれば，同組織において地区の責任者として活動を行っていたとするあなたの供述を直ちに信用することは困難です」
- 「あなたは，2009年2月に突如逮捕されたと申し立てています。しかしながら，あなたは，審尋等において，逮捕の理由を，人々の裏切りにあって逮捕された旨述べるにとどまり，また，同時期に逮捕された他のメンバーも大勢いた旨述べていますが，その逮捕の理由についても，政府はFLECの活動を望んでいないからなどと一般的な供述にとどまっていることからすれば，あなたの供述の信用性を認めるのは困難である」

≪裁判所の判断≫

■ インタビューの問題

- （原告がFLECとアンゴラ政府との間の一時和平プロセスに関する合意について承知していなかったという被告の主張に対し）「被告が指摘する本件事情聴取〔一次審査における難民調査官による事情聴取〕に係る供述調書〔証拠〕には，原告が，『一般の資料によると，FLECとアンゴラ政府との間には一時和平プロセスに関する合意がなされたようですが，説明できますか』との質問に対し，『アンゴラ政府は常にFLECを買収しようとしています。最近の大きな動きは2002年でしたが失敗しました』と供述した旨記載されているものの，その質問内容が必ずしも明確なものであったとはいえない」

■ 出身国情報等の客観的な資料との対照

- （原告が，武力闘争を否定する立場に立ち，FLECのメンバーの本質と整合しないなど，FLECの地区の責任者であった者の供述としては不自然であるという被告の主張に対し）「原告は，自らが所属するFLECには政治部門と軍事部門があり，原告自身は武力闘争を否定する立場を採っていた旨一貫して供述し，証拠〔証拠〕によれば，FLECの中にも交渉により解決をしようと

■ 事例20 ■ 本国で反政府活動に関与したアンゴラ出身の男性

した者がいることが客観的資料の記載中にもうかがわれるのであるから，原告が武力闘争を否定する立場をとっているからといって，FLECのメンバーの本質と整合せず，FLECの一地区における責任者であったことが不自然であると直ちにいうことはできない」

・（原告が逮捕された具体的な理由を述べるに至っていないという被告の主張に対し）「原告は，身柄を拘束された後に，警察官らの追求を受けてFLECのメンバーであることを認めたところ，FLECが国家の安全を脅かすため取り締まっていると言われた旨を供述しており〔証拠〕，原告が逮捕された理由について，FLECのメンバーであったためであることを明らかにしている。そして，前記の認定事実〔アンゴラにおけるFLECのメンバーに関わる状況の認定事実〕のとおり，アンゴラにおいては，FLECの活動をしている者が治安当局により拘束され，『国家の安全に対する犯罪』に問われている事例が見られるとされているところ，原告の上記供述は，このようなアンゴラの一般情勢に沿うものである」

■ 供述の変遷について，供述の経過を考慮・中核部分／周辺部分の区別

・（原告が，父に関する供述について，当初は「一般メンバーの一人」であると述べていたのに，後に「幹部」と述べたり「重要な地位にあり，影響力があった」と述べたりするなど変遷させているという被告の主張に対し）「これらの供述内容〔本件事情聴取における父がFLECの一般メンバーの一人であったという供述と本件審尋における父が地区において影響力があったという供述〕は，FLECの役職に就いた立場の者ではなかったという内容として共通しており，齟齬があるということはできない。また，証拠〔証拠〕によれば，原告は，本件審尋において，原告の父がFLECの幹部であったと述べる一方，その直後の質問に対し，原告の父が自分の住んでいた地区で影響力があった旨述べていることが認められ，FLECの幹部であった旨の供述は，本件審尋における供述経過を考え合わせると，実質的には原告の父が影響力のある人物であった旨の意味でされたものということができ，その供述内容に矛盾はない」

・（原告が，弟2人について，当初はFLECのメンバーであった旨述べていたのに対し，後にこれを否定するなど，供述を変遷させているという被告の主張に対し）「原告の弟がFLECのメンバーであるかどうかという事実自体が原告の難民該当性に影響する度合いはごく小さいものであるし，少なくとも本件審尋及び本人尋問における供述内容に齟齬がない以上，原告が弟につい

285

て当初［退去強制手続における違反調査において］FLEC のメンバーであると述べていたことが，原告の供述の信用性を失わせるものであるとまでいうことはできない」
- （原告が，FLEC の身分証の所在について，難民認定手続においては自宅に置いてきた旨を述べていたのに対し，本人尋問においてはある人物に預けてきた旨を述べ，その供述を変遷させているという被告の主張に対し）「これらの供述内容は，いずれも FLEC の身分証については本国に置いてきたため提出することができない趣旨を述べるものとしては共通しているということができるのであるから，原告が FLEC のメンバーであることを否定するまでの供述の不一致には当たらないというべきである」

■ 提出証拠の信用性

- （原告が提出した信任状について，その入手経過に不自然さが残る上，表題部に記載された組織名の一部が，原告の供述とも FLEC のウェブサイトに表示された名称とも異なるという被告の主張に対し）「［信任状の記載の内容，原告が異議申立てに係る申述書においてアンゴラを出る際に信用状等を持ち出すことができず，FLEC のメンバーから送られてくるのを待っている旨記載していたこと，異議申立てにおける代理人弁護士が原告から聞いたルアンダにいる FLEC のメンバーのメールアドレス宛てに原告の身分を証する書類を送るよう依頼し，その相手方から送付を受けて翻訳書を作成の上で東京入管に提出したものであること等を認定した上］以上の認定事実によれば，<u>本件信任状に記載された原告の身分事項は客観的事実及び原告の供述内容の沿うものである上，原告が本件信任状を入手し，これを東京入管に提出するに至った経過にも特段不自然なところはないということができる</u>。さらに，本件信任状の表題のある FLEC の表記についても…いずれも軽微な誤りにすぎず，本件信任状が真正なものであることを否定するまでの事情には当たらないというべきである」

■ 供述が不自然・不合理との指摘に対する評価

- （原告の逮捕前の生活状況等に鑑みると，原告が突然身柄拘束を受けたのは不自然であるという被告の主張に対し）「原告は，カビンダからルアンダに移った 2003 年以降，コンピュータ会社を経営しながら，アンゴラの各地におけるカビンダ人のコミュニティを訪ね，密かに集会を開催してカビンダの独立の必要性を訴える活動をするなどしていたものであるが，<u>FLEC の活動を公然と行っていたものではない以上</u>，身柄を拘束される以前にはアン

ゴラ政府から監視されていなかったとも考えられる。そして，原告が，身柄を拘束されたきっかけについて，他のFLECのメンバーから，武装活動ではなく政治活動によってカビンダの独立を勝ち取るべきである旨の原告の意見に反発したことなどを理由として密告された可能性を指摘していること〔証拠〕を考え合わせると，原告が2009年2月に突然身柄拘束を受けたことが不自然であるということもできない」

3 主な不認定・棄却理由の考察

(1) 申請の遅延

一次	言及なし
異議	・「あなたは，本国出国後，経由し一泊した南アフリカ共和国で何ら庇護を求めておらず…真に迫害の恐怖から逃れるため本国を出国したものと認めることは困難です」

≪裁判所の判断≫

※ 被告が訴訟では主張していないため，言及なし。

(2) 難民該当事由発生時点からの期間経過

言及なし

(3) 就労目的

一次	言及なし
異議	・「本邦において，商用目的として上陸申請を行っており，上陸口頭審理が行われて初めて一時庇護申請を行っていることからすれば，真に迫害の恐怖から逃れるため本国を出国したものと認めることは困難です」

≪裁判所の判断≫

・（上陸審査手続及びそれに引き続いて行われたセカンダリ審査では，一貫して，商用目的で本邦に入国した旨を述べており，本国政府から迫害を受けるおそれがあったことについては何ら供述していなかったとの被告の主張に対し）「原告は，本邦に入国した日に本件許可申請［一時庇護上陸許可申請］をしている上，証拠によれば，入国審査の当初，商用目的で入国すると申請した理由について，［人名A］［出国の手配を依頼したFLECのメンバー］から受けた助言に従い，本邦に一旦入国した上で，その後にUNHCRに連絡して難民申請をする予定であったためであると認められ，実際にも，本邦

に上陸してからわずか9日後には本件難民認定申請をしていることからすれば，<u>本邦における上陸審査の経過からしても，原告が難民としての庇護を求めて本邦に上陸したものであることは明らかである</u>」

(4) 本国の家族の状況
言及なし

(5) 個別把握

一次	言及なし
異議	・「仮にあなたの供述を前提としても，…2009年2月まで官憲から尋問や身柄の拘束を受けていないこと，2006年9月に自己名義旅券を取得し，2007年に当該旅券を使用し本国の出帰国手続を何ら問題なく受けていることからすれば，<u>本国政府から反政府活動家として殊更注視されていたと認めることは困難です。</u>」

≪裁判所の判断≫

・(仮に，原告がFLECのメンバーであり，逮捕されたことが事実であったとしても，原告の供述する取調べ状況，尋問内容，陸軍病院への移送状況，移送後の面会状況によれば，原告が本国政府から殊更注視される状況に置かれていたとは認められないという被告の主張に対し）「［アンゴラにおいては，2009年8月当時，FLECに所属して活動している者については，治安当局から迫害を受けるおそれがあったこと，原告が，1997年にはFLECのメンバーとなり，カビンダのアンゴラからの独立を目指してFLECの支援者を拡大するための政治活動をしていたところ，2009年2月に，突然警察官に身柄を拘束され，暴行を受けながら取調べを受け，その後，3か月以上にわたり，国家犯罪捜査庁及び刑務所において，食事も満足に与えられず，不衛生で劣悪な収容環境の中で収容され続けていたという事情を指摘した上］「このような事情の下では，原告はFLECという特定の社会的集団の構成員であること又は政治的意見を理由に迫害を受けるおそれがあるという十分に理由のある恐怖を有する者であると優に認められるのであって，<u>原告が本国政府から殊更注視される状況に置かれていたかどうかということは，原告の難民該当性を左右しないというべきである</u>」

■ 事例 20 ■ 本国で反政府活動に関与したアンゴラ出身の男性

(6) 過去の迫害体験

一次	言及なし
異議	・「あなたは，審尋等において，FLEC に加入してから政府の監視下に置かれた旨述べているものの，2009 年 2 月まで官憲から尋問や身柄の拘束を受けていないこと…からすれば，本国政府から反政府活動家として殊更注視されていたと認めることは困難です」

≪裁判所の判断≫

※　前記 2「信憑性の判断」を参照。

(7) 適法な旅券発給・更新

一次	言及なし
異議	・「2006 年 9 月に自己名義旅券を取得し，2007 年に当該旅券を使用し本国の出帰国手続を何ら問題なく受けていることからすれば，本国政府から反政府活動家として殊更注視されていたと認めることは困難です」

≪裁判所の判断≫

・（原告が，2006 年に，ルアンダにおいて，自ら手続をして正規の旅券の発行を受け，2007 年にはこの旅券を使用してコンゴ民主共和国に渡航したことからすれば，原告が迫害のおそれを感じていたとは認められず，また，本国政府から反政府活動家として注視されていたということもできないという被告の主張に対し）「原告がアンゴラ政府から旅券の発給を受けたのは，原告が身柄を拘束される前の 2006 年 9 月○日であり，これを用いてコンゴ民主共和国に渡航したのは 2007 年 7 月のことであると認められ，上記のとおり，原告が，FLEC の活動を公然と行っていたものではなく，その当時アンゴラ政府から監視されていたわけではないとも考えられることからすれば，原告が旅券の発給を受け，海外への渡航歴があるからといって，本件不認定処分がされた平成 21 年 8 月当時，迫害のおそれを感じていたわけではないとも，本国政府から反政府活動家として注視されていたわけではないともいうことはできない」

◆ 4　事案の全体的・総合的評価の有無

一次	言及なし

| 異議 | 言及なし |

≪裁判所の判断≫
※　前記3(5)「個別把握」を参照。

◆ 第3　分　析

◆ 1　不認定・棄却理由と判決理由との違いについて

不認定・棄却理由と判決理由との違いについては，主に以下の3点がある。

第1に，出身国情報の分析・評価である。不認定・棄却理由では，出身国情報について言及されていないが，判決理由では，英国国境局，米国国務省やNGOのレポートを引用しながら，本国の情勢についての全体的かつ具体的な分析・評価を行っている。

第2に，供述の信憑性の判断である。不認定・棄却理由では，原告がFLECに所属し，地区の責任者として積極的な活動をしていたとは認め難く，また，逮捕された旨の供述も信用できないなどとして，供述の信憑性を否定したが，判決理由は，被告が主張する各事情について，出身国情報等の客観的な資料との対照，上陸後の各手続における原告の供述の内容や経過等をふまえ，詳細な検討を行った上，これらの指摘を排斥して供述の信憑性を認めている。

第3に，迫害を受けるおそれの評価である。不認定・棄却理由では，正規の旅券の発行を受けて本国を出国していること，当初は商用目的として上陸申請がされていることなどの事情が主張されたが，判決理由は，これらの事情は原告の難民該当性を左右しないとした。

◆ 2　出身国情報の分析・評価について

まず，出身国情報の分析・評価について見るに，不認定・棄却理由においては，出身国情報について言及がされていない。

これに対し，判決理由においては，英国国境局オペレーショナル・ガイダンス・ノート，米国国務省人権状況報告，ヒューマン・ライツ・ウォッチのレポートを引用しながら，アンゴラの情勢並びにカビンダの情勢及びアンゴラにおけるFLECのメンバーに関わる状況について，全体的かつ具体的に事実を認定

した上，少なくとも本件不認定処分がされた2009年8月当時，FLECに所属して活動している者については，アンゴラ政府の治安当局から迫害を受けるおそれがあったとした。

不認定・棄却理由においては，出身国情報の分析・評価をふまえた本国の情勢の具体的な認定がされることはほとんどなく，申請者の供述の信憑性や迫害のおそれを否定するのに必要な限度において，部分的に出身国情報が引用されることが多い。しかしながら，このような出身国情報の利用は，本国の情勢を正確に把握することを困難にするのみならず，出身国情報の誤った分析・評価をもたらしかねないおそれがある。

判決理由は，英国国境局，米国国務省やNGOのレポートを引用しながら，本国の情勢についての具体的な認定を行っているものであり，このことが，供述の信憑性の判断や迫害を受けるおそれの評価に大きく影響しているものであって，出身国情報の全体的・具体的な分析・評価の重要性を明らかにしている。

◆ 3 供述の信憑性の評価について

次に，供述の信憑性の評価について，不認定理由では，供述の信憑性を否定する理由として，不自然，不合理な点が見られると指摘するにとどまっている。また，棄却理由では，原告の父に関する供述が変遷していること，原告がFLECの序列2位にあったと述べる者が原告の出国前にすでに死亡していたこと，武力闘争に否定的な原告の立場がFLECのメンバーの本質と整合しないこと，原告が逮捕された理由について一般的な供述にとどまっていることなどを指摘して，本人の供述の信憑性を否定している。

これに対し，判決理由は，原告の父に関する供述の変遷について，一次審査及び異議申立手続における原告の供述の内容や経過等を具体的に検討した上，実質的には原告の父が影響力のある人物であった旨の意味でされたものということができるとして，その供述内容に矛盾はないとしている。

また，判決理由は，原告の立場とFLECのメンバーの本質との整合性について，FLECの中にも交渉により解決をしようとした者がいることが出身国情報の記載中にうかがわれるとして，原告が武力闘争を否定する立場をとっているからといって，FLECのメンバーの本質と整合しないということはできないとしている。

さらに，判決理由は，原告が逮捕された理由に関する供述について，アンゴ

ラにおいては，FLECの活動をしている者が治安当局により拘束され，「国家の安全に対する犯罪」に問われている事例が見られるとされているところ，FLECのメンバーであるために逮捕された旨の原告の供述は，むしろ，このようなアンゴラの一般情勢に沿うものであるとしている。

なお，判決理由では，原告がFLECの序列2位にあったと述べる者に関する言及がされていないが，これは，訴訟においては，被告が原告の供述の信憑性を否定する事情として主張しなかったことによるものである。このことの理由は必ずしも明らかではないが，原告がFLECの序列2位にあったと述べる者を他の者と混同するなど，何らかの誤りが異議申立手続にあったことによるものと推察される。仮にそうであるとすれば，このような誤りは，異議申立手続において原告に確認をすることで避けられたものと思われるのであり，十分な釈明の機会を付与することの重要性を示している。

◆ 4　迫害を受けるおそれの評価について

最後に，迫害を受けるおそれの評価について，棄却理由では，原告が正規の旅券の発行を受けて本国を出国していること，当初は商用目的として上陸申請がされていることなどの事情を指摘した上，迫害を受けるおそれを否定している。

これに対し，判決理由では，原告がアンゴラ政府から旅券の発給を受けたのは，原告が身柄を拘束される前の2006年9月○日であり，これを用いてコンゴ民主共和国に渡航したのは2007年7月であること，原告が，FLECの活動を公然と行っていたものではなく，その当時アンゴラ政府から監視されていたわけではないとも考えられることを指摘した上，原告が旅券の発給を受け，海外への渡航歴があることをもって，迫害のおそれが否定されるわけではないとしている。

また，判決理由は，原告が本邦に入国した日に一時庇護上陸許可申請をしていること，入国審査の当初，商用目的で入国すると申請した理由については，出国の手配を依頼したFLECのメンバーから受けた助言に従い，本邦に一旦入国した上で，その後にUNHCRに連絡して難民申請をする予定であったこと，実際にも，本邦に上陸してからわずか9日後には本件難民認定申請をしていることを指摘した上，本邦における上陸審査の経過からすれば，原告が難民としての庇護を求めて本邦に上陸したものであることは明らかであるとしている。

上記の棄却理由は，しばしば被告によって主張される事情であるが，判決理由は，これらの事情が難民該当性を否定するものではないとしたものであり，難民該当性の判断に当たって重視すべき事情ではないことをあらためて明らかにしたものである。

索引

◆欧 文◆

ACCORD マニュアル ……………………5, 6
IARLJ（難民法裁判官国際協会）…11, 14, 36
NGO（非国家機関）……………………242, 291
Redress Trust ……………………………278, 267
UNHCR ……………………8, 213, 219, 268, 278
　──（国際保護に関する）ガイドライン…31
　──（難民認定基準）ハンドブック…22, 31
　──の法的拘束力 ……………………………32

◆あ 行◆

アムネスティ・インターナショナル ……121,
　　　　　　　　　　　　　　201, 268, 278
R（Adan）対内務省長官事件判決（2000 年）…33
意思疎通の困難性 ……………………………218
一時庇護上陸許可申請 ………………………292
一般情勢との整合 ……………………147, 225, 292
異文化 …………………………………………15, 208
　──コミュニケーション ……………………16
インターネットでの反政府活動 ……………197
インタビュー …………………………………166, 284
裏付け証拠入手の困難 ………………………218
英国内務省・国境庁 …………………278, 282, 291

◆か 行◆

過去の迫害体験 ………………………………133, 158
カチン族 ………………………………………149
稼働目的 ………………………………………162, 175
記憶の食い違い ………………………………279
客観的事実 ……………………………………279
客観的証拠 ……173, 186, 197, 203, 209, 259
　──のない供述 ……………………224, 226, 249
　──の要求 ……………………………………24
供　述
　──の一貫性 ……………41, 51, 110, 136, 137,
　　　　　　　　147, 152, 214, 236, 258, 279
　──の具体性 ………………………52, 125, 137
　──の経過 ……………………………………285
　──の根幹部分 ……………………………186, 258
　──の根幹／周辺部分の区別……51, 52, 58
　　　　118, 160, 165, 180, 203, 235, 248, 285

　──の主要部分 ………………………………226
　──の状況と符合 ……………………………42
一貫した ── ……………………17, 78, 191
初期段階では主張されていなかった ──
　…………………………………123, 137, 153
枢要部分において一貫した ── ………269,
　　　　　　　　　　　　　　270, 271
中核的な部分の ── …………152, 218, 279
供述調書
　──等の正確性・信用性 …174, 208, 230
　入管手続段階における ── ………………202
強制労働 ………………………151, 160, 201, 246
経験則の相違 …………………………………218
芸術・芸能活動 ………………………29, 82, 84, 103
「研修生」としての来日 ……………………188
口頭審理請求放棄 ……………………………211
後発性難民 ……………………………………188
拷問等禁止条約 ………………………………172
国連特別報告官 ………………………………201
個別把握 ……19, 54, 58, 91, 102, 140, 155,
　　　　　182, 192, 205, 215, 228, 237, 252
　──されていた可能性 ………55, 59, 142,
　　　　　　　　　　　　　　253, 260
　──する可能性 ……………………………239

◆さ 行◆

時間的・心理的要因 ……………51, 166, 180
釈　明 ………………………………………186
　──の機会 ……………9, 10, 58, 260, 292
十分に理由のある恐怖 …………………………197
就労目的 ……………………44, 53, 65, 126,
　　　　　　　　　　139, 154, 168, 251
出身国情報（COI）……………5, 6, 94, 132, 230,
　　　　　　　　　241, 278, 284, 290
　──との一致（整合性・矛盾）……136, 153,
　　　　　　　　　　160, 214, 218, 271, 272
条約法に関するウィーン条約 …………5, 34
申請の遅延 ……………42, 53, 62, 72, 78, 112,
　　　　　　　　　125, 138, 154, 162, 168, 250
信憑性 …………………………………………10
　──の評価 …………………………………58, 174
心理状態 ……………………………………270

295

索　引

　　——への配慮 ……………………………13
心理的要因 ……………………………152, 160
政治的意見 …………………29, 72, 96, 262
　　帰属させられた—— …………………30, 70
全体的・総合的考察（評価） …………………
　　　　　　26, 48, 56, 59, 86, 146, 147,
　　　　　　209, 239, 242, 256, 277, 280
その他大勢の活動家のうちの一人 …………161

◆ た 行 ◆

タミル人 …………………………………211
チャン対カナダ政府（雇用移民省）判決
　（［1995］3 SCR593）……………………33
チン族 ………………………60, 177, 232, 244
通　訳 …………………15, 166, 174, 180, 186,
　　　　　　202, 208, 225, 226, 230
提出証拠の信用性 ……………………167, 286
テロ組織 ………………………………185, 257
伝聞（証拠）………………12, 26, 242, 261
時の経過 …………………186, 270, 271, 279

◆ な 行 ◆

難民該当事由発生時点からの期間経過
　　……………………………………63, 181
難民事由の中核 …………………………11, 209
難民条約 35 条 ……………………………35
難民該当性 ………………………………220

◆ は 行 ◆

「迫害」の定義 …………………19, 28, 31
パスポート（正規旅券）
　　——の更新 ………………………………85
　　——の発給 …………………162, 175, 292
　　——論 ……………………………………85
　　適法な——発給・更新……56, 69, 116, 130,
　　　　　　145, 159, 170, 184, 255, 275, 289
ヒューマン・ライツ・ウォッチ（HRW）
　　………………………………9, 234, 282
米国国務省 ……………………121, 201, 234, 242,
　　　　　　266, 278, 282, 291
本国の家族の状況 …………………………251

◆ ら 行 ◆

立証の基準 …………………………………24
『累積された根拠』(cumulative grounds) …32
ロヒンギャ族 …………………………199, 221

〈監修〉

全国難民弁護団連絡会議

〈編集代表〉

渡邉彰悟（わたなべ・しょうご）　弁護士・全国難民弁護団連絡会議代表
杉本大輔（すぎもと・だいすけ）　全国難民弁護団連絡会議事務局

〈編集委員〉

【全国難民弁護団連絡会議世話人】

小田川綾音（おだがわ・あやと）　弁護士
鈴木雅子（すずき・まさこ）　弁護士
関　聡介（せき・そうすけ）　弁護士，司法研修所教官
難波　満（なんば・みつる）　弁護士
宮内博史（みやうち・ひろし）　弁護士

難民勝訴判決20選
── 行政判断と司法判断の比較分析 ──

2015（平成27）年10月30日　第1版第1刷発行

監　修　全国難民弁護団連絡会議
編集代表　渡邉彰悟・杉本大輔
発 行 者　今 井　貴
発 行 所　株式会社 信山社
〒113-0033 東京都文京区本郷6-2-9-102
Tel 03-3818-1019
Fax 03-3818-0344
info@shinzansha.co.jp
出版契約 No.2015-6017-5-01010　Printed in Japan

©監修・編者，2015
印刷・製本／亜細亜印刷・渋谷文泉閣
ISBN978-4-7972-6017-5-012-010-002 C3332
分類329.501.d002 P328. 国際法・国際人権法

JCOPY 〈(社)出版者著作権管理機構　委託出版物〉
本書の無断複写は著作権法上での例外を除き禁じられています。複写される場合は，そのつど事前に，(社)出版者著作権管理機構（電話 03-3513-6969，FAX03-3513-6979，e-mail:info@jcopy.or.jp）の許諾を得てください。

市民社会向けハンドブック
国連人権プログラムを活用する
国連人権高等弁務官事務所 著
特定非営利活動法人 ヒューマンライツ・ナウ 編訳
阿部浩己 監訳

A5変・並製・216頁 2,800円（税別） ISBN978-4-7972-5586-7 C3332

国際法の人権化
阿部浩己 著

国際人権を生きる
阿部浩己 著

国際人権法
— 国際基準のダイナミズムと国内法との協調
申 惠丰 著

人権条約の現代的展開
申 惠丰 著

信山社

◆**抗う思想／平和を創る力**

阿部浩己 著　本体：1600円（税別）

◆**国際人権　1号〜**　国際人権法学会 編

講座　国際人権法1　国際人権法学会15周年記念
◆**国際人権法と憲法**
編集代表　芹田健太郎・棟居快行・薬師寺公夫・坂元茂樹

講座　国際人権法2　国際人権法学会15周年記念
◆**国際人権規範の形成と展開**
編集代表　芹田健太郎・棟居快行・薬師寺公夫・坂元茂樹

講座　国際人権法3　国際人権法学会20周年記念
◆**国際人権法の国内的実施**
編集代表　芹田健太郎・戸波江二・棟居快行・薬師寺公夫・坂元茂樹

講座　国際人権法4　国際人権法学会20周年記念
◆**国際人権法の国際的実施**
編集代表　芹田健太郎・戸波江二・棟居快行・薬師寺公夫・坂元茂樹

◆**ブリッジブック国際人権法**
芹田健太郎・薬師寺公夫・坂元茂樹 著

◆**ヨーロッパ人権裁判所の判例**
戸波江二・北村泰三・建石真公子・小畑郁・江島晶子 編集

◆**ヨーロッパ地域人権法の憲法秩序化**
小畑　郁 著

芹田健太郎先生古稀記念
◆**普遍的国際社会への法の挑戦**
坂元茂樹・薬師寺公夫 編集代表

信山社

【最新刊】 性暴力被害の実態と刑事裁判
日本弁護士連合会 両性の平等に関する委員会 編（角田由紀子 編集代表）

森美術館問題と性暴力表現
ポルノ被害と性暴力を考える会 編

性暴力と刑事司法
大阪弁護士会人権擁護委員会性暴力被害検討プロジェクトチーム 編

山下泰子・辻村みよ子・浅倉むつ子・二宮周平・戒能民江 編集

ジェンダー六法
学習・実務に必携のジェンダー法令集
★国際裁判事例・判例等の解説62件を加え、より使いやすくアップデートした**最新の【第2版】**が待望の登場！！（法令など171件、総項目233件）

通常入手しにくいものも収録し、ジェンダー法へのアクセスに最適。最前線で活躍する編者・編集協力者によるコンパクトで類を見ない待望の法令集。学生からプロフェッショナルの利用までカバー。

戒能民江 編著 ◎女性支援の新しい展望への構想
危機をのりこえる女たち A5変・並・324頁 3200円

辻村みよ子 著 ◎『ジェンダーと法』に続く最新の講義テキスト
概説ジェンダーと法 A5変・並・232頁 2000円

浅倉むつ子・角田由紀子 編 ◎ジェンダー視点から国内外判例を学ぶ
比較判例ジェンダー法 A5変・上・344頁 3200円

林 陽子 編著 ◎国際社会の法的センシビリティー
女性差別撤廃条約と私たち 四六変・並・200頁 1800円

谷口洋幸・齊藤笑美子・大島梨沙 編著
◎法的視点から、国内外の事例を紹介・解説
性的マイノリティ判例解説 B5判・並・264頁 3800円

◆ **コンパクト学習条約集**（第2版）
芹田健太郎 編集代表
森川俊孝・黒神直純・林美香・李禎之・新井京・小林友彦 編集委員

◆ **フランスの憲法判例Ⅱ**
フランス憲法判例研究会 編　辻村みよ子編集代表

・政治的機関から裁判的機関へと揺れ動くフランス憲法院の代表的な判例を体系的に分類して収録。『フランスの憲法判例』刊行以降に出されたDC判決のみならず、2008年憲法改正により導入されたQPC（合憲性優先問題）判決をもあわせて掲載。

◆ **ジェンダー法研究　創刊第1号**　浅倉むつ子責任編集
〈特集：ジェンダー法教育と司法〉

1　「法の世界」におけるジェンダー主流化の課題〔浅倉むつ子〕／2　ジェンダーとロースクール教育〔二宮周平〕／3　法曹継続教育とジェンダー〔南野佳代〕／4　大学教育におけるジェンダー法学教育の現状と課題〔三成美保〕／5　弁護士へのジェンダー教育〔吉田容子〕／6　「ジェンダーと法」を教えて―明治大学法科大学院での経験から〔角田由紀子〕／7　婚外子差別と裁判・立法・行政〔吉田克己〕

女性に対する暴力に関する立法ハンドブック
国連 経済社会局 女性の地位向上部 著
特定非営利活動法人 ヒューマンライツ・ナウ 編訳

信山社